KB249195

소프트웨어 스타트업 거인들의 성공이야기 63

박평호 지음

한스미디어

구글은 당신이 지금 무엇을 하는지 알고 있다.

페이스북은 당신이 누군지 알고 있다.

핀터레스트는 당신이 내일 할 일이 무엇인지 알고 있다.

- 2015년 1월, Techcrunch 기사 중에서 -

머리말

무한한 상상력과 기술력의 결탁,
IT 스타트업의 놀라운 세계

누구나 인생을 살다보면 적어도 세 번쯤은 자신의 인생을 바꿀 수 있는 기회를 만난다고 한다. 그러나 많은 사람들이 그러한 기회가 왔는지조차 모르고 지나친다. 오랜 시간이 지난 후에야 그것이 기회였음을 알고 안타까워하곤 한다.

IT와 모바일, 인터넷은 세상을 더 쾌적하게 만들고 인류를 하나의 공유공동체로 만들 뿐 아니라 더욱 밝은 미래로 도약시키고 있다. 이들은 기존의 비즈니스 범주를 해체하며 사상의 사유폭을 넓혀주고, 거대한 부를 단기간에 집중시켜줄 뿐 아니라 과거와는 차원이 다른 권력을 대중에게 선사하고 있다. 이러한 세상에서 스타트업에 성공하려면 어떻게 해야할까 필자는 자문해 보았다.

필자는 지난 3년간 IT 업계에서 성공한 기업과 창업자들의 이야기를 쉼 없이 수집했다. 수집한 자료는 20개국의 서로 다른 언어로 된 1만 2천 꼭지에 해당하는 자료와 기사, 사진, 도면, 웹사이트 등이었다. 성공하는 스타트업 기업들의 공통점과 차별화 포인트, 창업과 성장 이면의 이야기 등을 통해 범용적으로 적용할 수 있는 성공 방정식을 만들어보고 싶었다. 그 지난했던 작업의 결과물이 바로 이 책이다.

성공하는 스타트업을 꿈꾸는 사람이라면 한번쯤 '인터넷이란 공간'에 대한 원론적인 의문을 가질 필요가 있다.

사람들에게 인터넷이란 공간은 무엇일까? 커뮤니티를 위한 공간일까, 광고를 보는 공간일까? 혹시 새로운 뉴스를 읽기 위한 공간일까?

인터넷이란 공간은 도대체 어떤 말로 설명하고 정의내려야 하는 것일까?

이 광활한 인터넷의 바다에서 어떤 포인트로 사업을 시작해야 성공할 수 있을까?

이 책은 이러한 질문에 대한 필자 나름의 해답이다. 지난 3년 동안 세계적으로 성공한 기업들의 정보와 기사를 정리하면서 그들의 상상력과 기술력이 어떤 방식으로 결합하고 무엇을 생산했으며 어느 정도의 부를 창출했는지 조사했다. 부족하지만 치열한 스타트업 비즈니스의 전장에서 땀 흘리는 이들에게 작은 힘이라도 보탤 수 있을 것이라 믿는다.

한 가지 독자에게 당부드릴 것이 있다. 이 책의 자료 수집과 집필 과정에서 필자의 번역 미숙과 의도치 않은 오역, 일부 잘못 이해한 부분이 있을 수 있음을 미리 말씀 드린다. 너그러운 양해와 피드백을 부탁드린다. 더불어 가급적이면 좀 더 많은 이들에게 도움을 주고자 가능한 한 쉽고 흥미롭게 엮었음을 알려드린다.

대한민국의 수많은 예비 스타트업 창업자 여러분.

모쪼록 무한한 상상력과 기술력이 결합하여 최고의 기업을 만들어가길 기원한다. 건승하시길.

지은이 박평호

차례

게임개발 스타트업의
거인들

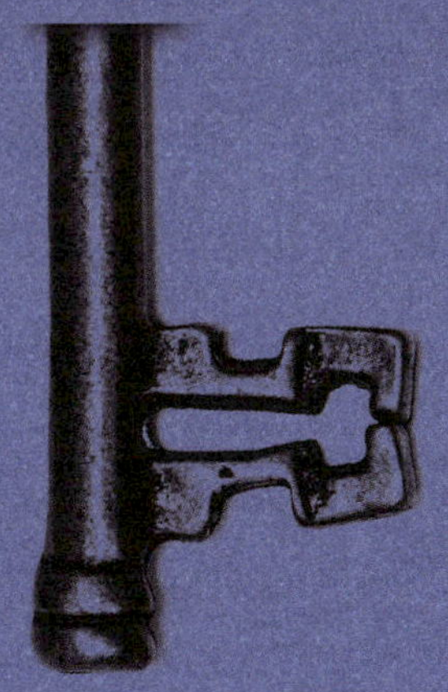

모바일게임 업체의 리더
슈퍼셀 Supercell

❓ 회사 개요

슈퍼셀은 2010년 핀란드 헬싱키에서 일카 파아나넨(Ilkka Paananen)이 설립한 모바일게임 업체이다. 원래 멀티플레이어 게임개발을 목표로 출발한 이 회사는 2011년에 건신넷(Gunshine.net)을 발표했지만 성적이 별로 신통치 않았다.

PC게임에서 실패한 슈퍼셀은 전략을 바꿔 모바일게임 개발을 시작했다. 2012년에 슈퍼셀은 3개의 모바일게임 헤이 데이(Hay Day), 클래시 오브 클랜(Clash of Clans), 붐 비치(Boom Beach)를 순서대로 발표했는데 이 중 클래시 오브 클랜(가문의 충돌)이 공전의 히트를 치면서 슈퍼셀의 이름을 전 세계 만방에 알렸다. 이 3개 게임은 모두 일부 기능만 유료인 프리미엄(Freemium : 공짜로 제공되는 고품질 게임) 형태로 배포되었다. 클래시 오브 클랜의 대성공은 앞뒤로 출시했던 헤이 데이와 붐 비치까지 사람들이 찾게 만들었고 그 붐은 이듬해까지 계속되었다.

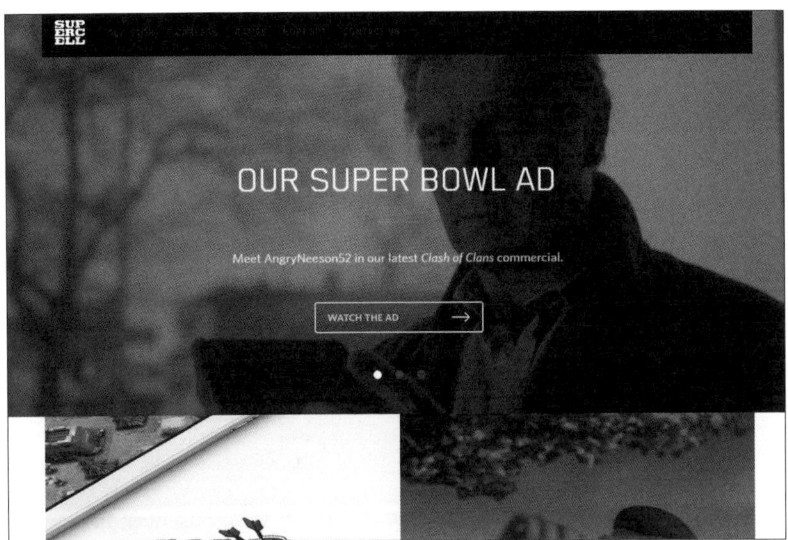

▲ 헐리우드 배우 리암 니슨이 등장했던 슈퍼셀의 TV광고

2013년의 슈퍼셀은 이 3개의 모바일게임으로 1일 250만 달러(25억 원)의 매출을 올릴 정도로 거물 회사가 되었다. 그러자 소프트뱅크가 슈퍼셀을 15억 달러에 인수했다. 소프트뱅크는 2014년에 붐 비치의 업그레이드버전을 발표한 뒤 대규모 프로모션을 전개했는데 이 때문에 2014년에는 붐 비치가 전 세계적으로 히트를 쳤다. 연속으로 히트작이 나오자 슈퍼셀은 사업역량 강화를 위해 헬싱키 본사 외 샌프란시스코, 도쿄, 서울, 베이징에 자회사를 만들었다.

🗨 바탕 스토리

2010년 헬싱키에서 슈퍼셀을 설립할 당시 CEO 일카 파아나넨(Ilkka Paananen)은 앞으로 무엇을 만들지 그 자신도 알지 못했다. 단지 회사 구성원들이 공통적으로 생각했던 것은 사람들이 1년 정도 재미있게 플레이하는 게임, 그런 게임을 만들어보자는 것이었다.

"오, 1년이나 사람들을 몰입시키는 중독성 있는 게임을 만들어보자고?"

말이 그렇지 1년 동안이나 중독될 수 있는 게임을 만들겠다는 것은 결코 쉬운 일이 아니었다. 우선 그런 게임을 개발하려면 여러 개발사들이 내놓는 전작 게임들과는 다른 무엇인가가 있어야 했다.

그들의 사무실은 헬싱키 공과대학이 위치한 에스보라는 도시에 위치해 있었는데 이곳은 호밀, 감자 따위의 농산물이 많이 나는 평야지대이다. 게다가 처음에 얻었던 사무실의 크기는 고작 9평 남짓했다. 사무실의 책상은 총 6개였는데 모두 재활용시장에서 들고 온 것들이었다. 물론 커피메이커만큼은 재활용품을 쓸 수 없으니까 새 것으로 구입했다.

CEO 일카 파아나넨은 자신에게 주어진 업무를 극도로 단순화시켰다. 우선 최고의 인재를 모을 것, 특히 게임업계에서 10년 이상 근무한 베테랑들을 모아야 한다는 것이었다. 그리고 최고의 인재들이 일할 수 있는 환경을 만들어 줄 것, 그리고 작업 내용에는 관여하지 않을 것, 마지막으로 직원들이 부족해하는 점이 있으면 그것을 보조하려고 노력할 것, 이것이 일카 파아나넨이 생각하는 CEO의 자세였다.

그런데 일이 복잡해졌다. 사람들을 모아놓고 보니 9평 남짓한 사무실에 15명의 직원들이 채워진 것이다. 당연히 사무실 안에는 CEO의 책상을 놓을 공간이 없었다. 별 수 없이 일카 파아나넨은 사무실 밖에서 일하기로 했다.

일카 파아나넨은 팀이 커지면 정치적인 문제가 생기고 업무의 효율성이 떨어진다고 보고 있었다. 그래서 그는 회사조직을 쪼개어 여러 개의 소규모 팀으로 만들었다. 하나의 인력을 세포라고 한다면 하나의 팀은 5~7명의 세포로도 충분하다고 보았다. 팀이 작으면 그만큼 단단한 친밀감이 생기므로 발휘하는 힘은 규모에 비해 더 커지고 그것이 슈퍼셀(Super Cell)이 된다는 것이 그의 생각이었다.

또한 팀이 작으면 중간 관리자가 필요 없으니 명령하달식 조직 대신 개개별 권한과 책임감, 의사표현력이 높아질 것이고 이 때문에 조직이 슬림할수록 창의력과 업무효율성이 높아진다는 것이 일카 파아나넨의 신념이었다.

처음 일카와 팀원들의 꿈은 매우 소박했다. '월드 오브 워크래프트'처럼 몇 년 동안 인기있는 게임이 아니라 몇 주 동안이라도 사람들에게 인기를 끌 수 있는 게임, 그런 게임을 만드는 것이 일카와 팀원들의 목표였다.

그들의 첫 프로젝트는 건신넷(Gunshine.net)이라는 온라인 기반의 대규모 플레이가 가능한 멀티플레이어 게임이었다. 그러나 그들의 건신넷은 기존의 온라인 게임을 탈피해 데스크탑, 페이스북, 태블릿, 모바일 등 어떤 디바이스로든 접속이 가능한 플랫폼을 구축하겠다는 야심한 계획 하에 시작되었다.

건신넷의 개발은 순조롭게 진행되었다. 마침내 2011년 2월 게임을 발표했는데 그 해 가을이 되면서 매달 50만 명의 이용자가 생겼다. 아쉽게도 이 게임은 그들의 예측대로 1년 동안 즐길 수 있는 게임이 아니라, 한두 달 뒤면 싫증이 나는 게임이었는지 이용자 수의 부침이 심했다. 결국 건신넷은 별다른 수익을 올리지 못한 실패한 게임으로 판정받았다.

2011년 가을, 일카와 직원들은 건신넷을 실패한 게임으로 결론내리고 개발 방향을 전향적으로 수정하기로 했다. 이 무렵 때마침 주문한 아이패드가 사무실에 도착했다. 일카와 팀원들은 아이패드를 테스트하면서 태블릿의 편리함에 감탄했다. 그들은 데스크탑을 지원하는 게임 대신 아예 태블릿과 스마트폰에 최적화된 게임을 개발하면 50만 명이 아니라 몇백만 명이 다운로드하는 게임도 만들 수 있을 것이라고 판단하고, 이왕 개발하는 거 몇 백만 명에게 영향을 줄 수 있는 모바일게임을 만들기로 방향을 수정했다.

이미 5월에 투자사를 통해 120억 원이라는 자금을 유치해놓은 상태였기 때문에 일카는 인력을 충원한 뒤 팀을 세분화해 다섯 개의 팀으로 나누었다. 15명으로 시작한 팀이 가을에는 30명 안팎이 되었다. 다섯 개의 팀은 각각 나름대로의 계획을 세우고 서로 다른 모바일게임을 만들데 어려움이 생기면 팀과 팀이 도우며 아이디어를 교환하자는 것이었다. 팀이 다섯 개였으니까 몇 개월 뒤에는 최소 다섯 개의 게임이 만들어질 것이고 그중 어느 하나가 회사를 위해 '적당히' 성공할 것이라고 믿었다. 다섯 개의 팀은 각기 자기만의 아이템을 잡고 6개월 동안 열정에 불타 밤낮으로 일했다.

2012년 2월 드디어 첫 번째 모바일게임인 'Pets vs. Orcs'이 탄생했다. 그해 늦봄에는 'Tower'라는 모바일게임이 탄생했지만 이 두 게임은 일정 기간이 지나면 유저들의 참여도가 현저하게 떨어지는 재미없는 게임이었다. 슈퍼셀에는 여러 팀이 있었으므로 서로 각자의 게임이나 기능을 해보며 재미없다는 평가가 나오면 그 팀은 기존의 게임개발을 중단하고 새로운 게임을 발굴해야했고, 팀 사이에서 재밌다고 판정난 게임은 비로소 애플 앱스토어에 등록했다.

아무튼 그 이후에 세 번째 게임이 만들어졌는데 이것이 헤이 데이의 베타 버전이었다. 헤이 데이는 앞선 게임과 달리 유저들의 참여가 꾸준히 유지되는 게임이었다. 일카와 팀원들은 유저의 참여도를 높이는, 혹은 시간이 지나도 꾸준하게 참여도가 유지되는 이유를 분석했다. 노하우가 생긴 것이었다. 그들은 헤이 데이를 2012년 6월 21일에 애플 앱스토어에서 정식 출시했다.

이어서 7월 1일, 암호명 'Magic'이라는 게임을 만들었는데 훗날 출시할 때에는 '클래시 오브 클랜'(가문의 충돌)이라는 이름으로 출시했다. 헤이 데이가 1루타였다면 클래시 오브 클랜은 만루홈런이었다. 3개월 뒤 클래시 오브 클랜은 미국 모바일게임 시장에서 넘버 1의 수입을 올리는 최고의 게임으로 선정되면서 일카의 회사 슈퍼셀이 모바일게임계의 태풍의 눈으로 부상했다. 마지막 다섯 번째 게임은 'Battle Buddies'라는 게임이었는데 비평가들의 호평에도 불구하고 대중적인 인기를 얻는 데는 실패했다.

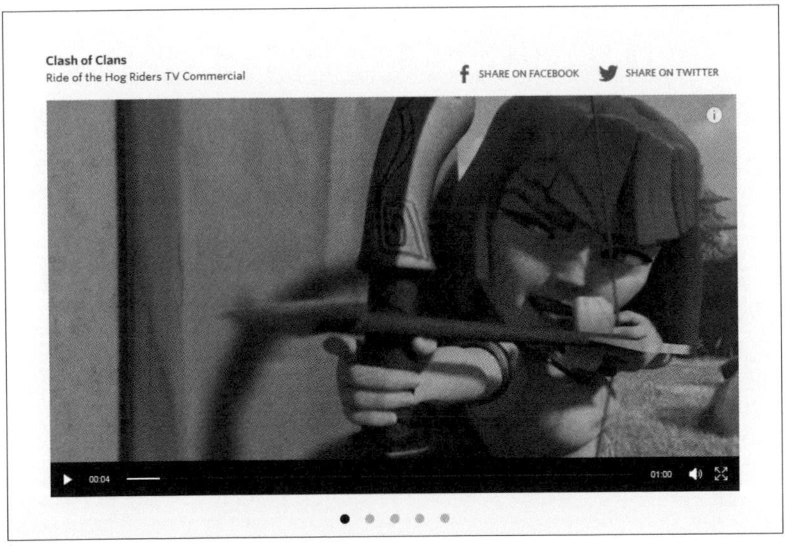

▲ 슈퍼셀 최고 히트작 '클래시 오브 클랜' 광고영상

🏅 성공 아이템

슈퍼셀은 모바일게임 장르에서 헤이 데이, 클래시 오브 클랜, 붐 비치라는 3개의 히트작이 있다. 모바일 무료게임(F2P, Free to Play) 모델에는 한 가지 아이러니가 있는데 이용자와 개발자 모두가 윈-윈 해야한다는 것이다. 이것의 절충점을 찾는 것은 여간 어려운 일이 아니었지만 슈퍼셀은 나름대로 방법을 찾아냈다.

슈퍼셀의 모바일게임이 히트를 친 이유는 그 이전에는 볼 수 없었던 고품질의 그래픽을 가진 무료게임이기 때문일 것이다. 슈퍼셀은 원래 PC용 게임을 개발했던 업체였다, PC나 비디오콘솔 게임에서나 볼 수 있는 고품질 게임을 모바일로 만든 뒤 무료배포한 것이 슈퍼셀을 성공으로 견인한 것이다.

대표작인 클래시 오브 클랜과 헤이 데이는 2012년 여름 출시 후 폭발적인 인기를 끌더니 2013년에는 두 게임에만 매일 8백만 명의 유저가 접속하면서 매일 25억 원의 매출을 안겨주었다. 2014년에는 대규모 TV 광고를 실시한 결과 유저수가 급격하게 늘어나면서 매일 60억 원의 매출이 발생했다. 폭발적인 매출만큼 회사의 지명도는 급상승해 전통적인 거대자본의 PC게임 개발사들이 슈퍼셀의 기적적인 성공을 질투의 눈으로 바라 보았다.

참고로 2014년도 슈퍼셀의 연매출 19억 달러는 당시 우리나라의 넥슨, 엔씨보다 10% 이상 높은 연매출이었다. 슈퍼셀의 직원수는 2010년 창업 당시 15명이었는데 2014년에는 헬싱키, 샌프란시스코, 도쿄, 서울, 베이징 사무실 등 32개국 170명으로 늘어났다.

🎙 CEO : 일카 파아나넨

헬싱키 공과대학에서 공부한 일카 파아나넨(Ilkka Paananen)은 2000년에 수메아 인터랙티브(Sumea Interactive Ltd.)를 공동창업한 뒤 CEO가 되었다. 그는 수메아에서 피처폰용 게임을 개발해 유럽과 미국시장에 발매했다. 수메아는 배급사업도 하였으므로 다른 개발자가 만든 게임을 수메아 브랜드로 배급했다.

2004년에 디지털 초콜릿(Digital Chocolate)이 수메아를 인수하자 일카도 디지털 초콜릿에 합류했다. 디지털 초콜릿은 무선통신사업과 피처폰 게임개발 및 배급을 하는 회사였는데 수메아를 인수함으로써 게임개발과 배급능력이 대폭 향상되었다. 수메아 인터랙티브를 디지털 초콜릿에 매각했을 때 일카와 공동창업자들이 받은 돈은 현금 60억 원과 디지털 초콜릿 주식 120억 원 어치였다. 일카는 디지털 초콜릿에서 일하며 여러 가지 플랫폼용 게임을 개발하거나 발매했고 나중에는 디지털 초콜릿의 CEO가 되었다.

2010년, 디지털 초콜릿에서 나온 일카는 사업을 구상하다가 2011년 2월 수메아 시절 동업자들을 규합해 슈퍼셀을 공동설립했다.

몇 년 전 일카 파아나넨은 한국 지사를 만들면서 한국을 방문했는데 한 매체와의 인터뷰에서 다음과 같은 말을 남겼다.

"나는 CEO라는 이름의 권력을 갖고 싶지 않습니다. 가장 권력이 없는 CEO가 저의 목표라고 직원들에게 늘상 말합니다. CEO는 단지 직원들이 창의적으로 일할 수 있도록 환경을 만드는 것이라고 봅니다. 우리 회사는 작은 팀이 여러 개 있는 구조이므로 톱다운 방식의 회사는 아닙니다. 우리 회사는 중간관리자를 최소한시킨 구조입니다. 셀로 이루어진 작은 팀이 자체적으로 아이디어를 짜고, 게임을 개발하고, 테스트를 하고, 다른 팀을 도와줍니다. 저는 이런 방식이 좋습니다. 이렇게 하면 CEO라는 결정권자 없이도 회사는 잘 돌아가기 마련입니다."

💰 투자&자금조달 과정

슈퍼셀은 설립 당시 CEO 일카 파아나넨과 공동창업자 5~6명이 준비한 돈, 핀란드의 기술기금에서 유치한 융자금이 있었다. 2010년 10월에는 이니셜 캐피털(Initial Capital)과 런던 벤처 파트너(London Venture Partners)를 통해 종잣돈을 유치했다. 어림잡아도 슈퍼셀은 수십억 원의 종잣돈으로 설립했을 것으로 보인다.

슈퍼셀은 처음 1년간 만든 건신넷이 수익을 올리지 못하고 서비스를 중단했으므로 이 시기에 상당한 손실을 보았을 것으로 추정된다. 베테랑 직원 15명에게 지불해야할 1년치 봉급만 계산해도 최소 손실액을 짐작할 수 있다. 벤처기업은 특성상 성공하지 못한 제품을 생산해도 그 제품의 기술력이 좋으면 미래가능성을 인정받을 수 있고 벤처자금의 유치가 가능하다.

2011년 5월의 슈퍼셀은 자금 마련을 위해 시리즈A 자금조달라운드를 진행했다. 액셀 파트너스 외 5개 투자사가 참여한 시리즈A에서 투자사들은 슈퍼셀의 첫 게임이었던 건신넷의 중독성과 몰입성에 좋은 점수를 줬다. 결과적으로 슈퍼셀은 1,200만 달러(120억 원)를 유치하는 데 성공했고 이로 인해 나락으로 향하던 슈퍼셀의 자금사정이 좋아졌다.

2013년 4월, 시리즈B 자금조달라운드에서 슈퍼셀은 3개 투자사를 통해 1억 3,000만 달러를 유치했다. 투자에 참여한 업체는 인덱스 벤처

(Index Ventures), IVP, 아토미코(Atomico)이다. 이 무렵의 슈퍼셀은 자사의 모바일게임 3개가 연달아 히트를 치면서 모바일게임 분야의 최고 회사로 부각하고 있었고 연매출도 6억 달러를 바라보는 상황이었다. 3개 투자사가 한꺼번에 뭉칫돈을 투자한 것에는 다 이유가 있었다.

그리고 2013년 10월, 소프트뱅크의 손정의가 슈퍼셀의 지분 51%를 15억 달러에 인수했다. 슈퍼셀의 공동창업자들은 설립 4년 만에 백만장자 혹은 억만장자가 되었다.

고객들

슈퍼셀의 고객은 모바일 사용자들, 대부분 10~20대층으로 추정된다.

초기에는 슈퍼셀의 게임 대부분이 아이폰용으로 개발되었기 때문에 아이폰 이용자들만 게임을 할 수 있었다. 그러나 안드로이드 시장이 급격히 팽창하면서 아이폰용으로 발표한 몇 개월 뒤에는 안드로이드용 게임으로도 발표하였다. 현재는 안드로이드폰 유저가 많은 한국, 중국 시장을 매우 중요하게 여기면서 안드로이드용 게임도 같이 출시하고 있다.

현재 위상

2013년 10월에 일본 소프트뱅크(경호 온라인 엔터테인먼트)가 슈퍼셀의 지분 51%를 인수할 당시 소프트뱅크는 액셀 파트너스 등이 가지고 있는 슈퍼셀 지분 22%도 모두 인수했는데 이때 사용한 금액은 밝혀지지 않았다.

슈퍼셀의 2013년도 연매출은 6억 달러이다. 2014년에는 헐리우드

스타 마케팅이 성공하면서 슈퍼셀의 연매출을 19억 달러로 견인했다. 2014년도 연매출 19억 달러에서 앱스토어 입점료 25~30%를 제하면 슈퍼셀에 실질적으로 떨어진 금액은 13억 달러 내외로 보인다.

2014년 당시 슈퍼셀은 한국 시장에서만 마케팅 비용으로 100억 원을 퍼부었다.

거대한 비디오게임을 만드는 인디게임 업체
캄포 산토 게임스튜디오

 미국 

？ 회사 개요

캄포 산토(Campo Santo)는 샌프란시스코 실리콘밸리에서 설립된 비디오게임 스타트업이다. 아직 첫 작품을 낸 적이 없지만 개발중인 파이어워치(FireWatch)라는 어드벤처 게임이 2015년 중 출시예정이다.

비디오게임 개발사는 모바일게임 개발사와 달리 대규모 자본이 필요한 업종이다. 때문에 스타트업 기업이나 벤처회사로 분류할 수는 없지만 비디오게임 업체 중 '인디게임 업체'는 스타트업이라고 부를 수 있다.

캄포 산토가 자사의 1번 제품으로 제작하고 있는 파이어워치는 1988년의 아이오밍주 옐로스톤 국립공원을 배경으로 한다. 화재감시원 헨리는 마침 그날 자신의 할당지역인 쇼숀 국유림 전망대에 부임했다. 어느날 일상적인 순찰을 나가는데 먼 하늘에서 누군가가 쏘아올린 폭죽이보여 그 장소를 찾아간다. 그가 가지고 있는 유일한 통신수단은 무전기였는데 그 무전기는 직속상사인 딜라일라하고만 통화할 수 있었다. 딜라일라와 통화를 한 뒤에는 2~4개의 답변 중 하나를 선택해 답변할 수 있다. 어떤 답변을 선택하느냐에 따라 게임의 양상이 달라진다.

이 게임은 1988년에 있었던 옐로스톤 대산불을 무대로 한 미스테리 게임이다. 당시 발생했던 옐로스톤 대화재는 몇 달 동안 계속되어 그 지역을 송두리째 사막으로 바꾸었다. 그 화재 속에서 과연 어떤 일이 벌어지는 것일까?

🏅 성공 아이템

캄포 산토의 '파이어워치'는 플레이스테이션 4, 윈도우, OSX, 리눅스 플랫폼의 1인용 싱글게임이다.

게임의 그림체는 '올리 모스'의 그림에서 영감을 얻었다. 올리 모스는 스타워즈 영화포스터로 유명한 디자이너이다. 그는 캄포 산토 개발진에

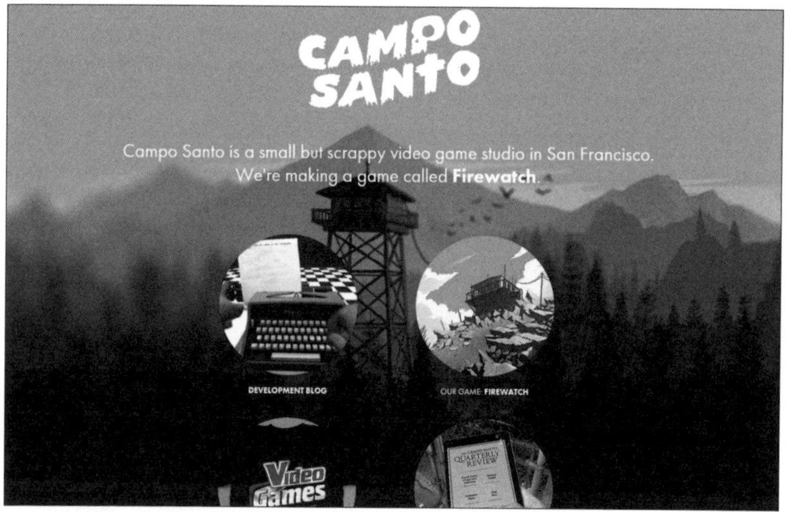

캄포 산토 홈페이지 (www.camposanto.com)

합류해 자신의 독특한 키아트 그림체를 게임에 투영시켰다. 게임은 3D 환경이지만 올리 모스의 그림체로 제작되기 때문에 2D와 유사한 특유의 예술적 분위기를 만들어준다. 개발팀은 게임 속 분위기를 실제 체험하기 위해 요세미티 공원에서 캠핑을 하기도 했다.

캄포 산토의 창업자이자 '파이어워치' 게임의 제작감독인 제이드 로드킨은 국내에도 마니아들이 꽤 많은 '원숭이 섬의 이야기', '포커 나이트 앳 더 인벤토리', '퍼즐 에이전트 2'라는 게임을 만든 사람이다. 그의 가장 최근 히트작은 전 세계적으로 히트를 친 '워킹데드'라는 게임인데 '파이어워치'에서는 그림체가 확 바뀌었다.

🎙 창업자 : 제이크 로드킨

제이드 로드킨(Jake Rodkin)은 어렸을 때 크리스마스 선물로 받은 비디오게임기 때문에 게임의 세계에 푹 빠졌다.

성년으로 성장한 제이크 로드킨은 신문사 광고디자이너로 취업했다. 그는 루카스아트 비디오 게임을 리뷰하는 'International House of Mojo' 사이트와 'Adventure Gamers' 사이트에서 글을 기고하면서 컴퓨터게임 시장과 관계를 맺었다.

2004년의 그는 결국 광고디자이너 직업을 버리고 몇몇 게임기자들과 함께 비디오게임 뉴스와 문화를 소개하는 'Idle Thumbs'라는 블로그형 웹진을 설립하고 초기에는 팟캐스트 방송도 진행했다. 이 웹진은 학교나 직장 일로 바쁜 사람들을 대상으로 신작게임정보를 소개했다.

때마침 텔테일 게임(Telltale Games)이라는 회사가 설립을 준비하고 있었다. 제이크 로드킨에게 그 회사에서 일하는 개발자를 인터뷰하는 기회가 생겼다. 알고보니 그 개발자는 제이크가 어렸을 때 좋아한 루카스아트의 '원숭이 섬의 비밀'을 만든 개발자 중 한 명이었다. 제이크는 크게 관심을 표시하며 텔테일에서 혹시 홈페이지 디자이너나 게임 디자이너, 혹은 커뮤니티 관리자라도 뽑게 되면 연락해 달라고 말했다. 그런데 몇 년 후 텔테일에서 연락이 왔다. 텔테일의 고문위원회에 합류하라는 것이었다. 제이크는 이렇게 해서 당시 15명의 직원이 있었던 텔테일의 고문위원회에 합류했다.

텔테일의 고문위원회에 합류한 제이크는 가끔 게임의 인터페이스 디자인 일손이 부족할 때 조금씩 도와주기 시작했다. 그러자 그래픽팀장이 그의 디자인실력을 알아보고는 그래픽팀과 정식으로 면접날짜를 잡자고 말했다. 면접날이 되자 팀장은 제이크의 디자인실력을 확인하더니 바로 게임개발팀의 신입디자이너 자리에 앉혀놓았다. 제이크 로드킨은 광고디자이너에서 웹디자이너가 되더니 이젠 게임디자이너가 될 기회를 잡은 것이었다.

신입디자이너 중에는 숀 배너맨(Sean Vanaman)이란 친구가 있었다. 제이크는 숀과 친해지면서 몇 개의 게임 프로젝트를 같이 성공적으로 처리하였다. 제이크는 결국 신입디자이너에서 게임디자이너로 승진하였고, 나중에는 게임작가, 게임감독이 되어 여러 개의 게임을 자기 이름으로 제작했다. 훗날 그의 최고 히트작이 된 '워킹데드'는 숀과 공동으로 감독한 것이었다.

2009년에 출시한 '원숭이 섬의 이야기'는 제이크 로드킨이 어렸을 때 좋아한 '원숭이 섬의 비밀'의 리바이벌 게임에 해당하는데 제법 히트를 쳤다. 그 게임은 그 해에 'IGN's Best of E3 2009 Awards'에서 '최고의 놀라운' 게임상을 받았다.

▲ 캄포 산토의 첫 비디오게임인 '파이어워치'의 게임장면

　　2011년에 발표한 그의 모바일게임 '퍼즐 에이전트 2'는 2011년 아이폰 최고의 게임으로 선정되었다. 2012년에 출시한 '워킹데드'는 그 해에 출시한 80개의 PC게임 중 가장 뛰어난 게임으로 선정되었고 제이크 로드킨의 이름을 알리는 게임이 되었다. 마침내 2013년, 제이크 로드킨은 동료인 숀 배너맨과 함께 텔테일에서 퇴사한 후 2013년 9월에 자신의 인디게임 개발사인 '캄포 산토'를 설립했다.

🪙 투자&자금조달 과정

캄포 산토는 외부에서 자금을 조달한 기록이 없지만 자금을 조달하기 위해 수없이 많은 배급사, 개발자, 부자들을 만났다고 한다. 그리고 운좋게도 게임을 개발할 수 있는 비밀자금을 유치하는 데 성공했다. 미국 게임개발계에서 흔히 볼 수 있는 인디펀드(Indie fund)와 비슷한 방식으로 자금을 유치한 것으로 보인다.

미국의 인디펀드는 게임개발에서 성공한 개발자들이 신생 인디게임사에 투자할 목적으로 만든 기금이다. 벤처회사의 투자처럼 회사 지분을 나누어 가지는 것이 아니라 게임에서 발생할 수익의 일부를 이자로 받는 조건으로 자금을 다달이 빌려준다. 따라서 인디펀드는 회사경영에는 관여하지 않는다. 게임 출시 후 반응이 좋으면 수익분의 일부를 약정에 따라 2~3년 동안 받는다. 회수한 돈은 다시 인디기금으로 적립해 놓고 엄격한 심사 하에 또다른 신생 인디게임사에 투자한다. 인디펀딩에 대상자로 등록되지 않은 것으로 보아 캄포 산토는 인디펀드가 아닌 개인들에게 비밀펀딩을 받은 것으로 보인다.

🕑 현재 위상

캄포 산토의 첫 작품인 '파이어워치'는 2015년 6월 출시예정이었지만 필자가 이 책을 준비하고 있던 2015년 7월까지 출시되지 않고 있었다. 후반작업에 시간이 걸리는 것으로 보인다.

가더스(Godus)로 유명한 모바일게임 회사

22캔 22Cans

03

? 회사 개요

영국의 모바일게임 스타트업인 22캔은 유니크한 게임으로 유명한 가더스(Godus)의 제작사이다.

가더스는 플레이어가 신이 되어 백성들(AI)을 보육하며 번성할 수 있도록 영토를 확장하는 게임이다. 플레이어는 백성들의 번성과 부흥을 위해 홈타운이란 가상의 땅을 손가락으로 드래그하여 면적을 넓히거나 줄이는 방식으로 게임할 수 있다. 창조적인 아이디어와 유니크한 그래픽 때문에 모바일게임계에서 크게 주목을 받고 있다.

설립 초 계획에 의하면 각 분야 전문가 22명이 모인 게임업체라는 뜻에서 22캔이라고 회사 이름을 지었다고 한다. 2012년 2월 영국 서리(Surrey)주에서 설립된 회사로서 지금까지 2개의 모바일게임을 발표했는데 둘 다 독특한 마케팅과 창조적인 아이디어로 세계 게이머들의 호기심을 끌었다.

▲ 플레이어의 손가락 하나로 지형이 바뀌는 가더스의 세계. 아찔한 상상력의 끝을 보여준다.(자료 : 가더스 홈페이지)

마이크로소프트 게임스튜디오의 크리에이티브 디렉터 출신인 피터 몰리뉴는 22캔의 창업자 겸 CEO이다. 그가 전설에 가까운 비디오게임 개발자 시대와 종언하고 모바일게임계에 뛰어들기 위해 설립한 회사 22캔은 게임계에서 30년을 버티어온 피터 몰리뉴의 역작이다. 인생 전반을 계단을 밟듯 차곡차곡 올라온 그가 22명의 개발자들과 게임계의 혁신을 보여준다.

🏅 성공 아이템

22캔의 첫 모바일게임은 회사 설립 10개월 뒤인 2012년 11월에 출시되었다. 게임의 정식명칭은 '호기심, 큐브 안에 뭐가 있을까?(Curiosity - What's Inside the Cube?)'였다. 이 게임은 소셜기반의 멀티플레이가 가능한 게임이었는데 게임이라기보다는 사회실험에 가까웠다. 피터 몰리뉴가 자신은 모바일게임을 만들 때도 이런 대단한 게임만 만들 것이라고 자랑하듯 출시한 게임이었다.

'호기심' 게임을 처음 시작하면 화면에 정방향의 대형 큐브가 하나 놓여있다. 사용자는 손가락을 이용해 큐브를 돌려보거나 확대할 수 있다. 게임 방식은 간단했다. 플레이어가 큐브를 부수면 그 안에 뭔가 있다는 것이었다.

그런데 큐브를 부수는 것이 단순하지 않다. 큐브를 확대하면 깨알 같은 작은 큐브들이 대형 큐브의 표면을 이루고 있음을 알 수 있다. 대형큐브를 부수려면 표면을 이루고 있는 깨알 같은 작은 큐브들을 일일이 클리어해야 했다. 표면을 이루고 있는 작은 큐브를 클리어하면 그 밑으로 또 다른 깨알 같은 큐브들이 겹겹의 층을 이루고 있다. 화면에 보이는 대형 큐브는 총 30억 개의 작은 큐브, 3천 개의 층으로 만들어져 있었다. 손가락으로 깨려면 30억 번을 눌러야 큐브를 완전히 깰 수 있다는 것이었다.

피터 몰리뉴는 게임을 발표하면서 이 역사적인 모바일게임을 완파하는 사람이 생기면 그에게 인생이 바뀔 만한 커다란 보상을 하겠다고 선언했다. 엄청나게 많은 큐브들을 클리어하려면 일단 화면을 확대한 뒤 손가락으로 일일이 클리어해야 했다. 한 사람이 클리어할 수 있는 문제가 아니었으므로 이 게임은 멀티플레이어 기능을 지원해 수많은 사람들이 큐브를 이어서 깰 수 있었다. 해커들이 비합법적 방법으로 큐브를 깨는 것을 막기 위해 방어막도 철저히 만들었다.

게임에 관심 있는 게이머들이 전 세계에서 참여하기 시작했다. 게이머들은 시간이 날 때마다 게임에 접속해 협동으로 클리어하기 시작했다. 작은 큐브들은 일정 개수 이상 클리어하면 사이버머니가 적립되었고, 사이버머니로는 도끼나 다이너마이트 같은 아이템을 구입할 수 있었다. 아이템을 사용하면 손가락으로 클리어하는 것보다 한꺼번에 더 많은 작은 큐브들을 없앨 수 있었다.

결코 클리어되지 않을 것 같은 이 게임은 6개월 뒤인 2013년 5월에 마지막 층이 클리어되었다. 제일 마지막까지 남아있던 작은 큐브를 클리어한 사람은 스코틀랜드의 18세 청년이었다. 마지막으로 클리어한 사람에게 인생이 바뀔 만한 엄청난 보상을 제공하겠다고 공언했던 피터 몰리뉴는 약속대로 그 청년을 자신의 회사로 초청했다. 그리고는 보상에 대해서는 별 말 없이 자사의 차기작이 될 '가더스'라는 게임의 베타버전을 3시간 동안 보여주며 자랑하기 시작했다.

한참 후 피터 몰리뉴는 스코틀랜드 청년에게 가더스가 정식 출시될 때면 멀티플레이어 버전이 만들어질 것이므로 모든 플레이어 중에서 가장 높은 레벨인 '신들의 신' 레벨을 평생 부여하고, 가더스의 수익금 중 1%를 주겠다고 제안했다. 스코틀랜드 청년은 몰리뉴가 내놓은 예상 밖의 보상책에 당황했지만 선택의 여지가 없었으므로 그 보상책을 받아들였다.

문제의 게임인 가더스는 그로부터 4개월 뒤인 2013년 9월에 공식 출시되었다. 그런데 가더스에는 멀티 플레이어 기능이 아예 탑재되어 있지 않았다.

맨 처음 가더스 게임을 실행하면 어떤 미지의 땅에 한 남자와 한 여자가 있다(그들은 곧 아담과 이브이다). 이 게임에서 플레이어는 신이 되어 아담과 이브를 '약속의 땅'으로 인도하는 역할을 하게 된다. 물론 게임 초반에는 약속의 땅이 어디에 있는지 알수가 없다.

플레이어는 손가락으로 땅을 늘려다 줄였다 하면서 길을 만들고 그렇게 해서 가장 넓은 땅을 발견하면 '약속의 땅을 찾았으니 이곳을 정착지로 삼겠습니다.'라는 메시지를 볼 수 있다. 그리고 아담과 이브가 그 땅에 집을 짓고 자녀를 낳는다. 아담과 이브가 자녀를 낳으면 그 자녀가 또 자녀를 낳고 그 자녀들이 또 자녀를 낳으면서 자손들이 날로 번성한다. 자손들이 번성하면 집을 지을 땅이 부족하므로 플레이어는 자손들이 잘 번성하도록 손가락으로 드래그하여 땅을 넓히기 시작한다. 플레이어는 바다쪽으로 땅을 넓히고, 바위와 산을 없애 평지로 개간을 하면서 아담의 자손들, 곧 플레이어를 따르는 신자들이 집을 지을 수 있도록 땅을 만들어주면 되는 게임이었다. 게임을 조작하는 데는 다른 기능을 사용할 필요가 없었다. 단지 손가락으로 드래그하여 땅을 넓히거나 산을 개간하면 되는 것이었다.

가더스가 정식 출시된 뒤 2년이 지난 2015년 봄이었다. 스코틀랜드 청년은 18살에서 20살이 되었다. 스코틀랜드 청년은 2015년 봄에 있었던 게임웹진과의 인터뷰에서 피터 몰리뉴가 아직도 가더스의 최고 신 레벨을 주지 않았다고 말했다.

자신은 그 보상책이 맘에 들지 않았지만 그 당시 가더스 베타게임을 직접 해본 뒤 가더스와 관련된 보상책을 받아들였다는 것이다. 한편 가더스는 2015년에도 멀티플레이어 기능이 삽입되지 않았는데, 아무래도 기술적으로 해결할 수 없는 큰 문제가 있기 때문으로 보인다. 따라서 가더스 멀티플레이어 버전이 만들어지면 모든 플레이의 으뜸인 '신들의 신' 레벨을 주겠다는 약속은 지킬 수가 없는 것이 되어 버렸다.

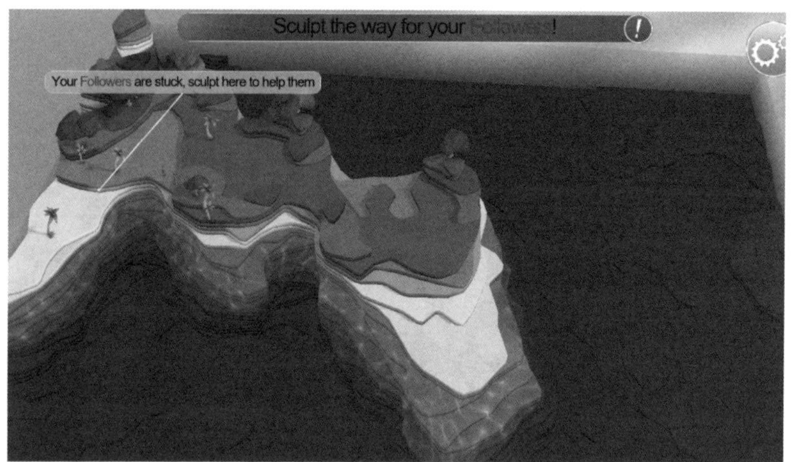

▲ 가더스는 홈월드(HomeWorld)라는 가상의 땅에서 아담과 이브의 자손들이 잘 번성하도록 손가락으로 땅의 면적을 넓히면서 육성하는 게임이다. 신이 된 플레이어는 자신을 따르는 신자들이 크게 번성하도록 땅을 제때 넓혀주어야 한다. 점점 인구가 불어나기 때문에 게임 후반으로 갈수록 게임의 난이도가 높아진다.

피터 몰리뉴는 2014년 인터뷰에서 스코틀랜드 청년을 언급, 아직 지급하지 않았지만 청년은 약속된 수익금을 받게 될 것이라고 말한 바 있다.

🎙 창업자 겸 CEO : 피터 몰리뉴

피터 몰리뉴(Peter Molyneux)는 1959년 5월 5월 영국 서리주에서 태어났다. 그의 부친은 2개의 장난감가게를 운영하는 사람이었다. 그는 대학에서 수학을 전공했는데 다른 어떤 과목보다 수학을 좋아했다고 한다.

그는 1982년에 아타리와 코모도어64용 컴퓨터 게임이 저장된 플로피 디스켓을 판매하는 회사를 차리면서 게임 세계에 발을 디뎠다. 당시에는 몇 천만장 씩 팔리는 게임도 있었으므로 1984년에는 그도 욕심을 냈다. 그는 자신의 첫 게임으로 비즈니스 시뮬레이션게임인 '사업가'라는 게임을 개발했다. 그런 뒤 자신의 게임을 직접 배급하기로 하고 수백 개의 게임 패키지를 직접 제작했다. 포장상자도 좋은 것으로 준비하고 게임잡지에 광고까지 냈다. 그런데 '사업가'는 총 2건의 주문 밖에 오지 않았다. 2건의 주문 중 1건은 아들의 사업을 응원하기 위해 그의 어머니가 발주한 주문이었다. 어쩔 수 없이 그는 게임사업을 포기하기로 하고 고심 끝에 친구와 함께 '황소자리'라는 무역회사를 차렸다. 중동에 콩을 수출하는 회사였다.

그런데 어느 날 아미가 컴퓨터로 유명한 코모도어 인터내셔널에서 연락이 왔다. 피터 몰리뉴의 회사이름인 황소자리(Taurus)를 유명한 소프트웨어개발사 토러스(Torus)로 착각하고 연락을 해 온 것이었다. 코모도어는 10대의 아미가 컴퓨터를 무상으로 제공할테니 아미가용 상용 데이터베이스 프로그램을 개발해 납품하라는 것이었다.

10대의 무상 컴퓨터(지금 돈으로 환산하면 2천만 원에 달한다)가 욕심난 그는 앞뒤 생각하지 않고 냉큼 그 제안을 받아들였다. 그리고는 아미가용 데이터베이스 소프트웨어를 개발해 코모도어에 납품했다. 다행히 이 소프트웨어는 나쁘지 않게 팔려나갔고 그 덕에 개발료가 짭짤하게 들어왔다. 그는 그 돈으로 다시 게임 사업에 도전하기로 하고 황소개구리(Bullfrog) 프로덕션을 설립했다.

1987년 설립 때부터 게임을 쏟아내기 시작한 황소개구리 프로덕션은 1989년에 인구(Populous)라는 게임을 출시한 뒤 400만 장을 판매하면서 대성공을 거두었다. 그는 다작을 하는 스타일이었으므로 매년 새 게임을 개발해 상품화했고 이 때문에 그의 이름은 조금씩 게임업계에 알려지기 시작했다.

1994년의 그는 유명배급사인 일렉트로닉아츠(Electronic Arts)의 부사

장이 되었다. 1995년에는 자신의 황소개구리 프로덕션을 일렉트로닉아
츠에 매각한 뒤 마지막 프로젝트인 던전 키퍼(Dungeon Keeper)를 진행했
는데 이 작업은 1997년에야 마무리되었다.

1996년의 피터 몰리뉴는 아직 일렉트로닉아츠에 적을 두고 있었지만
개인적으로 라이온헤드 스튜디오라는 게임사를 설립했다. 일렉트로닉
아츠가 황소개구리의 인적자원을 대폭 충원하면서 업무 흐름이 기계적
으로 변하고 게임 품질이 나빠지자 예전의 혁신으로 돌아가기 위해 라
이온헤드를 창업한 것이다.

1997년이 되자 그는 엘렉트로닉아츠에서 퇴사한 뒤 라이온헤드에서
자기만의 게임개발에 집중했다. 라이온헤드에도 출시한 게임들도 대박
혹은 중박이 터졌다.

2006년에 마이크로소프트가 라이온헤드를 인수하였다. 피터 몰리뉴
는 마이크로소프트 산하 유럽사업부 책임자로 일하다가 나중에는 마이
크로소프트 게임스튜디오의 크리에이티브 디렉터로 승진했다.

2012년 2월이 되자 피터 몰리뉴는 모바일게임에 주력할 생각으로 자
신의 고향인 영국 서리주에 22캔이란 회사를 설립했다. 그가 모바일게
임시장에 뛰어든 이유는 몇몇 형편없는 게임들이 세계적으로 인기를 끄
는 것에 자극받았기 때문이었다. 아무튼 그 1개월 뒤, 그는 트위터를 통
해 마이크로소프트를 떠나는 이유를 말했는데 새로 설립한 회사 22캔
에 집중하기 위해서라고 하였다. 그런 뒤 게임 팬들의 주목을 한 눈에 끈
'호기심, 큐브 안에 뭐가 있을까?'를 발표했다.

게임 업계에서는 피터 몰리뉴를 유럽 게임계의 전설이라고 말한다.
피터 몰리뉴가 관심 있게 만든 게임 장르는 신의 눈으로 땅을 내려다보
는 'God Game' 장르이기 때문에 그에게는 'God Peter'라는 별명도 생

졌다. 다작을 하는 개발자로 유명하지만 게임계에서 수작으로 치는 게임도 7개나 만들어 냈다. 물론 그는 게임 업계에서 허풍이 심한 사람으로도 유명하다.

💰 투자&자금조달 과정

2012년 12월에 22캔은 킥스타터 캠페인(Kickstarter campaign)을 통해 73만 달러의 자금을 유치했다. 킥스타터 캠페인은 크라우드 펀딩의 하나이다. 인디펀딩과 비슷한 성격이지만 게임산업뿐 아니라 문화 전반에 걸쳐 창조적인 작품으로 예상될 때 집행한다. 킥스타터 캠페인이 투자한 대상은 '가더스' 게임이었다.

🕐 현재 위상

게임기자들 사이에서의 피터 몰리뉴는 거짓말 전적이 화려한 사람으로 평가받는다. 그 자신도 2015년 2월 인터뷰에서 자신의 반복적인 거짓말에 대해 말했다.

"한 번에 끝나는 거짓말이 있다고는 생각도 못해봤습니다. 정말로."

피터 몰리뉴의 인터뷰가 시사하는 점은 게임개발이 그만큼 약속을 지키기 어려운 것임을 뜻한다. 그는 고의적으로 거짓말을 한 적은 절대 없다고 말했다. 게임을 개발하다보면 기술력과 자금때문에 통제 밖의 상황이 많이 벌어진단다. 이 때문에 부득이하게 설계를 바꾸는 경우가 많은데 그것이 때로는 거짓말로, 때로는 허풍으로 보인다는 것이다.

터치스크린용 전략시뮬레이션게임을 만든 플레이레이븐 PlayRaven

04

? 회사 개요

핀란드에서 슈퍼셀이라는 기적에 가까운 성공을 거둔 회사가 등장하면서 핀란드는 물론 유럽의 스타트업 후발주자들도 모바일게임 업계에서 활발한 움직임을 보이고 있다. 이 때문에 모바일게임 분야에서만큼은 미국보다 유럽이 강세라고 알려져 있다.

플레이레이븐은 2013년 핀란드 헬싱키에서 설립된 모바일게임 개발사이다. 플레이레이븐의 CEO인 라세 세파넨은 앨런 웨이크(Alan Wake) 게임을 제작 및 감독한 사람으로 유명하고 직원 구성원들도 각기 레미디 엔터테인먼트(Remedy Entertainment), 우가(Wooga), 디지털 초콜릿(Digital Chocolate), 록스타 게임(Rockstar Games), 슈퍼셀(Supercell), 유니티(Unity) 같은 유명 모바일게임사 출신들이다.

플레이레이븐은 2014년에 9월에 그들의 첫 전략시뮬레이션게임 '스파이마스터'를 성공적으로 출시했다. 스파이마스터는 2차 세계대전을 배경으로 적진 깊숙이 파견한 비밀 요원을 제어하는 게임이다. 이 게임은 개발 당시부터 터치스크린을 지원, 스마트폰이나 태블릿에서 게임을 할 수 있도록 만들어졌다. 스파이마스터의 게임 스타일은 전반적으로 '문명5'와 비슷하기 때문에 전략시뮬레이션 애호가들에게 인기를 얻고 있다.

스파이마스터는 전략시뮬레이션 장르에서 미국, 영국, 인도 차트 2위, 홍콩과 사우디아라비아 등 78개국에서 차트 3위, 그 외 99개국에서 차트 10위권에 들었는데 주로 아이패드 사용자들이 많이 다운로드했다.

🎖 성공 아이템

'스파이마스터'는 아이폰 및 안드로이드폰이나 태블릿에서 구동하는 무료배포 게임이다.

이 게임에서 플레이어는 연합군의 스파이대장이 되어 2차 세계대전의 공방전 속에 빠져있는 적진 깊숙이 연합군 스파이를 파견하고 이들을 제어하는 역할을 한다. 게임 음악은 꽤 괜찮은 편이고 게임의 몰입감도 상당하기 때문에 중독성이 높은 게임으로 평가받고 있다.

플레이어는 엘리트 스파이를 채용하고 기술관리를 하며 게임을 시작한다. 플레이어는 적의 정보를 도청하고 적의 작전을 방해하기 위해 스파이들을 투입하고 적의 공장, 기차역, 게슈타포 사무실을 급습하며 활약을 펼친다. 게임은 실제 2차 세계대전에 있었던 스파이작전을 기반으로 한다.

스파이마스터는 2014년 9월 애플 앱스토어에 등록되었는데 발매 초부터 인기를 끌기 시작했다.

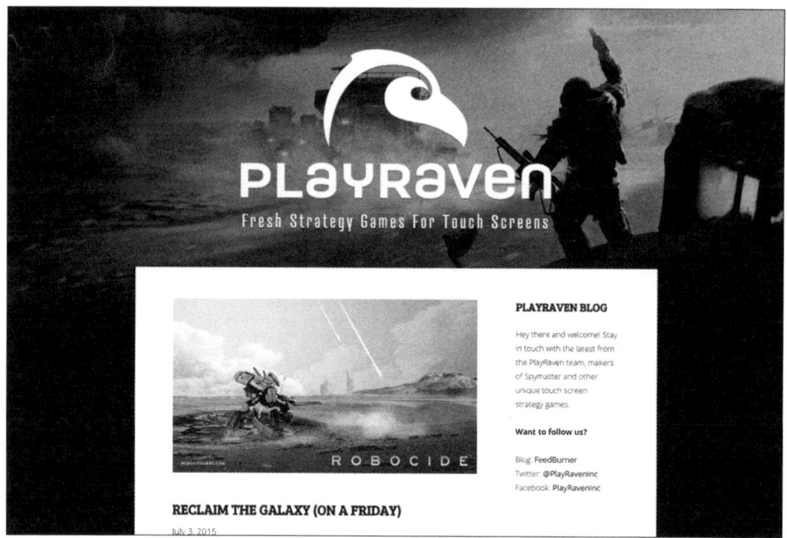

▲ 스파이마스터 제작사인 플레이레이븐 홈페이지 (www.playraven.com)

🎙 창업자 : 라세 세파넨

플레이레이븐의 공동창업자이자 CEO인 라세 세파넨(Lasse Seppänen)
은 비디오게임 앨랜 웨이크(Alan Wake)의 수석프로듀서 출신이다.

그는 헬싱키 예술대학에서 공부한 뒤 1998년에 처음으로 위즈방 프
로덕션(Wizbang Productions)의 일거리를 맡으면서 게임 업계에 발을 디뎠
다. 그의 첫 직책은 게임디자이너였는데 그가 만든 게임들은 피처폰에
서 구동되는 게임들이었다.

2001년 1월의 그는 스프링토이(Springtoys)가 위즈방의 일부 부서를
매입한 뒤 그립스튜디어(Grip Studios)라는 팀을 만들었을 때 그립스튜
디어의 프로듀서로 7개월간 근무했다가 2001년 7월에 레드 섹터(Red
Sector)라는 회사를 공동설립한 뒤 레드 섹터의 크리에이티브 디렉터가
되었다. 2003년 그는 디지털 초콜릿에 합류한 뒤 훗날에는 디지털 초콜

릿 산하 수에마 스튜디오(Sumea Studio)의 책임자로도 승진하였다.

2005년 레미디 엔터테인먼트(Remedy Entertainment)에 합류한 뒤 제품 생산 책임자가 되었다. 2007년에 그는 심리액션 공포게임인 앨랜 웨이크(Alan Wake) 개발팀 수석프로듀서가 되어 게임제작을 지휘했는데, 앨랜 웨이크는 2010년에 마이크로소프트 X박스 게임으로 발매된 뒤 2012년에는 PC게임으로도 발매되었다. 엘렌 웨이크는 발매 당시부터 상당한 호평을 받으면서 전 세계에서 총 400만 장이 팔렸다. 결국 이 작품은 그의 대표작이 되었다.

어느 작가가 시골 마을에 도착한 뒤 미스테리한 사건을 만나고 해결하는 과정을 다룬 앨랜 웨이크는 공포스러운 분위기와 사운드가 일품이었다고 한다.

2010년의 그는 앨랜 웨이크의 대성공으로 레미디 엔터테인먼트의 COO(최고업무책임자)까지 승진하고 그 1년 뒤 레미디에서 나왔다. 2011년 말에 그는 엘프산업을 설립한 뒤 게임컨설팅을 하다가 2012년에 스카이록(Skyrock Games) 게임스튜디오의 이사회 의장으로 일했다.

2013년 1월의 그는 지금의 회사인 플레이레이븐을 설립한 뒤 CEO가 되었다. 그는 게임디자이너로 출발했지만 점점 전문경영인으로 체질을 바꾼 것으로 보인다. 라세 세파넨과 일해 본 사람들은 라세의 리더십, 기획력, 분석력이 대단했다고 평한다.

💰 투자&자금조달 과정

2014년 1월에 런던 벤처 파트너스(London Venture Partners) 외 2명의 개인 투자가를 통해 230만 달러의 종잣돈을 유치했다. 2014년 11월의 시

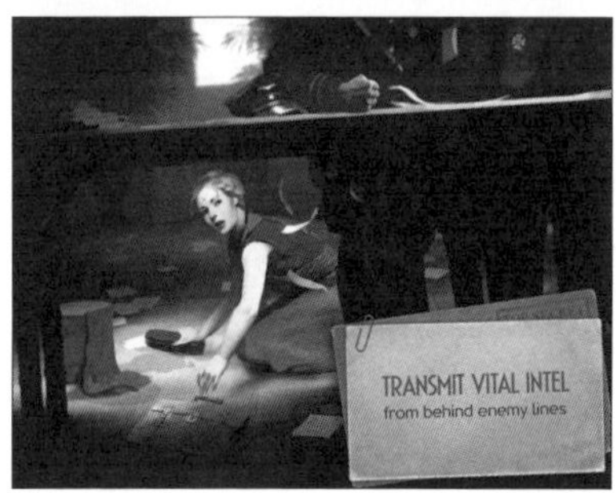

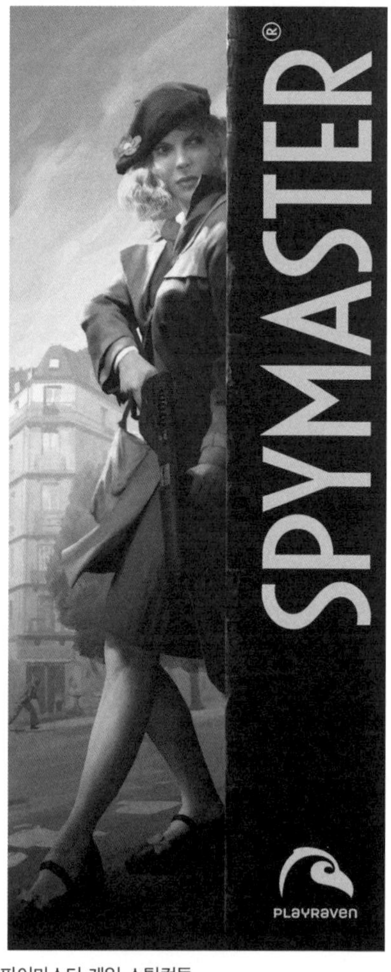

▲ 플레이레이븐 홈페이지와 블로그에서 제공하는 스파이마스터 게임 스틸컷들

리즈A 자금조달라운드에서는 벤처캐피털 노스존(VC Northzone)을 통해 410만 달러를 유치했다.

고객들

스파이마스터는 처음부터 무료배포를 목적으로 만들어진 F2P 게임이다. F2P 게임이란 'Free to Play'의 약자로 무료로 배포한 뒤 게임 내에서 아이템을 팔거나 프로모션으로 수익을 올리는 게임이다.

현재 위상

2015년 기준 플레이레이븐은 총 16명의 베테랑 직원이 근무하고 있다. 그들은 2개의 새로운 전략시뮬레이션게임을 개발하고 있는데 그중 하나는 종말론을 배경으로 한 초대형 멀티플레이어게임이다.

두 번의 투자유치에 성공한 플레이레이븐의 CEO 라세 세파넨은 노르웨이 게임웹진과의 인터뷰에서 이렇게 말했다.

"누가 알아요? 우리도 운이 좋으면 '문명(Civilization)'을 뛰어넘는 게임을 만들 수 있을 겁니다. 그게 우리의 꿈입니다. 그리고 모바일게임 시장은 우리의 꿈을 이루어줄 시장이라고 생각합니다."

누구나 모바일게임을 만들 수 있는 개발자 툴
코로나 랩&퓨즈 파워드

05

? 회사 개요

코로나 랩(Corona Labs)은 게임 제작사가 아니라 모바일게임이나 모바일 응용프로그램을 쉽게 만들 수 있는 개발 툴을 제작·배포하는 회사이다. 코로나 랩은 2014년 11월 캐나다의 모바일광고업체인 퓨즈 파워드(Fuse Powered)에 인수되어 자회사가 되었다.

2008년 실리콘밸리에서 중국계의 월터 루(Walter Luh)가 공동설립한 코로나 랩은 크로스 플랫폼의 코로나 SDK를 개발해 다른 개발자들이 아이폰, 안드로이드폰, 킨들 파이어 등에서 동작하는 모바일게임과 비즈니스 어플을 손쉽게 제작하도록 하고 있다. 2015년 기준 코로나 SDK를 사용하는 개발자는 전 세계에서 약 15만 명인데 대부분 비즈니스 어플보다는 모바일게임 제작에 코로나 SDK를 활용하고 있다. 코로나 SDK로 만든 어플은 기본적으로 코로나 엔진으로 구동된다.

코로나 SDK는 2011년에 이미 2천만 회의 다운로드를 기록한 바 있다.

코로나 SDK로 개발된 게임 중 유명한 게임은 안드로이드 앱스토어에서 다운로드 1위를 기록한 블래스트 몽키(Blast Monkeys)와 아이폰 앱스토어에서 다운로드 1위를 기록한 버블 볼(Bubble Ball)이란 게임이 있다. 블래스트 몽키는 매우 간단한 게임이지만 중독성이 강한 게임으로 유명했고, 퍼즐게임인 버블 볼은 14살 소년이 만든 게임으로 입소문을 탔다.

🏅 성공 아이템

코로나 랩의 제품인 코로나 SDK는 모바일에서 실행하는 앱을 누구나 만들 수 있게 함으로써 공전의 히트를 쳤다. 코로나 SDK는 어린이들조차 앱을 만들고 그것을 앱스토어에 올려 무료배포하거나 판매할 수 있게 하였다. 앱스토어에서 볼 수 있는 심플한 그래픽의 게임, 예를 들면 슈핑게임이나 퍼즐게임들 대부분은 개임회사가 아닌 개인들이 코로나

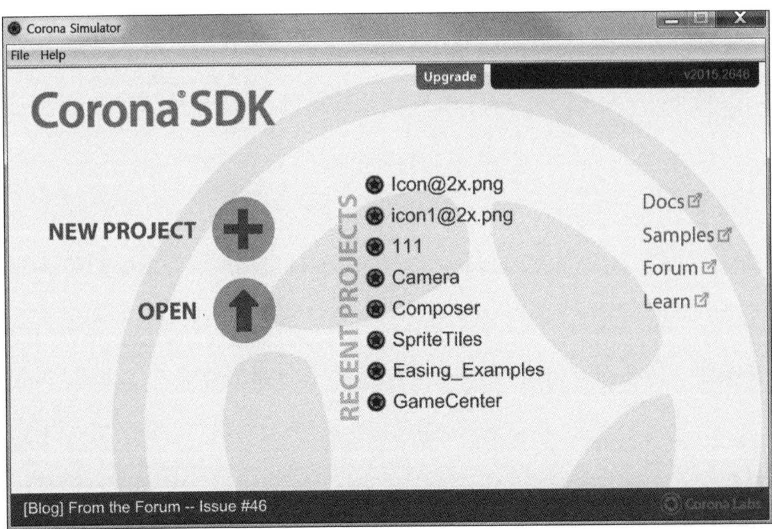

▲ 코로나 SDK의 실행 모습

SDK로 만든 게임이다. 개인이 심심풀이로 만든 게임에 중독성마저 가미되면 별안간 히트를 치는 것이었다. 지금의 코로나 SDK는 클라우드 기반으로 동작하는데 제작사의 주장에 따르면 영화적 효과까지 만들 수 있는 수준이 되었다.

코로나 SDK는 개발자들의 수익창출을 위해 코로나의 모회사인 퓨즈 파워드를 통한 광고로 매출을 발생시킬 수 있는 시스템이 구축되어 있다. 발생한 수익은 개발자와 퓨즈 파워드가 나누어 가진다.

🎙 창업자 겸 CEO : 월터 루

월터 루(Walter Luh)는 스와스모어(Swarthmore College)대학에서 물리학 사를 딴 뒤 스탠포드대학에서 컴퓨터공학 석사학위를 취득한 중국계 미국인이다.

2000년에 그는 모토롤라의 휴먼인터페이스 연구실에서 단기간 동안 프로토타입을 개발했다가 2001년부터 2005년까지 어도비 시스템의 일러스트레이터와 관련된 프로젝트를 진행했다. 2005년에는 1년 동안 애플에서 수석 소프트웨어 엔지니어로 일했다.

2006년의 그는 다시 어도비로 합류하여 모바일 관련 부서에서 플래시 모바일 저작도구, 파이널 컷 프로 등과 관련된 개발자로 일했다. 2007년 말 어도비에서 그만 둔 그는 3~4개월간 사업을 구상하다가 2008년 3월에 지금의 회사인 코로나 랩을 공동설립했다.

2009년에는 코로나 SDK의 베타 버전을 선보였다. 이때의 코로나 엔진은 아이폰 iOS에서만 구동하였다. 2010년 4월에는 코로나 SDK 2.0 버전을 발표하면서 대부분의 모바일 장비에서 구동시킬 수 있는 게임을 개발할 수 있게 되었다.

💰 투자&자금조달 과정

코로나 랩은 회사 설립 2년 9개월 뒤인 2009년 12월에야 시리즈A 자금조달라운드에서 메러스 캐피탈(Merus Capital)을 통해 100만 달러를 유치했다. 2012년 11월에는 메러스 캐피탈과 웨스턴 테크놀러지 투자사를 통해 130만 달러를 유치한 뒤 다시 메러스 캐피탈에서 차입조달방식으로 75만 달러를 유치했다.

👥 고객들

원래 코로나 랩의 코로나 SDK는 스타터(무료), 베이직(월 16달러), 프로(월 49달러)의 사용료를 받았지만 지금은 게임개발용 코로나 SDK에 한해 무료배포하고 있다. 예전에는 게임 개발툴로 만든 게임을 마켓에 유통하려면 사용한 개발 툴(게임엔진)의 로열티를 지불해야 했지만 최근엔 개발 툴 제공사(혹은 배급사) 사이에 경쟁이 붙어 로열티 대신 게임판매액의 일정액을 수수료로 취하는 것과 광고비를 받는 것을 비즈니스모델로 하고 있다.

코로나처럼 게임 개발툴을 무료제공하는 세계적인 업체로는 언리언(Unreal Engine)과 유니티(Unity Engine)가 있다. 이들 또한 개발자가 만든 게임이 모바일에서 판매되었을 때 그 매출의 일정분을 취하는 것을 수익모델로 한다. 이러한 비즈니스모델이 크게 히트하자 게임 개발툴을 만들려는 스타트업 기업과 모바일게임배급(publisher) 및 게임광고(Ad

Networks)업을 모델로 하는 스타트업 기업이 많이 생기고 있다. 그 와중에 슈퍼셀처럼 압도적인 모바일게임 회사가 등장해 모바일 네트워크를 통한 광고 대신 전 세계에 TV광고를 진행해 매출을 견인하고 있다.

◉ 현재 위상

코로나 랩은 여전히 코로나 SDK의 사용이 용이하도록 버전업 작업을 하고 있고, 이것을 무료배포하고 있다. 코로나 랩의 CEO였던 월터 루는 자사가 퓨즈 파워드에 합류하면서 지금은 퓨즈 파워드의 기술담당부사장으로 직책이 바뀌었다.

One Point Tip

게임 개발에 필요한 종잣돈은 최소 얼마일까?

우리나라 인건비 환경에서는 플레이스테이션이나 PC용 게임을 개발하려면 최소 30~100억 원의 종잣돈이 필요하다. 100억 정도 쓰면서 개발한 게임들이 흔히 말하는 대작 게임에 속한다. 모바일게임은 개발자 툴을 사용할 경우 몇천만 원으로도 만들 수 있다. 그러나 그럴 듯한 모바일게임을 만들려면 적어도 4~5억 원의 종잣돈이 필요하다. 20억 정도의 자본을 가지고 있는 사람이라면 PC게임 시장보다는 모바일게임 시장을 노리는 것이 좋은데 충분히 도전할 만한 시장이다.

국내 모바일게임 시장
매출 배분율

모바일게임을 개발한 뒤 유저들에게 판매하려면 앱스토어 입점비, 배급사(혹은 개발엔진) 수수료, 광고비 등이 필요하다. 광고는 리워드비디오 같은 돈 안들이는 광고방식도 있다. 개발자의 수익을 올리려면 좋은 기획, 좋은 스토리, 게임 안에서 게임머니로 수익을 창출하는 전략이 필요하다. 다음은 국내에서 모바일게임을 판매할 때 총매출을 나누어 가지는 비율이다.

구글 스토어 & 애플 앱스토어 몫	약 25~30%	구글, 애플 앱스토어 입점료를 말하며 이들 스토어에서 팔렸을 때 떼어가는 금액이다.
대안마켓 몫	약 25~30%	구글, 애플 앱스토어 기능과 똑같은 판매 기능을 하는 대안마켓 입점료이다. 카카오 게임숍, T스토어, 올레마켓, 네이버 앱스토어 등이 대안 마켓이다. 구글, 애플 스토어에 입점하지 않고 게임이나 앱을 판매하므로 구글, 애플의 입점료 수수료가 발생하지 않는다.
배급사 몫	약 10~30%	게임은 배급사를 통해 유통시키는 것이 판매 촉진에 유리하다. 배급사를 끼지 않고 앱스토어에 등록할 수 있지만 이 경우 게임이 홍보되지 않아 사장될 확률이 높다. 배급사를 통하지 않으려면 리워드방식 광고를 찾아봐야 한다.
개발사 몫	약 40~50% (현재 기준)	배급사를 끼고 구글이나 애플숍에서 판매하거나 대안마켓에서 판매한 경우 개발자가 가지는 몫이다.
	약 25% (과거 기준)	불과 몇 년 전 우리나라 게임 개발자들의 몫이었다. 이때는 모바일게임 유저 10명 중 9명이 카카오에서 게임을 했지만 카카오 외에 대안마켓이 없어 구글이나 애플 스토어에 먼저 입점한 뒤 카카오에서 모바일게임을 팔아야 했다. 이 때문에 구글·애플 입점료와 배급사 수수료, 여기에 카카오 수수료가 붙어 개발사의 몫은 20~30%대로 추락했다. 카카오는 2015년 4월에야 카카오 게임숍이라는 대안마켓을 만들었다. 구글·애플 스토어에 입점할 필요 없이 카카오 유저들에게 게임을 팔 수 있으므로 개발자의 몫은 다시 40~50%로 상승했다.

증강현실 스타트업의
거인들

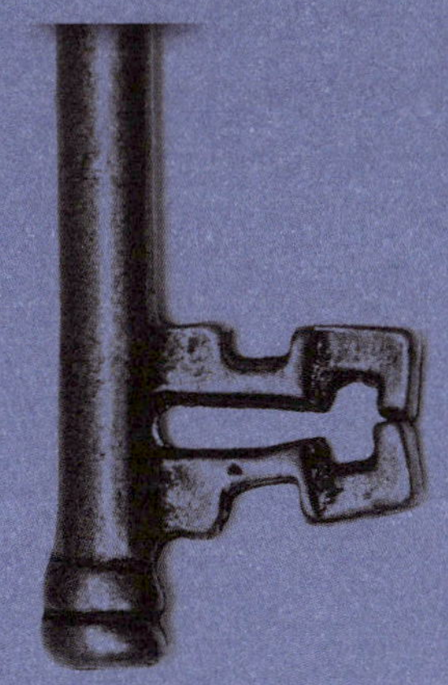

❓ 회사 개요

2003년 독일 뮌헨에서 설립된 증강현실저작툴 업체이다. 증강현실 콘텐츠를 판매할 뿐 아니라 일반 사용자들이 증강현실 콘텐츠를 만들 수 있는 증강현실개발자툴(증강현실저작툴, 프로그램)을 제작 판매하는 것이 비즈니스모델이다. 예를 들면 소비자들이 자신의 거실에 가상의 가구를 들여놓고 배치하는 등의 증강현실을 경험할 수 있도록 콘텐츠를 판매하고, 개발자들에게는 소프트웨어와 저작툴, 그와 관련된 솔루션을 판매한다. 본사는 독일 뮌헨에 있고 샌프란시스코, 캘리포니아, 뉴욕, 달라스, 텍사스에 자회사가 있다.

💬 바탕 스토리

메타이오는 2003년 독일 뮌헨에서 현 CEO인 토마스 알트(Thomas Alt)

와 CTO인 피터 메이터(Peter Meier)가 창업했다. 초기에는 폭스바겐 산하 내부 팀 프로젝트에서 출발했으나 독일정부의 창업보조금을 받으면서 스타트업 업체로서의 본궤도에 올랐다. 사업 아이템은 창업연도가 아닌 2000년에 세운 것으로 보인다.

창업 3년 뒤인 2005년, 메타이오가 최초로 상용화한 제품은 KPS Click & Design이라는 이름의 AR(증강현실) 소프트웨어였다. 이 간단한 AR소프트웨어는 일종의 가구 플래닝 프로그램이었다. 먼저 소비자는 자신의 거실 혹은 방을 사진으로 찍어 놓는다. 그런 뒤 KPS Click & Design 프로그램을 실행한 뒤 그곳에 자신이 찍은 거실 혹은 방 사진을 배치한다. 그런 뒤에는 KPS Click & Design 프로그램에서 제공하는 가구나 의자 따위를 사진상에 잘 어울리도록 배치하는 방식의 증강현실 소프트웨어였다.

이때 KPS Click & Design 소프트웨어에서 제공하는 가구는 업체가 3D로 미리 만들어놓은 3D 입체그림이었다. 사용자의 배치에 따라 가구는 각도와 크기가 바뀌어 거실 사진의 가상의 장소에 자동으로 배치되었다. 배치할 수 있는 가구 종류는 사용자가 KPS Click & Design 소프트웨어에서 선택할 수 있도록 되어 있었다.

가구 플래닝을 마무리한 뒤에는 결과물을 JPG 파일로 저장할 수 있다. 소비자는 이 소프트웨어를 사용하면 실물을 구매하기 전 자신의 거실에 어떤 디자인의 가구가 잘 어울리는지 가상으로 체험할 수 있으므로 구매계획을 정확히 세울 수 있도록 도움을 주는 것이 이 증강현실 소프트웨어의 아이템이었다.

KPS Click & Design 소프트웨어를 발표한 2005년 그 해에 메타이오는 서드파티 업체의 참여를 독려하기 위해 Unifeye Platform이라는 증강현실 플랫폼을 발표하였다. 이 증강현실 플랫폼은 훗날 스마트폰으로 책에 있는 자동차 사진을 찍으면 책에 있는 자동차 사진이 3D 입체영상으로 스마트폰 화면에 나타나는 기술 등으로 발전하였다. 메타이오는 이 기술을 필요로 하는 디자인업체와 대기업을 고객사로 만들었고 그 결과 이와 같은 증강현실 쇼룸이 필요한 BMW, 지멘스 등이 메타이오의 고객사가 되었다. 부티크숍에서 거울만한 모니터 화면을 보면서 가상의 옷으로 갈아입는 등의 증강현실 쇼룸이 이렇게 해서 세상에 나오기 시작하였다.

2006년 메타이오는 플러그인 웹 기반의 증강현실 응용 프로그램을 발표했고 바로 뒤 모바일 AR 브라우저의 출시와 함께 모바일 장치에서도 증강현실을 구현하는 모바일 증강현실기반 브라우저인 Junaio를 출시하였다. 이는 안드로이드 및 아이폰에서 구현되는 증강현실 브라우저 중 하나인데 다른 회사가 2D 그림에 중점을 둔 반면 Junaio는 3D 그림으로 증강현실을 보여주려는 야심만만한 계획을 세웠다. Junaio는 2009년 앱스토어에 등록된 뒤 일반인들로 사용자 폭을 넓혀갔다.

2010~2012년 사이 메타이오는 인쇄물이나 TV용 응용 프로그램을 추적하는 최초의 상용 2-D Markerless 기능을 구현하였고 이 기술은 2011년 ISMAR Tracking Contest Award에서 최고의 기술상을 받았다.

🎙 CEO : 토마스 알트

메타이오의 CEO인 토마스 알트(Thomas Alt)는 1999년 뮌헨공과대학을 졸업했고 2002년 마그데부르크대학에서 박사학위를 받았다. 대학을 다닐 때 폭스바겐에 입사한 그는 2년간 근무했다가 지금의 회사를 공동설립했다. 토마스 알트는 회사가 한참 잘 나가고 있던 2013년 이런 말을 남겼다.

"아무도 증강현실에 관심 없는지도 모른다. 그러나 이케아의 가구를 구매하기 전 증강현실로 미리 배치하면서 구매 계획을 세우는 사람들도 있다. 이런 점은 이케아 입장에서도 마케팅면에서 유용할 것이다.

앞으로는 아마도 모든 스마트폰에서 증강현실 기능이 채택될 것이다. 스마트폰으로 당신의 얼굴을 추적하고 그 위에 가상의 자산을 넣는 사용자들이 점점 많아진다는 뜻이다. 이것이 우리 회사의 로드맵에서 확실한 그 무엇인가이다."

💰 투자&자금조달 과정

메타이오는 증강현실업계 개척자답게 기술력이 좋았을 뿐 아니라 한 술 더 떠 마케팅 능력이 탁월했다. 초기 메타이오에 투자한 독일정부기금 외에 추가로 투자한 사람은 미국의 꽃배달 회사인 1-800-Flowers의 창립자로 유명한 기업가 칼 웨스트코트가 있었다. 또한 실리콘밸리의 기술기업투자펀드인 아틀란틱 브릿지(Atlantic Bridge) 등이 있는데 아틀란틱 브릿지는 국가를 가리지 않고 기술력이 있는 스타트업기업에 투자를 하는 국제적 기술투자펀드로 유명하다.

고객들

메타이오는 사업이 본궤도에 오르면서 때마침 불어오는 증강현실 붐과 스마트폰의 보급으로 인해 대박의 찬스를 맞는다. 메타이오는 인터넷상의 가상쇼룸이 필요한 아우디, 벤 & 제리, BMW, 브라운, 다임러, 포드, 혼다, 기아, KUKA, 레고, 마이크로소프트, 네슬레, 노키아, 레드불, RTL 그룹, 지멘스, Tigerprint, 도요타, USA 투데이, 폭스바겐 등 유명 기업을 고객사로 만들었다. 대부분 증강현실로 제품을 보여주고 싶어하는 업체들이다.

현재 위상

2015년 5월 23일 메타이오는 별안간 자사 홈페이지에서 메타이오 제품의 배포 및 라이센스를 중단한다고 발표했다. 그로부터 5일 뒤인 5월 28일 월스트리트저널은 애플이 메타이오를 인수했다고 보도했다. 애플의 인수조건은 비공개이다.

애플은 기자들의 질문에 "애플은 간혹 소박한 기술회사를 매입할 뿐 일반적으로 우리의 목적이나 계획은 언급하지 않는다."고 발표했다. IT 업계에서는 메타이어의 증강현실 기술력이 저전력으로 구현된다는 점을 애플에서 높이 평가했다고 추정한다.

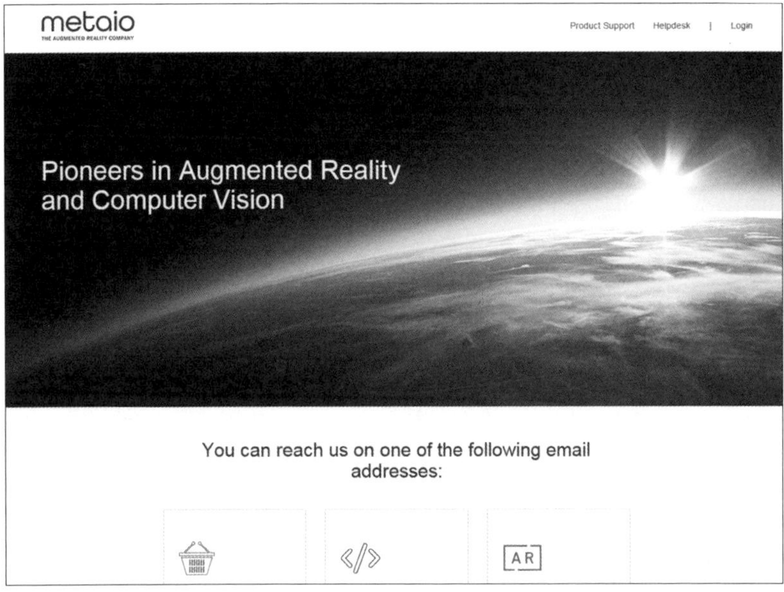

▲ 애플에 인수된 메타이오 홈페이지 (www.metaio.com)

증강현실의
향후 사업성

최소한 2013년 당시의 토마스 알트는 그 자신도 증강현실과 관련된 콘텐츠 산업이 어떤 식으로 발전할지 명확하게 감을 잡지 못한 듯하다. 왜냐하면 증강현실은 기업체의 쇼룸이나 마케팅 쪽으로 발전한 후, 학계에서는 인체해부도를 입체적으로 보여주는 방식으로, 동화책에서는 책에 있는 공룡사진이 스마트폰 화면에서 살아 움직이는 방식으로, 게임업계에서는 3차원 증강현실게임 개발을 촉진하고 있다. 또한 건설업계에서는 모델하우스를 증강현실로 보여주는 방식으로, 구글글라스와 삼성스마트폰에는 증강현실로 쇼잉업을 하려는 콘텐츠들이 등장하고 있기 때문이다.

증강현실은 제작툴 제공업체 뿐 아니라 콘텐츠를 제작하는 서드파티업체들에게도 도전가치가 있는 시장이다. 이미 지난 3년 사이 증강현실 시장에서의 일거리는 이러한 마케팅이 필요한 대기업들이 고객사가 되면서 시장 규모가 몇십억 달러로 확대되었다. 향후에는 버스정류장에서 손으로 클릭하는 것으로 자신이 타야 할 버스가 어느 위치에서 오고 있는지 증강현실로 보여주거나, 설악산국립공원에서 스마트폰 화면을 클릭하는 것으로 설악산의 실제모양을 6D 증강현실 화면으로 보여줄 확률이 높다. 게다가 증강현실은 위치기반 GPS와 연동되고 있으므로 자신의 등산위치에서 스마트폰 화면을 보면서 계곡 깊숙한 곳까지 증강현실로 확인할 날이 올지도 모른다. 박물관에서는 역사교육에 증강현실 콘텐츠를 응용할 수 있다. 예를 들면 명량해전을 증강현실 콘텐츠로 만들면 학생들이 이를 체험할 수 있게 된다.

증강현실은 전자, 과학, 건설기업 등 모든 사업장에서 사업계획, 모델링, 도면, 시뮬레이션, 프레젠테이션 등에서 활용할 수 있다. 문제는 증강현실 콘텐츠 개발이 말처럼 쉽지 않다는 점에 있다. 2D, 3D 그래픽은 물론 동영상편집 등 많은 수의 멀티미디어 개발자가 필요하기 때문이다. 서드파티업체들도 영업력에 따라 충분하게 큰 기업으로 성장할 수 있지만 인건비가 많이 드는 사업속성상 광고콘텐츠 제작이 아닌 다른 분야에서 수익을 올리는 것은 만만치 않을 것으로 보인다.

증강현실 광고를 판매하다
블리파 Blippar

영국

？ 회사 개요

블리파는 증강현실 개발분야에서 후발주자이지만 광고상품을 증강현실로 제작해 판매하는 증강현실 광고제작업체로 회사를 특화시키는 데 성공한 케이스이다.

2011년 런던에서 설립된 블리파는 스마트폰 카메라가 스캔한 물체를 스마트폰 화면에서 입체적으로 보여주는 앱이다. 이 앱은 스마트폰, 태블릿, 그리고 착용 가능한 구글글라스 같은 하드웨어에서 실행할 수 있다. 스마트폰에서 블리파 앱을 실행한 뒤 스마트폰 카메라로 대상을 스캔하면 블리파와 전략적 제휴한 제품인 경우 제품포장, 설명서, 광고, 혹은 동영상이 입체적으로 나타나며 사실적으로 제품에 대해 설명해준다. 이를 광고상품으로 접목한 블리파는 자사의 파트너사 제품을 화려하게 보여주는 것으로 소비자들의 호기심을 끌고 있다.

블라파 앱이 구현하는 기술은 비주얼 검색, 이미지 검출, 증강현실 실행, 카메라, 나침판, GPS 기능 등이 있다. 블리파의 기술을 구매해 증강현실 형태의 제품홍보를 하는 고객사로는 하인츠(Heinz) 케챱, 메이블린(Maybelline) 화장품, 쥬스버스트(Juice Burst) 쥬스회사, 쇼트리스트(Shortlist) 매거진, 저스틴 비버(Justin Bieber) 등이 있다. 블리파로 스캔할 때 증강현실을 보여주는 제품들은 흔히 블리퍼블(Blippable) 제품이라고 불린다.

다른 업체와 달리 모바일 위주로 기술을 개발한 블리파는 2012년부터 2014년까지 '혁신적인 모바일 기술상' 등 10여 개의 기술상을 받았다.

🏅 성공 아이템

블리파 앱이 스캔할 수 있는 물체는 TV화면 속 영상, 상품포장지, 슈퍼마켓의 제품, 인쇄물, 온라인 화면속 물체, 광고물, 서적 등이다. 블리파가 스캔한 물체는 스마트폰, 태블릿, 구글글라스 등에서 2D, 3D, 동영상을 동원해 입체적으로 프레젠테이션을 시작한다. 이로 인해 소비자는 제품에 몰입하고 제품과 하나로 결합한다.

블리파는 프레젠테이션과 함께 제품을 구매할 수 있도록 링크를 보내고 E메일로도 푸시해준다. 이것은 블리파가 주장하는 새로운 유통채널이다. 블리파는 이 기술을 구현하기 위해 많은 노력을 해야했는데 일단 매장에서 바코드나 QR코드를 찍어야만 프레젠테이션이 시작된다는 것은 블리파가 원하는 방식이 아니었다. 블리파는 자사기술에 라벨이나 혹은 제품 일부만 스캔해도 프레젠테이션이 구동되는 고도의 추적기술을 넣었다. 또한 블리파는 증강현실체험(프레젠테이션)을 여러가지 방법으로 구현해냈다.

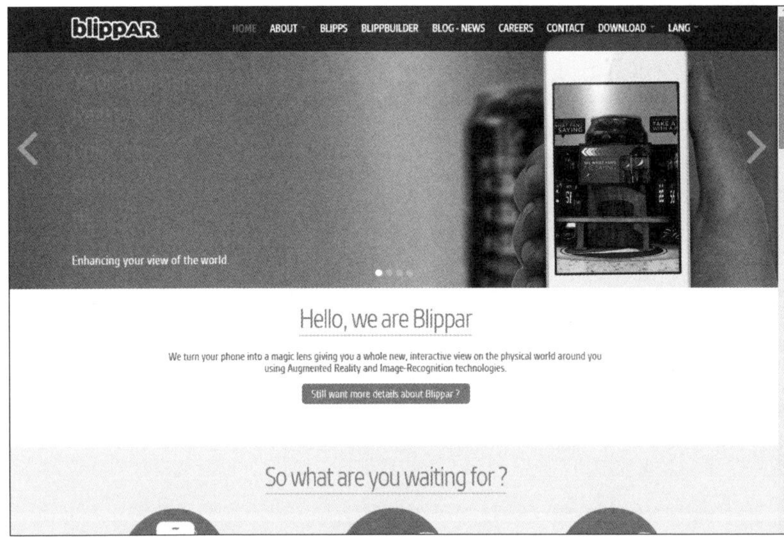

▲ 스마트폰으로 제품을 스캔하면 증강현실 영상이 나타나는 블리파

동영상보기, 3D체험, 실제로 입어보기, 위치 찾기, 유명인과 포즈 취하기, 구매하기, 라이브 투표하기, 라이브 설문조사하기, 게임하기, 동적 콘텐츠로 설명하기 등의 다양한 증강현실기법이 동원되었다. 또한 이러한 증강현실기법을 개발자들이 제작하기 용이하도록 블립빌더(Blippbuilder)라는 개발자용 소프트웨어도 시장에 내놓았다.

🎙 창업자 : 앰버리시 미트라

런던정치경제대학이 최종학력인 앰버리시 미트라(Ambarish Mitra)는 사실 인도에서 고등학교를 다니다가 중퇴한 사람이었다. 그때는 1997년, 19살에 고등학교를 중퇴한 그는 곧바로 테크 산업의 현장에 뛰어들었다.

당시 그는 친구와 같이 회사를 공동설립했는데 그것도 몇 달 간격으로 2개나 설립하였다. 그중 하나가 'womeninfoline.com'이라는 인도의 싱글여성들을 위한 포털사이트였다. 이 포털사이트는 인도싱글여성들을 위해 건강, 요리, 취업, 미용, 데이트 등의 각종 정보를 제공했는데 이 사이트가 크게 성공하여 2000년에 인도주식시장에 상장되었다(그 회사는 나중에 없어졌다).

회사가 그 정도로 커질 것이라고는 생각 못했는지 그는 사이트를 만든 뒤인 1999년에 영국으로 건너가 런던대학에서 경제와 국제비즈니스를, 2003년에는 런던정치경제대학에서 전자상거래를 공부했다. 대학 2학년 때부터 대학원 졸업 때까지는 영국정부조직인 환경식품농무부(Defra)에서 IT컨설턴트 일을 하기도 했다.

2005년 대학원 졸업과 함께 그는 온라인 체험여행사인 이상고(Isango)의 3번째 직원으로 취업했다. 그곳에서 3년간 근무한 그는 그 뒤 전자상거래업체에 취업해 자신의 경력을 쌓았다. 그는 2010년에 영국 AXA 보험사의 이노베이션책임자로 이직했다. 그곳에서 1년간 재직하면서 AXA 보험사의 모바일 앱 여러 개를 성공적으로 개발한 뒤 퇴사했다.

2011년 봄, 그때 그의 나이는 34살이었다. 그는 영국 서리주에서 친구들과 어울려 술을 마셨다. 친구 중에는 오마르 타예브와 제시카 부처라는 친구도 있었다. 그와 오마르는 술을 마시다가 곤드레만드레 취해 버렸다. 그는 술에 잔뜩 취해 오마르와 함께 영국 여왕초상화가 있는 지폐를 꺼내놓고 당시 첨단 기술인 스마트폰의 얼굴인식기술을 사용해 서로의 사진을 찍고 지폐의 여왕얼굴과 교체하는 장난을 치면서 놀았다(그는 몹시 술에 취해 있었다고 한다).

그러다가 엠버러시는 깨달았다. 정적인 물체를 스마트폰으로 찍은 뒤 스마트폰 안에서 가지고 놀다보면 살아 움직이게 할 수 있을 것이라는 감이 온 것이다. 그는 친구들과 그 문제로 토론을 시작했는데 어느 순간 제시카가 외쳤다.

"우리가 그런 기술을 만들어서 팔자!"

며칠 뒤 오마르 타예브가 친구들을 모아놓고 기술적으로 가능하다고 말했다. 스마트폰으로 일단 스캔을 하면, 스마트폰 안에서 지폐뿐 아니라 모든 물체를 살아움직이게 하는 기술이 있다는 것이었다.

이렇게 해서 블리파라는 회사는 4명의 친구에 의해 설립되었다. 앰버리시 미트라는 CEO, 오마르 타예브는 CTO, 스티브 스펜서는 최고창조책임자, 제시카는 최고마케팅책임자가 되었고 몇몇의 전문가를 팀에 합류시켰다.

이들은 처음부터 블리파의 사업성을 커뮤니케이션, 게임, 오락, 정보, 광고판매용으로 만들기로 철저하게 계획을 짰다.

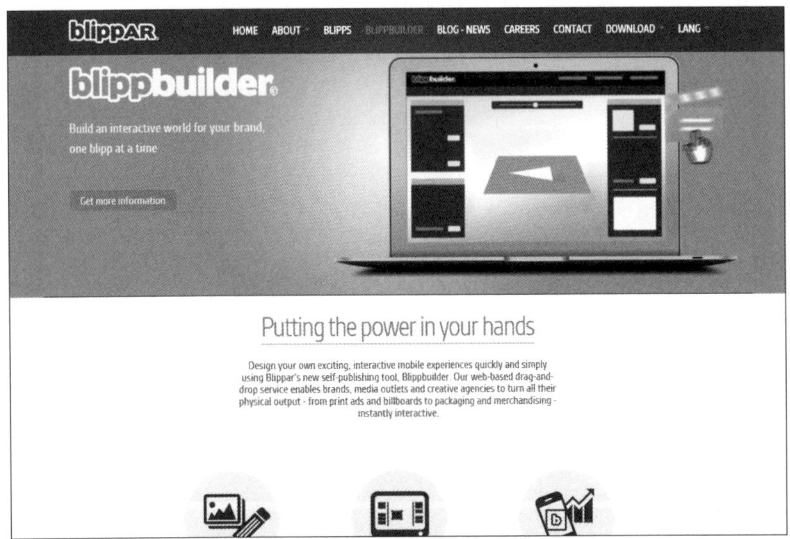

▲ 전 세계 10만 명이 사용하는 증강현실개발툴 블립빌더 (www.blippar.com)

2011년 여름, 블리파는 자체적으로 증강현실 콘텐츠를 만들 수 있는 기술을 확보해냈다. 이들은 바로 캐드베리초콜릿, 테스코, 삼성, 하인즈 같은 회사에서 출시한 신제품을 돈을 받지 않고 증강현실 콘텐츠로 만들었다. 그리고 웹의 수많은 사람들이 볼 수 있도록 유도하여 자신들의 기술력이 인터넷에서 입소문나게 했다.

2013년에 블리파는 유명 서적 등을 증강현실로 볼 수 있도록 콘텐츠를 만들었다. 그리고 다른 개발자들도 증강현실 콘텐츠를 만들 수 있도록 자신들의 개발툴을 SaaS로 서비스했다. 증강현실 콘텐츠를 광고로 사용할만한 광고주를 잡기 위해 인도와 이스탄불에 지사도 만들었다.

2014년, 블리파 앱을 다운로드해 증강현실을 즐기는 이용자 수가 5,000만 명을 넘어섰다. 이들이 판매하는 개발툴을 사용하는 개발자 수도 10만 명을 넘어섰다. 다운로드한 개발자들이 증강현실 콘텐츠로 만든 상품브랜드의 수는 5천 개나 되었다. 2014년 6월, 결국 네덜란드의 유명한 증강현실 개발업체인 레이어(Layar)가 블리파를 비공개 금액으로 인수했다.

💰 투자&자금조달 과정

블리파는 회사를 설립한 뒤 6개월 동안 동업자들의 돈으로 운영되다가 2012년 1월에야 퀄컴 벤처(Qualcomm Ventures)에서 종잣돈이 유치되었다. 2015년 3월에는 이름을 공개하지 않은 투자사가 블리파에 4,500만 달러를 투자했는데 후에 이 투자사는 앞서 종잣돈을 투자했던 퀄컴 벤처로 밝혀졌다.

고객들

블리파는 증강현실개발자들에게 자사의 개발툴을 서비스하는 것으로 돈을 벌거나, 유명 업체를 광고주로 만들어 증강현실 콘텐츠를 제작해 수익을 취한다.

현재 위상

현재 블리파는 레이어의 자회사이지만 여전히 블리파 브랜드로 사업을 하고 있다. 블리파는 세계 5개국 8개 도시에 본부가 있고 산하 100여 개 사무실이 세계 곳곳에 있다. 산하 팀은 게임개발팀, 3D개발팀, 플래시애니메이션개발팀, 스택개발팀, 디자이너팀, 데이터팀, 고객서비스팀, 사업개발팀, 데이터엔지니어팀, 마케팅인사이트분석팀, 콘텐츠수집팀, 파이썬개발팀, 재무관리팀, 생산지원팀 등이 있다. 블리파의 창업멤버들은 여전히 블리파에서 자리를 지키고 있다.

가상현실 기반
SNS 개발업체
알트스페이스 AltspaceVR

08

💰 회사 개요

스타트업 기업인 알트스페이스VR(AltspaceVR)은 가상현실 소프트웨어를 개발하는 업체이다. 이들이 개발하는 소프트웨어는 가상현실 속에서 사용자들이 SNS처럼 친구를 사귀고 교류하는 서비스이다. 사용자들이 가상현실 속에서 함께 대화를 나누고, 영화를 보거나, 산책을 하고, 건물에 들어가고, 게임을 하거나, 바닷가로 놀러가고, 공동작업을 할 수 있는 소셜 기반의 가상현실을 개발하는 것이 이 회사의 목적이다.

이들은 그러한 환경을 만들기 위해 사용자들이 사용할 수 있는 아바타의 구현과 가상현실 공간을 개발하고 있다. 가상공간의 아바타들은 사용자들이 접속하면 실시간으로 움직이고, 친구와의 대화를 실시간으로 공유하고, 가상공간에서 전용 웹브라우저를 실행해 인터넷을 탐험하고, 가상공간에서 TV나 비디오를 켜 실제 방송중인 TV 방송이나 비디오 영화를 같이 시청할 수 있는 소프트웨어를 개발하고 있다.

사용자는 마우스, 키보드, Xbox 게임패드 등으로 자신의 아바타를 조종할 수 있다. 이 소프트웨어는 일반 모니터보다는 오큘러스리프트 같은 안경형모니터와 전용헤드셋용 게임으로 개발되고 있다.

🏅 성공 아이템

2015년 초 이 회사의 가상현실 기반 SNS는 개발 초기단계이므로 튜토리얼 버전만 사용할 수 있었다.

가상공간에 진입하기 전 자신이 사용할 아바타를 선택할 수 있으며, 가상공간에서는 이동이 가능하고 대사를 할 수 있다. 메뉴를 실행하면 가상공간 바꾸기 등의 작업을 할 수 있다. 제공되는 가상공간은 3D게임

▲ 제공되는 가상공간의 하나

▲ 가상공간에 진입한 모습

▲ 실내에서 건물 밖으로 이동한 모습

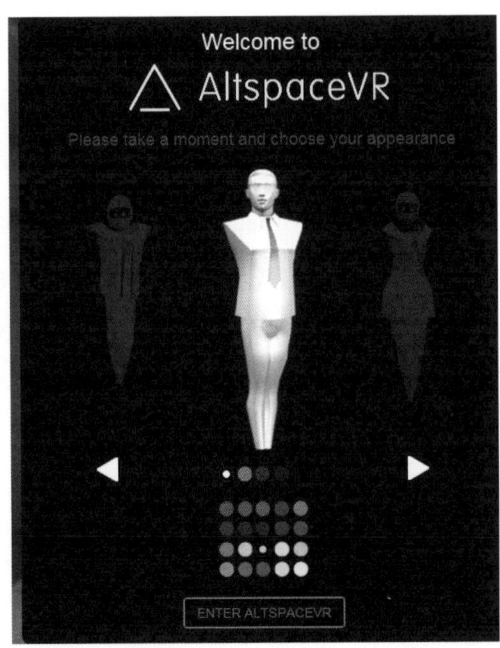

▲ 아바타 선택 모습

에서 흔히 볼 수 있는 공간이다. 전용 오큘러스리프트 안경을 착용하거나 3D TV, 일반 모니터에서 실행할 수 있다. 기본적으로 전용 VR헤드셋이 필요하고 화면은 오큘러스리프트에 최적화되어 있다.

2015년 기준 이 회사는 12~15명의 개발자들이 일하고 있다.

CEO : 에릭 로모

알트스페이스VR의 CEO 에릭 로모(Eric Romo)는 뉴저지에서 태어난 뒤 뉴욕 쿠퍼유니온(Cooper Union)대학에서 기계공학을 공부했다. 공학으로 유명한 쿠퍼유니온대학은 작은 대학이지만 학생들에게 전액장학금을 지급하는, 미국에서 수재들만 다닌다는 대학이다.

2003년에 그는 '스페이스X'에 입사해 로켓추진기 선임연구원으로 근무하며 추진기설계를 하다가 스탠포드경영대학원에서 석사학위를 취득했다.

2005년에는 씨티그룹에서 잠시 근무했다가 2006년에는 재무컨설팅 회사인 그린록으로 자리를 옮겼다. 그는 스탠포드를 다닐 때 신생에너지분야에 관심이 생겼기 때문에 재무컨설팅 회사를 중도에 그만 두고 2006년 중반기 태양열에너지 스타트업 기업인 그린볼트(GreenVolts)를 공동설립한 뒤 부사장이 되었다.

그린볼트는 그 후 6년 동안 운영되었는데 그 사이 회사가 끌어모은 자금은 1억 2천만 달러였다. 그린볼트는 CPV시스템을 제조 및 판매 설치하는 업체였으므로 고용한 직원도 100명에 육박했다. 그의 회사는 설립 때부터 주목을 받았고 당시만 해도 태양에너지 기업 중 애플이 될 수 있는 유일한 회사라고 극찬을 받았다.

그런데 2012년, 별안간 주요투자사가 그린볼트에 대한 지원을 끊었다. 그 때문에 그린볼트는 80명을 해고해야 했고 그 여파로 회사의 문을 닫았다. 회사가 사라진 후 에릭 로모는 《The Brain That Changes Itself》라는 책을 읽다가 신경과학, 인지과학, 뇌에 대한 관심을 가졌다. 그는 자연스럽게 인지과학과의 연장선상에 있는 가상세계(VR)에도 관심을 갖게 되었다. 그는 거의 몇 달 동안 가상세계시장을 공부한 뒤 업체를 창업하기로 결심했고, 2013년 지금의 회사인 알트스페이스VR을 설립한 뒤 CEO가 되었다.

초기에는 단지 VR시장에 참여하겠다는 생각으로 회사를 설립한 것인데 막상 창업을 하고 보니 어떤 VR소프트웨어를 만들어야 할지 난관에 빠졌다. 그의 팀들은 회의를 거듭하며 비즈니스모델 개발에 들어갔다. 그러다가 관심과 기호가 다른 수많은 사람들이 '함께 하는 가상현실'이라는 보기드문 아이디어를 도출하는 데 성공했다. 얼굴을 모르는 사람들이 함께 교류할 수 있는 가상현실-페이스북처럼 사람들의 교류를 하데 VR환경에서 교류한다는 계획은 이렇게 탄생했다. 정말 보기드문 아이디어였다. 지구 반대편에 사는 사람들이 가상현실 속의 알프스산에서 만나 교류를 할 수도 있을테니까 말이다.

💰 투자&자금조달 과정

알트스페이스VR는 창업 1년 뒤인 2014년 9월에 14명의 투자가 및 투자사를 통해 520만 달러의 종잣돈을 유치했다.

그 4일 뒤, 스팀라인 벤처(Streamlined Ventures)를 통해서도 다시 20만 달러의 자금을 유치했다.

고객들

알트스페이스VR의 가상현실기반 SNS 서비스는 아직 완성되지 않은 상태이다. 2015년 7월 현재 일반인들은 튜토리얼 버전만 체험할 수 있다.

현재 위상

서비스는 아직 완성되지 않은 상태이지만 알트스페이스VR은 별도의 비공개 데모버전을 운영하고 있다. 이 비공개 데모버전은 15개국에서 100명이 베타테스터로 참여하고 있다. 비공개 데모버전은 오큘러스리프트에 최적화되어있기 때문에 참여자들과 재미있게 즐기려면 반드시 오큘러스리프트를 착용해야 한다.

이 데모버전에서는 참여자들이 가상현실 속의 어느 한 방에서 우연히 만나기도 하고, 서로의 대화 소리를 향해 고개를 돌리기도 하고, 가까이 다가가 악수를 하는 등 실제 현실세계처럼 교류를 할 수 있다고 한다.

현재 알트스페이스VR은 소프트웨어 엔지니어쪽 인력이 많이 필요한 상태라고 하는데, 필자가 판단하기론 3D 디자이너도 많이 충원해야할 듯 싶다.

SNS 스타트업의
거인들

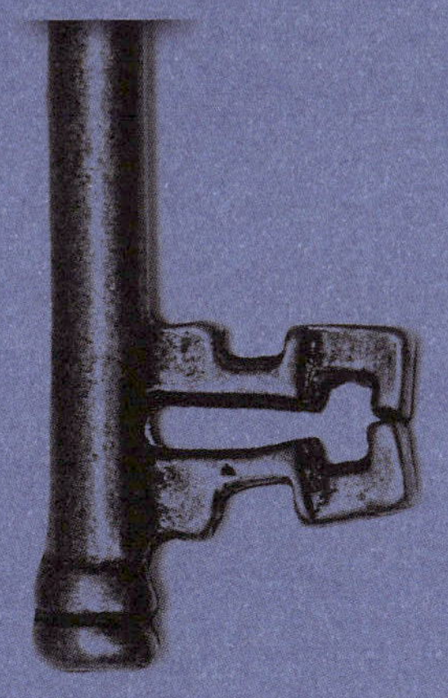

모바일 사진공유 SNS의 대세 인스타그램 Instagram

? 회사 개요

인스타그램은 모바일 사진공유, 동영상 공유 및 SNS 플랫폼으로서 주로 모바일 이용자를 대상으로 서비스한다. 경쟁업체인 페이스북, 트위터, 텀블러, 플리커와 달리 사각형 모양의 사진만 올릴 수 있다는 특징이 있다. 동영상은 최대 15초 분량에 한정되어 올릴 수 있다.

인스타그램 서비스는 케빈 시스트롬(Kevin Systrom)과 마이크 크리거(Mike Krieger)에 의해 2010년 10월 출시되었다. 물론 대부분의 SNS가 그렇듯 무료로 제공되는 앱 서비스였다. 2013년 4월을 기점으로 전 세계 1억 명 이상의 실사용자를 얻었다. 2014년 12월에는 전 세계 3억 명 이상의 사용자가 생겼다. 국내에서는 소녀시대를 비롯해 수많은 아이돌 스타들이 인스타그램을 사용하면서(순전히 외국팬들과의 교류를 위한 목적이었지만) 청소년들에게 어필하였고 이 때문에 블로그와 기존의 SNS에서 실증을 내는 젊은 여성층들이 인스타그램을 사용하기 시작하였다. 인스타그램 어플은 애플, 안드로이드, 윈도우폰에서 무료로 제공되며 최근엔 PC버전도 출시되었다.

2010년 봄, 샌프란시스코였다. 27세의 캐빈 시스트롬은 그의 대학 2년 후배인 브라질 출신 크리거와 HTML5 체크인 프로젝트인 Burbn을 구상했는데 이는 훗날 모바일 사진공유 SNS인 인스타그램의 효시가 된다. 인스타그램은 '인스턴트 카메라(Instant Camera)'와 '전보(Telegram)'의 합성어였다.

2010년 3월 5일(Burbn 프로젝트를 구상하고 있을 때였다) 시스트롬은 우연한 기회에 만났던 벤처투자자에게서 50만 달러의 벤처자금을 유치하는 데 성공한다. 이 무렵 시스트롬의 Burbn 프로젝트는 사진 외 온갖 것을 공유하는 것이 목표였는데 이것은 불행히도 난잡하다는 악평과 함께 큰 실패를 한다. 결국 시스트롬과 크리거는 초심으로 돌아가 복잡하고 기능이 많은 것보다는 단순함에 포인트로 잡고 사진과 동영상 공유를 중심으로 하는 인스타그램을 구상하게 된다. 그리고 단 8주만에 인스타그램 플랫폼이 만들어지고 그해 가을인 2010년 10월 6일 세상에 공개되었는데 단 하룻만에 2만 명 이상이 인스타그램 어플을 다운로드할 정도로 히트를 쳤다. 2010년 12월에는 마의 1백만 명을 돌파했고 1년 뒤 2011년에는 순사용자가 1천만 명을 넘어섰다.

2011년 1월, 인스타그램은 해시태그 기능을 추가해 이용자들이 서로의 사진을 검색하는 데 도움을 주도록 했다. 예를 들어 '음식'으로 검색하면 인스타그램 이용자들이 올린 음식사진이 검색되는 것이었는데 해

시태그 기능을 도입하면서 사용자층이 폭발적으로 늘어났다.

2013년 2월 27일, 인스타그램의 활성사용자 수는 드디어 1억 명을 돌파했다. 2013년 가을에는 매월 1억 5천만 명이 인스타그램을 사용했다. 2014년 12월, 인스타그램의 활성사용자 수는 트위터 사용자 수를 추월한 3억 명을 돌파했다. 이 기간 동안 인스타그램은 사진공유뿐 아니라 특정 ID에 사진을 전송하는 좀 더 세련된 기능들을 추가하였다.

🏅 성공 아이템

"복잡한 것은 싫어. 좀 더 단순하지만 세련된 것은 없을까?" 이것이 인스타그램의 성공 요소이다. 모바일에서 즉석카메라로 찍은 듯한 사각형 모양의 사진을 볼 수 있는 것이 아련한 향수를 자극하고, 디지털 느낌의 사진이 아닌 고전적인 사진 느낌을 만들게 했다. 또한 내장된 필터 효과로 어떤 사진이건 원터치로 복고풍 사진으로 만들 수 있었다. 복잡함 없는 단순함, 클래식한 복고풍의 사진, 모든 것이 원터치로 만들어지고 공유할 수 있는 것이 인스타그램의 매력이라고 이용자들은 말한다.

인스타그램의 사용자는 70%가 여성이며 전체 사용자 중 7%는 매일 사진을 올린다. 인스타그램에 올린 사진은 페이스북, 트위터, 텀블러, 플리커에 연동할 수 있어 스마트폰 카메라로 찍은 사진을 곧바로 페이스북이나 블로그에 업로드할 수 있다.

🎙 CEO : 캐빈 시스트롬

케빈 시스트롬은 1983년 미국의 중산층 가정에서 태어났다. 그는 중

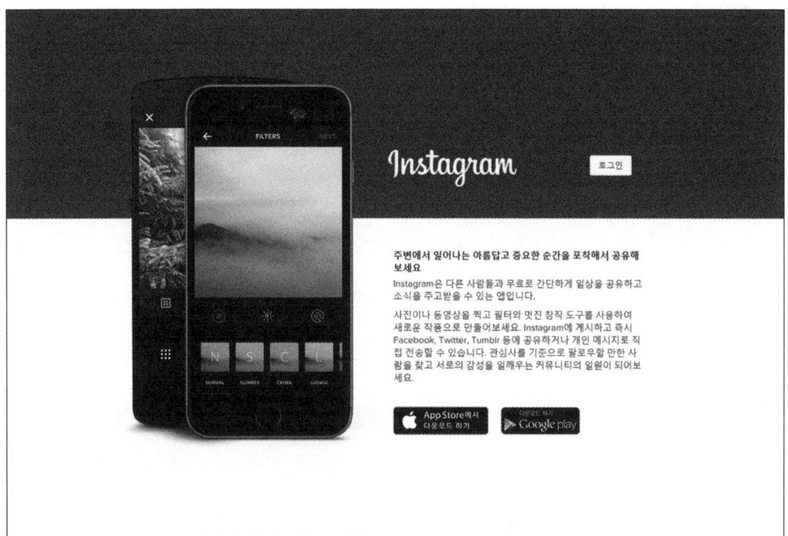

▲ 인스타그램 홈페이지 (www.instagram.com)

학생 때부터 컴퓨터 프로그래밍을 조금씩 접했다. 2006년 스탠퍼드대학에 입학한 뒤 경영학을 전공했지만 그는 여전히 컴퓨터공학에 관심이 많았고 이 때문에 프로그래밍 공부를 게을리 하지 않았다.

마침 스탠포드대학에서는 메이필드 펠로우라는 프로그램을 학생들에게 제공했는데 이 프로그램은 하이테크 기술기업을 미리 경험하는 자리였다. 이 프로그램에 참여한 시스트롬은 운좋게도 트위터의 전신이라고 할 수 있는 오데오(Odeo)의 인턴자리를 얻었다.

대학 졸업 후의 첫직장은 구글이었는데 여기서 시스트롬은 지메일(Gmail) 등을 마케팅하는 부서에 근무했다. 2년 뒤 구글에서 퇴사한 시스트롬은 구글 퇴사자들이 만든 벤처기업 넥스트스톱(Nextstop)에 입사했다. 이 업체는 여행정보를 제공하는 업체였다.

 투자&자금조달 과정

2010년, 시스트롬이 넥스트스톱에 다닐 무렵이었다. 때마침 샌프란시스코에서 스타트업을 준비하는 창업예비자들과 벤처투자자들의 만남을 주선하는 스타트업 파티가 있었다.

이 파티에서 시스트롬은 벤처투자자 안드레센 호로비츠(Andreessen Horowitz)를 만났고 호로비츠에게 자신이 구상하는 사업에 대해 이야기했다. 흥미를 느낀 호로비츠는 2주 뒤 자신의 관계 투자회사를 통해 50만 달러(5억 원)를 투자하겠다고 연락을 해왔다. 투자가 약속되자 시스트롬은 바로 넥스트스톱에서 퇴사한 뒤 후배 크리거와 함께 첫 번째 프로젝트인 Burbn 프로젝트를 시작했다. 그러나 Burbn 프로젝트는 실패하고 그 뒤 우여곡절 끝에 2010년 후반기에 인스타그램을 발표하였다.

인스타그램은 발표 직후 바로 큰 인기를 얻으면서 2011년 한 해에는 Benchmark Capital, Jack Dorsey, Chris Sacca, Adam D'Angelo 등의 투자자들을 통해 총 7백만 달러(70억 원)의 투자금을 유치했다. 당시 투자자들은 인스타그램의 시장가치를 2천 5백만 달러라고 평가했다.

2012년 4월 3일 안드로이드 프로요 버전의 인스타그램이 발표된 직후 1일 1백만 명 이상이 인스타그램을 다운로드하면서 구글 스토어의 최고 인기 앱이 되었다. 구글 스토어에서의 인스타그램은 1일 1백만 명이 다운로드한 다섯 번째 앱이었다.

그 한 주 동안 인스타그램의 시장가치는 5억 달러까지 가파르게 치솟으면서 5천만 달러(500억 원)의 투자금이 유치되었는데 그 한 주 동안 인스타그램의 대성공을 눈여겨본 본 사람이 페이스북의 주커버그였다. 주커버그는 10여일 뒤인 2012년 4월 12일에 인스타그램을 통째로 인수했는데 이 때 들어간 돈은 10억 달러였다.

👥 고객들

인스타그램의 고객은 10~30대 여성들이다. 초기에는 사진공유의 간단한 기능만 제공했지만 버전업이 될 수록 새로운 필터, 틸트, 시프트, 고해상도 사진, 액자 만들기, 사진 회전 등의 다양한 기능이 추가되었다. 이용자들은 스마트폰으로 찍은 사진과 동영상을 인스타그램으로 간편하게 편집하고 지인에게 전송하거나 자신의 페이스북에 올렸다.

🕐 현재 위상

이용자가 폭발적으로 늘어나고 있을 때의 인스타그램은 페이스북과 유기적인 업무협약 관계였다. 2012년 4월 페이스북의 CEO 마커 주커버그가 인스타그램을 인수할 때 직원 수는 고작 13명에 시장가치는 5억 달러 정도로 평가받고 있었다. 이것을 주커버그가 10억 달러에 인수한 것이다.

그러나 주커버그의 도박은 적중했다. 그 후 인스타그램의 이용자 수는 트위터를 따라잡았고 지금은 자신의 회사인 페이스북마저 위협하고 있다. 실제로도 페이스북에 싫증을 낸 이용자들이 인스타그램으로 속속 옮겨가고 있으므로 시장가치의 두 배 가격으로 인스타그램을 인수했던 주커버그의 도박은 대성공을 거둔 셈이다. 인스타그램은 페이스북의 장래에 대한 보험이었다.

페이스북에 회사를 10억 달러에 넘겼을 때 인스타그램의 CEO 케빈 시스트롬 몫으로 들어온 돈은 4억 달러였다. 시스트롬의 재산은 최근 8억 달러로 늘어났다고 한다.

인스타그램에서 제공하는
사진필터 효과

소프트웨어 스타트업 거인들의 성공 이야기 63

인스타그램의 사진필터는 스마트 폰 혹은 공유할 사진에 원터치로 적용하는 데 사진을 창의적이고 고풍스럽게 보이게 하여 사용자층을 폭발적으로 늘렸다.

- Normal : 사진에 필터가 적용되지 않음
- 1977 : 붉은 색조 증가, 밝은 장밋빛 사진을 만든다.
- Aden : 청녹색 추가 효과
- Amaro : 사진 중심에 빛 추가
- Brannan : 대비와 노출을 증가하여 사진에 금속 색조를 만든다.
- Cream : 크리미 효과
- Earlybird : 사진에 세피아 색조와 따뜻한 색감 추가
- Hefe : 고명암과 채도 추가
- Hudson : 얼음 느낌의 쿨한 사진 효과
- Inkwel : 흑백 사진 효과
- Kelvin : 켈빈값 증가 효과
- Lo-fi : 강인한 인상을 주도록 그림자 영역의 음영 추가 효과
- Ludwig : 채도를 낮추고 약간의 밝기를 추가하는 효과
- Mayfair : 밝고 따뜻한 핑크톤을 추가하고 미묘한 비네팅 적용
- Nashville : 일종의 향수 어린 사진을 만드는 효과
- Perpetua : 파스텔 효과
- Rise : 사진에 부드러운 조명을 추가
- Sierra : 소프트 효과
- Slumber : 색조를 줄여 복고풍의 몽환적 사진을 만드는 효과
- Sutro : 버닝 효과
- Toaste : 굽기 효과
- Valencia : 골동품 사진 효과
- Walden : 노출을 증가하고 노란색 색조 추가 효과
- Willow : 보라색 톤으로 사진을 만드는 효과
- X-PRO II : 황금 색조를 추가하고 대비를 높이는 효과

10

미국 청소년 80%가 사용하는 유령 메신저
스냅챗 Snapchat

 **회사 개요**

스냅챗은 스탠포드대학의 에반 슈피겔(Evan Spiegel), 바비 머피(Bobby Murphy), 레지 브라운(Reggie Brown)에 의해 만들어진 모바일용 비디오 메신저로서 일명 '유령 메신저'라고 불린다. 기본 기능으로 비디오, 사진, 텍스트를 받는 사람을 지정해 전송할 수 있다. 수신이 완료된 메시지는 1~10초 사이에 사라지고 스냅챗의 서버에서도 완전히 삭제되기 때문에 '유령 메신저'라는 별명이 생겼고 이 때문에 비밀유지를 좋아하는 미국 청소년들에게 폭발적인 인기를 얻었다.

2014년 조사한 자료에 의하면 스냅챗을 통한 사진, 동영상의 전송은 1일 7억 회였다. 스마트폰 등의 디바이스로 촬영하는 사진과 동영상의 절반이 스냅챗을 통해 다른 사람들에게 전송된다는 뜻이다. 또한 당시 자료에 의하면 스냅챗으로 전송되는 문자 콘텐츠를 읽는 횟수는 1일 5억 회 내외였다.

🗨 바탕 스토리

2011년 4월의 스냅챗은 스탠포드대학에서 제품디자인을 전공하는 에반 슈피겔이란 학생의 학부 프로젝트에 불과했다. 슈피겔과 그의 친구 머피가 진행한 초기 프로젝트명은 'Picaboo'였는데 사진이 일정 시간 후 자동으로 사라진다는 것이 이 프로젝트의 중점 아이디어였다. 이것은 슈피겔이 아닌 브라운이 낸 아이디어였다. 슈피겔은 브라운의 아이디어에 흥미를 느끼고 프로그램 코딩을 위해 머피라는 학생을 초빙하였다.

이들 3명은 그 해 여름 합숙하면서 'Picaboo'를 만들었는데 이때 프로그래밍에 문외한이었던 브라운은 자잘한 일만 하다가 쫓겨났다. 재미있게도 퇴출된 브라운이 프로젝트의 아이디어를 맨 처음 낸 사람이자 그 유명한 스냅챗의 유령 마스코트를 디자인한 사람이었다. 브라운이 디자인했던 유령 마스코트에는 'Ghostface Chillah'이라는 이름이 붙었다. 이 때문에 중도퇴출된 브라운과 스냅챗 사이에서는 훗날 저작권 분쟁이 크게 발생한다.

아무튼 Picaboo는 2011년 7월 출시가 되었지만 나중에 '스냅챗'이란 이름으로 변경하고 다시 출시된다.

🏅 성공 아이템

스냅챗의 가장 큰 매력은 수신한 사진이나 메시지를 수신자가 1~10초 사이에 자동으로 삭제되도록 설정할 수 있다는 점에 있었다. 기본 기능은 다른 SNS 기반 메신저와 유사했지만 초기부터 유용성과 기술력을 마케팅 포인트로 삼으면서 미국의 10대 청소년들 사이에서 히트를 쳤다.

이용자층이 폭발적으로 늘어나면서 스냅챗을 이용한 사진전송 횟수는 2012년 봄에 1초당 25회가 발생했다. 2012년 가을에는 아이폰의 스냅챗 어플을 통해 1억 장의 사진이 공유되었고 2012년 겨울에는 안드로이드용 스냅챗 어플이 발표되었다.

🎙 CEO : 에반 슈피겔

에반 슈피겔은 1990년 6월 4일 미국 LA에서 양친 모두 변호사인 변호사 집안에서 태어났다. 그의 모친은 하버드대학을 최연소로 졸업한 수재였다. 부유한 집안 덕에 슈피겔의 씀씀이는 컸고 이 때문에 그는 17살 때 이미 부모에게 요청해 6만 달러짜리 캐딜락을 몰았다.

10대 후반의 슈피겔은 한달 용돈으로 2천 달러를 썼는데 이것도 아버지에게 당당하게 요구해서 받아내었다. 슈피겔은 10대였지만 당돌하게도 자신이 부유한 집안에서 태어난 이상 집안의 부를 즐길 자격이 있다고 생각했다. 그만큼 슈피겔은 자신을 매우 운이 좋은 사람이라고 생각했다.

"나는 흑인으로 태어날 수도 있었지만 백인으로, 가난한 집안에서 태어날 수도 있었지만 부잣집에서 태어났다. 얼마나 운이 좋은가?"

고등학생 때부터 디자인 방면에 조예가 깊었던 슈피겔은 스탠포드대학 디자인학부에 합격했다. 학부시절 레드불에서 무급 인턴사원, 바이오회사의 유급인턴사원을 경험한 슈피겔은 대학 졸업 전 자신의 마지막 학과프로젝트였던 스냅챗이 성공할 조짐을 보이자 스탠포드대학의 졸업을 포기하였다.

스냅챗의 대성공으로 스포트라이트를 받던 2014년, 슈피겔이 쓴 여성과 동성애를 혐오하는 내용의 E메일이 가십 블로그에 올라오면서 슈피겔은 구설수에 올랐고 급기야는 급히 사과를 해야 했다.

💰 투자&자금조달 과정

2011년 7월 출시 전 당시의 스냅챗의 초기 자본은 거의 없다시피 했다. 학업 프로젝트였으므로 에반 슈피겔, 바비 머피, 레지 브라운의 개인 용돈으로 출발했는데 대개는 슈피겔과 브라운이 마련한 자금이었다.

중도에 투자받은 자잘한 금액을 제외하면 스냅챗 발표 후 유치된 벤처자금 중 덩어리가 가장 큰 것은 라이트스피드 벤처 파트너스(Lightspeed Venture Partners)의 자금이었다. 라이트스피드 밴처를 통해 총 485,000달러(4.8억 원)의 투자금을 유치된 것은 결국 스냅챗을 키우는 종잣돈이 될 수 있었다. 종잣돈이 생겼으므로 이제 서버를 확충하거나 판을 키워갈 수 있었다.

2013년 2월 스냅챗은 매일 6천만 건의 메시지가 스냅챗을 통해 전송된다고 발표하였다. 입소문이 나면서 그 해 6월 인스티튜셔널 벤처(Institutional Venture Partners)가 스냅챗의 회사추정가치를 6천~7천만 달러로 보고 1,400만 달러를 투자하였다.

▲ 스냅챗의 마스코트

그런데 한 달 뒤 스냅챗의 추정가치는 8.6억달러(8,600억 원)으로 별안간 10배나 뻥튀기되면서 거물 투자자들의 주목을 받기 시작했다. 마침내 11월 14일 페이스북에서 스냅챗을 30억 달러(3조 원)에 인수하겠다고 제안했지만 스냅챗이 거절했다는 기사가 월스트리트저널에 실렸다. 다음 날에는 Om Malik이라는 웹테크니컬 작가가 구글이 스냅챗을 40억 달러에 인수하겠다고 제안했지만 그것마저 스냅챗이 거절했다는 글을 올렸다.

이쯤되자 다음 달인 2013년 12월, 코튜 매니지먼트(Coatue Management)가 스냅챗에 5천만 달러를 투자하였다. 2014년 5월 스냅챗은 사진과 동영상의 전송이 스탭챗을 통해 매일 7억 건씩 발생하고 스냅챗의 문자 콘텐츠를 읽는 횟수는 매일 5억 건이라고 발표했다. 2014년 8월 스냅챗은 월간 활성사용자수 1억 명, 회사추정가치 10억 달러로 평가받으면서 1.6억 달러(1,600억 원)의 투자금이 유치되었다.

2014년 9월에는 공동창업자였다가 쫓겨난 브라운의 소송으로 1년 6개월 동안 벌어진 지루한 법정공방이 비공개 하에 원만히 해결되었다.

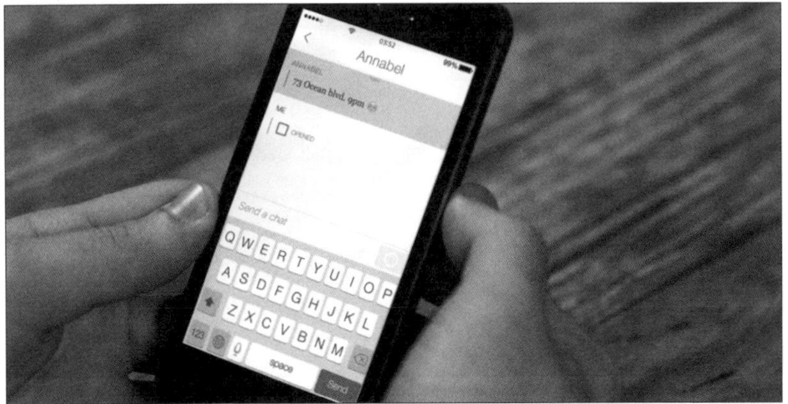

▲ 스냅챗 사용안내 영상 (www.twitter.com/Snapchat)

당시 스냅챗의 추정가치는 30~40억 달러였다. 브라운에게 사업아이디어와 마스코트에 대한 저작료를 지불하려면 아마도 몇 억 달러가 필요했을 것이다. 그래서 일부는 현금, 나머지는 브라운의 지분이 스냅챗에 적립된 것으로 일단락하고 브라운과 슈피겔 사이의 화해가 성립된 것으로 보인다.

고객들

스냅챗은 아이폰 앱스토어와 구글 스토어에서 무료로 공개하는 메신저 기반 SNS로서 미국 청소년들의 전폭적인 지지를 받고 있다. 스냅챗의 주사용자는 13~23살의 미국 청소년들인데 이들의 30%가 셀카놀이를 즐기는 이용자들이다. 이들은 셀카로 찍은 자신의 얼굴을 자신이 속한 그룹과 친구들에게 전송하는 용도로 스냅챗을 사용하였다. 창업자 에반 슈피겔은 미국본토에 거주하는 청소년의 80%가 스냅챗을 사용한다고 주장한 바 있다.

현재 위상

최근 스냅챗은 이용자들 사이에 야한 사진을 전송하는 섹스팅과 범람하는 스팸 광고로 골머리를 썩고 있다. 또한 스냅챗에서 발생한 대규모 해킹 사건과 시스템 결함으로 인한 개인정보보안의 허술함, 개인정보를 불법으로 수집하는 문제 때문에 미국 공정위(FTC)의 비난을 받고 있다. 특히 스냅챗의 허술한 개인정보보안 문제는 악명이 높기 때문에 전자프론티어재단(EFF)에 의해 가장 신뢰할 수 없는 인터넷 기업으로 낙인찍

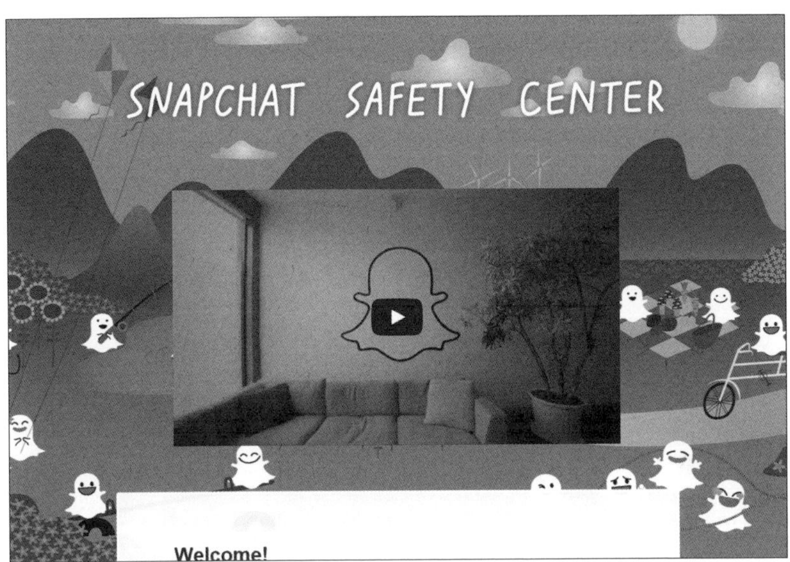

▲ 스냅챗 홈페이지 (www.snapchat.com)

히기도 했다. 그러나 지금은 충분한 자금이 있다. 스냅챗은 메신저 개발
업체가 아닌 테크기업을 표방하고 있다. 때문에 앞으로는 무엇보다 보
안강화에 집중할 것으로 보인다.

11

사진공유 기반 SNS의 최강자 핀터레스트 Pinterest

미국 · *Pinterest*

? 회사 개요

핀터레스트는 불특정 다수의 웹사이트에서 사진을 수집하고 공유하는 기능을 제공하는 사진 위주의 SNS이다. 핀터레스트의 동작 방식은 흡사 즐겨찾기 기능과 비슷하다. 사이트의 주소를 즐겨찾는 것이 아니라 사진을 즐겨찾도록 자신의 핀터레스트에 사진을 등록하는 서비스인 셈이다.

핀터레스트에 자신의 계정을 만들면 Pin 버튼이 브라우저에 자동 설치된다. 브라우저의 핀 버튼을 클릭하면 브라우저창에 보이는 모든 사진이 목록창에 나타난다. 여기서 수집할 사진을 클릭하면(Pin It) 자신의 계정에 사진이 수집된다. 아이돌 팬이 신문사 사이트에서 본 아이돌 사진을 수집할 때도 좋지만, 쇼핑몰에서 본 마음에 드는 제품 사진을 스크랩할 때도 유용하다.

스크랩한 사진은 핀터레스트 친구들과 자연스럽게 공유된다. SNS 기능이 합쳐져 있는 서비스이므로 텍스트 기반 상호교류하는 SNS 틀에서 벗어나 사진으로 상호교류하는 성격이 강하다. 국내에서는 아이돌 가수들이 핀터레스트를 사용하면서 저절로 홍보가 되었다. 청소년 특히 10~20대 사이의 여성들이 핀터레스트의 충성심이 강한 팬들이다. 핀터레스트는 PC와 모바일 양쪽에서 동작한다.

🏅 성공 아이템

핀터레스트는 웹브라우저의 즐겨찾기 기능에서 아이디어를 따온 것으로 보인다. 사진의 URL을 즐겨찾을 수 있도록 사진을 스크랩한 뒤 사진이 있는 URL 주소를 자체 핀보드에 등록해준다. 비주얼 위주로 사물을 판단하는 요즘 세대에 딱맞는 SNS이다.

때에 따라 사진 한 장이 모든 것을 설명하기도 한다. 요즘의 기업들은 신세대 대상 마케팅의 하나로 핀터레스트에 자사 제품을 찍은 사진을 업로드하기도 한다. 이를 핀터레스트 개발진들은 핀터레스트만의 독특한 '가상 스토어'라고 말한다. 비즈니스 사업자의 가상 스토어가 핀터레스트에 많이 생길수록 핀터레스트는 그만큼 수익이 많아질 것이다. 2013년 핀터레스트 개발진은 비즈니스 사업자의 핀터레스트 사용을 독려하기 위해 제품 정보나 조리법에 대한 동영상 등을 포함시키는 기능을 추가했다.

실제로 최근의 모바일 사용자들은 웹사이트에 접속해 쇼핑하기보다는 핀터레스트에서 제품을 검색하고 제품사진을 보는 비율이 높아지고 있다. 예를 들어 핀터레스트에서 'Samsung s6'으로 검색해보자. 핀터레스트 이용자들이 인터넷 방방곳곳에서 불특정하게 수집된 삼성 갤럭시

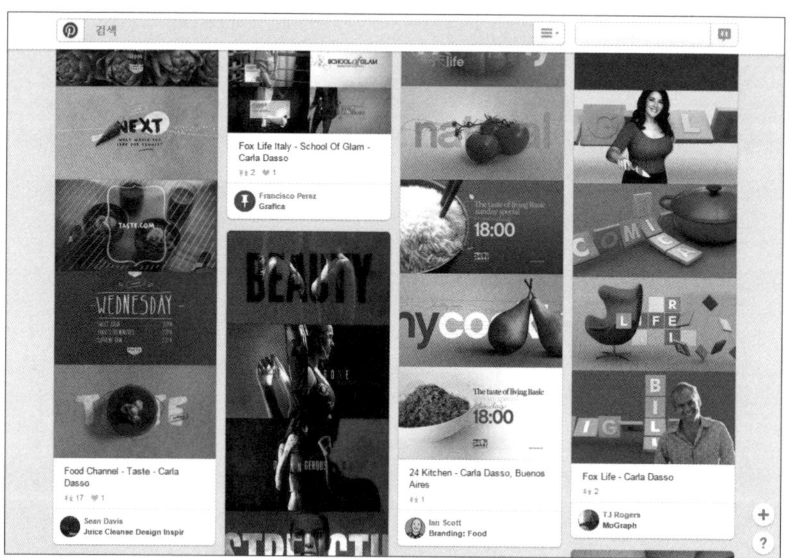

▲ 이용자들이 인터넷에서 수집한 사진을 볼 수 있는 핀터레스트 (www.pinterest.com)

S6 사진이 주로록 올라오기 때문에 제품에 대한 판별을 할 수 있다. 핀터레스트가 선풍적으로 인기를 끄는 이유는 비주얼 세대들에게 딱맞는 사진공유를 기반으로 한 SNS이기 때문이다.

핀터레스트 이용자는 핀터레스트 계정에 수집한 사진을 '좋아요', '페이스북으로 보내기', 'E메일로 보내기'를 할 수 있다. 수집한 사진은 핀터레스트 계정에 저장하기 때문에 이미지 스토리지 기능도 제공한다.

수집한 사진에는 메시지를 남길 수 있고 댓글을 달 수 있다. 좋은 사진을 많이 수집한 사람을 팔로우하면 그 사람이 새로 수집하는 사진을 실시간 받아볼 수 있고 '핀보드'를 만들어 수집한 사진을 테마별로 관리할 수 있다. 수집한 사진에는 자신의 이름이 '핀 제작자'로 표시된다. 자신이 찍은 사진은 핀 업로드 기능으로 핀터레스트 계정에 올릴 수 있다.

핀터레스트는 사진 크기에 상관없이 화면에 보이는 모든 사진을 수집할 수 있지만, 우클릭이 방지된 블로그에서는 사진수집 기능이 동작하지 않는다. 핀터레스트는 우클릭이 가능한 사이트의 사진만 수집할 수 있다.

🎙 CEO : 벤 실버맨

이와 같은 사진기반 SNS를 만든 벤 실버맨(Ben Silbermann)은 1982년 아이오와주에서 태어났다. 그의 양친은 둘 다 안과의사였고 여동생도 나중에 의사가 되었다. 좋은 핏줄 때문인지 실버맨은 어렸을 때부터 영재라고 불렸다.

유년시절의 실버맨은 무엇인가 여러가지를 수집하는 것을 좋아했다. 어떤 때는 곤충에 미쳐 곤충수집을, 어떤 때는 우표에 미쳐 우표수집을 했다.

1998년에 실버맨은 전 세계에서 제일 뛰어난 고등학생 80명을 선발해 무료연수의 기회를 주는 MIT 수학과학캠프(RSI)에 참가했다. MIT 수학과학캠프에 참가한 고등학생이라면 하버드대학쯤은 그냥 갈 수 있는 영재라는 뜻이었다.

2000년, 고등학교를 졸업한 실버맨은 가족의 전통대로 예일대 의대에 입학했지만 도중에 전공을 바꿨다. 그는 2003년에 예일대 정치학 학사 학위를 받으며 졸업했다. 대학 졸업후 첫 직장은 워싱턴 DC의 CEB라는 대기업 임원 대상의 리더십, IT, 기술관련 컨설팅을 하는 회사였다. 실버맨은 자신이 적성에 맞지 않는 직장에 취업했음을 깨닫고 인터넷에서 테크 관련 뉴스를 매일 탐닉했다. 이 때문에 실버맨은 IT 세계가 어떻게 돌아가는지 파악했다.

3년 뒤 CEB에서 퇴사한 실버맨은 바로 구글에 입사했다. 구글의 온라인광고팀과 고객지원센터에서 근무하던 실버맨은 어차피 기술직 엔지니어가 아니었으므로 구글에서의 승진이 불가능하다는 것을 깨닫고 2008년 11월 구글에서 퇴사했다.

구글에서 퇴사한 직후 실버맨은 앱을 개발하기 위해 대학시절 죽마고우인 폴 시아라(Paul Sciarra)와 함께 더치커피연구소(Cold Brew Labs)란 회사를 설립했다. 이 회사의 첫작품이자 마지막 작품이었던 앱 토테(Tote)는 인기를 얻는 데 실패했다. 토테는 아이폰에서 실행하는 쇼핑도우미 앱이었는데 즐겨찾기로 저장한 30개 쇼핑몰에서 특가세일 같은 가격 하락이 있을 경우 해당 세일정보를 문자로 쏘아주는 앱이었다.

첫 작품부터 크게 실패한 실버맨은 생각을 바꿔먹었다. 자신의 취미인 '수집'을 인터넷에 접목하는 방법이 있는지 구상하였다. 그러한 플랫폼의 개발이 가능하다고 판단한 그는 자신의 팀에 시카고대 건축과 출신의 에반 샤프(Evan Sharp)를 합류시킨 2009년 12월 새 회사인 핀터레스트를 설립했다.

그들은 SNS처럼 상호교류가 가능하되 수집한 그림을 붙일 수 있는 그림판(핀보드)이 있는 플랫폼의 개발을 시작했다. 4개월 뒤인 2010년 3월 핀터레스트의 오픈베타가 완성되었다. 오픈베타는 E메일로 초대를 받은 사람과 초대요청을 한 사람만 사용할 수 있었기 때문에 초대받지 못한 사람들은 사용할 수 없었다(사실 그 당시에는 장비를 업그레이드할 돈이 없었기 때문에 초대를 받은 사람만 사용할 수 있도록 했다).

그 때문인지 몰라도 핀터레스트는 발표 후 이용하는 사람이 매우 더디게 늘어났다. 발표 4개월이 지날 무렵 사용자 수는 몇백 명에 불과했고 이 때문에 실버맨은 만일 5천 명째의 사용자가 탄생하면 자신의 전화

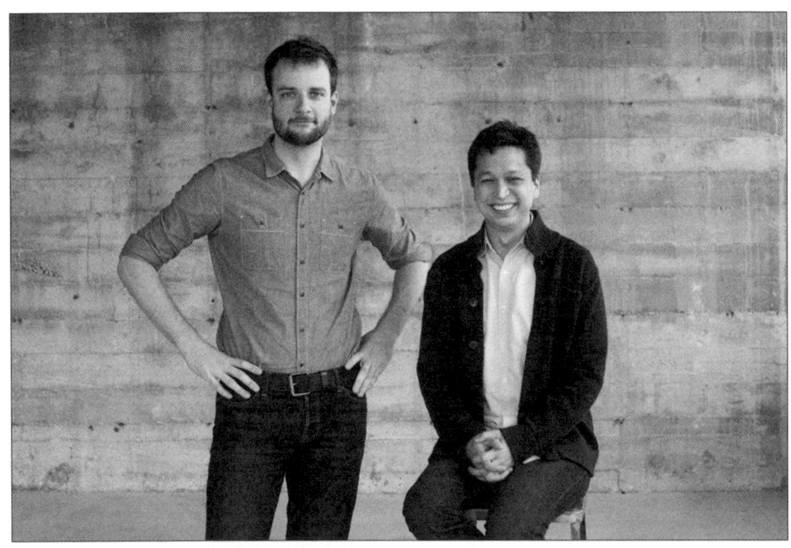

▲ 핀터레스트의 공동창업자인 에반(좌)과 벤(우)　　　　　　　　(자료 : 핀터레스트 제공 보도사진)

번호를 오픈하고 사용자들을 초청해 파티를 하겠다고 선언했다. 아무튼 출시 후 근 9개월이 지났는데도 이용하는 사람은 1만 명 정도만 있을 뿐 더 이상은 늘어나지 않았다.

이들은 2011년 봄에 100만 달러를 유치하면서 3월에 아이폰용 핀터레스트 앱을 발표했다. 그제서야 핀터레스트 사용자가 눈에 띄게 늘어나기 시작했지만 이들은 그해 여름까지도 작은 아파트를 벗어나지 못하고 있었다.

그러던 2011년 8월 타임지가 '2011년 베스트 앱 50선'에 핀터레스트를 선정하였다. 그러더니 12월에는 앱스토어 상위 10위에 드는 앱이 되면서 별안간 핀터레스트의 홈페이지는 1주일에 1천만 명이 방문하는 웹사이트가 되었다(방문객 중 여성 비율이 80%를 넘었다).

그때부터 핀터레스트는 젊은 여성들의 트렌드가 되기 시작하였고,

2012년 3월에는 페이스북, 트위터의 뒤를 이어 미국의 3대 SNS가 되었다.

💰 투자&자금조달 과정

사업 초반 벤처자금을 유치하지 못했던 핀터레스트는 2011년 봄 베세머 벤처 파트너스(Bessemer Venture Partners)를 통해 1,000만 달러를 유치했다. 그해 8월에는 안드레센 호로비츠(Andreessen Horowitz)가 2,700만 달러를 투자했다. 2012년 5월에는 일본 라쿠텐을 포함한 투자자들이 1억 달러를 투자했다.

2013년 10월에는 기업가치를 38억 달러로 평가받으면서 여러 투자사들을 통해 총 2억 5천만 달러를 유치했다. 2015년 기준 핀터레스트는 26여 투자사를 통해 총합 13억 달러를 유치했다.

👥 고객들

핀터레스트의 이용자는 10~20대 청소년들이고 이용자의 80%가 여성이다. 특이하게도 영국에서는 30~40대 남성들이 핀터레스트를 많이 사용하는데 아마 인터넷에서 축구사진을 스크랩할 수 있는 도구로 딱 좋기 때문일 것이다.

🕐 현재 위상

핀터레스트의 기업가치는 2013년 38억 달러에서 2015년 100억 달러로 수직상승했다. 이를 증명하듯 2015년 기준 핀터레스트 웹사이트는 세계 10대 사이트라고 불러도 손색없을 정도로 방문자 트래픽이 높다. 이미 2015년 중반기의 핀터레스트 사용자는 트위터를 추월할 조짐이 보였고 인스타그램의 발밑까지 쫓아왔다.

필자가 보기에 핀터레스트가 인스타그램을 추월하는 것은 시간문제로 보인다. 핀터레스트가 SNS의 1인자 페이스북을 이길 수는 없을 테지만 10대 청소년들과 여성들의 적극적인 호응이 계속되면서 SNS 세상을 춘추전국시대로 만든 것은 분명하다.

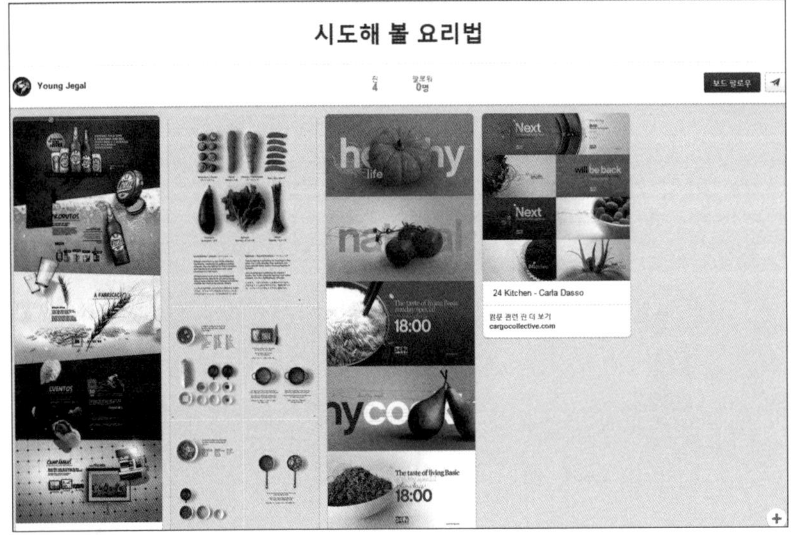

▲ 핀터레스트의 개인 홈페이지

6초 길이의 움짤 동영상 공유 서비스
바인 Vine

? 회사 개요

　바인은 6초 분량의 짧은 동영상을 공유하는 서비스이다. 우리말로 치면 '움짤'을 공유하는 사이트인 바인은 2012년 6월에 설립되었고 서비스를 런칭하기 전인 10월에 트위터에 인수되었다. 이 때문에 트위터피드를 통해 동영상을 공유할 수 있는 서비스로 바뀌었다. 서비스는 2013년 1월 24일 아이폰용 바인 앱을 출시하면서 공식적으로 런칭하였다.

　동영상은 주제별, 트렌드별, 현재 인기있는 동영상 등의 카테고리로 나누어져 있다. 주제별에는 동물, 아트, 코믹 등의 그룹별로 정리되어 있다. 6초 분량의 짧은 동영상만 올릴 수 있기 때문에 코믹풍 동영상이 많이 올라오지만 당일 트렌드나 국제적인 뉴스가 있을 때는 뉴스와 관련된 동영상이 올라온다. 웃고 즐기는 동영상이 많이 올라오지만 아트그룹에서는 꽤 참신한 아이디의 동영상도 볼 수 있다. 사용자가 업로드한 동영상은 바인 내 친구와 공유할 수 있고, 다른 유저가 업로드한 동영상은 그룹이나 검색창, #태그로 검색할 수 있다.

바인은 2~3년 전만 해도 상위 10위권 SNS였지만 지금은 순위가 많이 떨어져 예전 같은 인기는 아니다. 2015년 기준 전 세계 25개국에서 서비스되고 있다.

성공 아이템

6초 분량의 동영상을 올릴 수 있다는 점이 포인트가 되었다. 동영상은 스마트폰에서 바인 앱을 실행한 뒤 촬영할 수 있다. 바인 앱은 스톱모션 같은 간단한 편집 기능을 제공하고 있다. 동영상은 무한루프 형태로 생성되고 사용자는 루프 횟수를 통해 동영상의 조회수를 확인할 수 있다.

바인 서비스의 모토는 '6초 동안의 아름다움을 감상'하는 것이지만

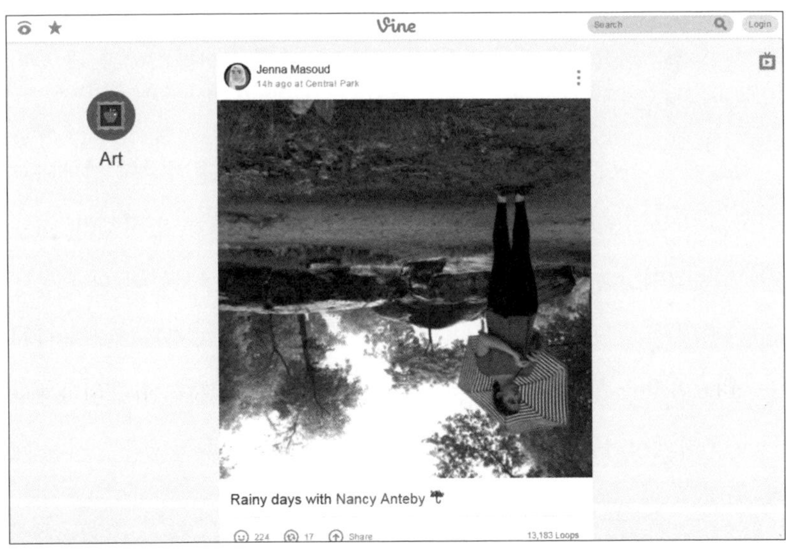

▲ 바인 서비스의 아트 그룹에 올라온 6초 동영상

초등학생들도 스마트폰으로 찍어 올리기 때문에 어설프고 조잡한 동영상이 상당히 많다.

바인은 크게 3가지 유형의 동영상으로 구분할 수 있다. 코미디 움짤, 뮤직 퍼포먼스 움짤, 스톱모션 애니메이션 움짤 등이다. 2013년에는 미국의 대기업들이 프로모션의 일환으로 바인을 사용하면서 장안의 주목을 받았다. 최근엔 소매업 업주들이 제품을 홍보하는 동영상을 올리기도 하지만 런닝타임이 6초에 불과하기 때문에 어설픈 동영상이 많다. 아트 그룹의 동영상은 창의적인 작품이 많지만, 바인 내에서는 유저들이 찾지 않는 인기 없는 그룹이다.

🎤 창업자 : 돔 호프만

바인은 돔 호프만(Dom Hofmann)과 루스 유수포프(Rus Yusupov)에 의해 2012년 6월에 설립되었고 1개월 뒤에는 콜린 크롤(Colin Kroll)이 기술팀 책임자로 합류하였다. 이 3명의 인물 중 바인의 아이디어를 낸 사람은 돔 호프만이다.

영화에 관심이 많았던 돔 호프만은 매년 여름이면 자신의 카메라로 영화를 만들려고 했는데 편집보다는 촬영하는 것을 더 좋아했다. 어느 날 그는 동영상 편집이 너무 어렵다는 것을 알고 초보자들이 쉽게 동영상을 편집할 수 있는 방법을 연구하였다. 마침 애플 앱스토어에는 사진용 앱만 있었을 뿐 동영상용 앱은 그다지 없었다. 더불어 아이폰 사용자들이 문자메시지를 보내는 것처럼 동영상도 보내고 싶어한다는 것을 깨알았다.

돔 호프만과 개발팀의 원래 계획은 동영상 길이에 제한을 두지 않은 앱이었지만 문자메시지처럼 자주 보낼 수 있도록 동영상 분량을 6초 이하로 제한하기로 했다. 그렇게 해서 아이폰에서 동작하는 바인 앱이 만들어졌는데 편집의 복잡성을 완전히 배제시켜 손가락으로 누르고 있으면 삭제할 부분을 지정할 수 있는, 매우 간단하게 동영상을 편집할 수 있는 동영상 앱이었다. 이 앱에는 동영상편집 프로그램에서 볼 수 있는 Play/Pause 버튼과 타임라인조차 없었고 동영상을 루핑시키는 기능만 있었다. 마침내 아이폰용 바인 앱이 완성되었지만 앱은 정식런칭하지 않고 내부에서 테스트를 하였다.

이 무렵 트위터는 자사의 트윗서비스에서 사용할 동영상플랫폼이 필요한 상태였다. 트위터는 여러 업체를 물색하다가 바인 앱 개발사를 발견했다. 당시 바인 앱 홈페이지에는 아래와 같은 광고문안이 있었다고 한다.

"the best way to capture and share video on your iPhone."
(아이폰에서 동영상을 찍고 공유할 수 있는 최고의 방법)

2002년 9월 트위터는 바인 앱 개발사를 3,000만 달러에 인수했다. 바인 앱 개발진은 트위터에 합류하였고 이듬해인 2013년 1월 트위터와 통합된 버전을 출시하였다. 돔 호프만은 바인 앱을 매각하면서 자기 몫으로 1,500만 달러를 챙겼는데 당시 그의 나이는 20대 중반이었다.

2013년 4월에 발생한 보스턴마라톤대회 폭탄사건을 온라인 상에 신속하게 퍼트리면서 바인은 전 세계의 주목을 받았다.

2014년 1월, 돔 호프만은 새로운 사업을 하기 위해 트위터의 바인팀에서 사임했다. 2014년 5월, 바인은 앱스토어 최고 인기 앱이 되었지만 인스타그램이 바인 앱과 비슷한 동영상 서비스를 시작하면서 추락의 조짐을 보이기 시작했다. 2014년 8월, 바인 서비스를 이용하는 사람은 4천만 명이었지만, 인스타그램은 그 무렵 1억 5천만 명의 사용자를 가지고있었으므로 인스타그램이 비디오 서비스를 시작한 것은 바인에게 타격이 되었다. 당시 트위터는 바인 서비스에 TV시청 기능을 넣겠다고 하였지만 TV시청 기능이 현재도 구현되지 않고 있다.

바인의 공동창업자인 돔 호프만은 요즘 새 사업체를 운영하면서 엔젤투자가로 활동하고 있다.

투자&자금조달 과정

바인은 창업 당시인 2012년 6월에 2곳의 엔젤투자사를 통해 종잣돈을 유치했다. 3개월 뒤에는 트위터가 바인을 3,000만 달러에 인수했다.

고객들

바인의 유저는 10~20대 사이의 남녀층으로 보인다.

현재 위상

모회사인 트위터의 인기가 떨어지면서 바인의 인기도 덩달아 떨어지고 있다. 바인의 앞날은 라이벌이라고 생각치 않았던 인스타그램이 동영상서비스를 제공하면서 밝은 편만은 아니다. 지금은 모회사인 트위터마저 인스타그램과 핀터레스트의 급부상에 쩔쩔매고 있다.

통신·메신저 스타트업의 거인들

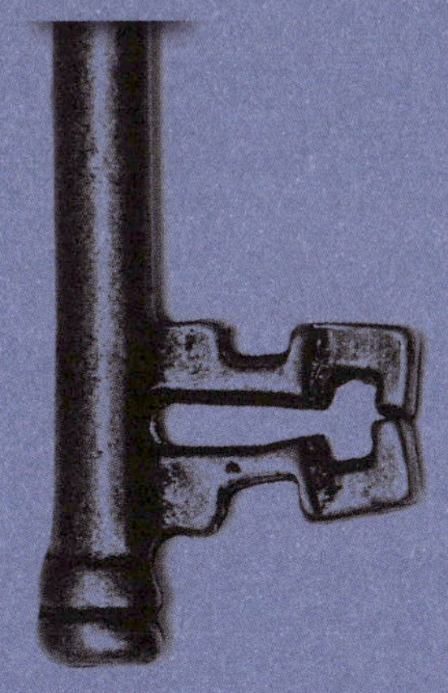

인터넷 채팅업체에서
국제전화 괴물로 변신하다
스카이프 Skype

 룩셈부르크   skype

❓ 회사 개요

1999년 새롬기술의 주가는 무료인터넷 국제전화라는 소재로 1천 원 대에서 19만 원대까지 치솟아 올랐다. 이무렵 필자는 새롬기술이 해외 버전의 소프트웨어를 개발해 해외시장 개척에 올인해야 한다고 봤는데 웬일인지 그런 기색이 없었다. 인터넷 기업은 무엇보다 자사 소프트웨 어의 국제적 보급이 우선인데 새롬기술은 네트워크 구축을 목적으로 해 외망 임대를 우선으로 하는 듯했다. 결국 새롬기술의 무료인터넷 국제 전화사업은 수익성 악화와 경쟁업체의 난립, 경영권분쟁 등으로 날개를 달지 못하고 회사 자체가 법정관리에 들어갔다.

국내에서는 기선을 잡아 선제적 업체가 되었지만 국제적으로는 어디 에 처박혀 있는지도 모르는 회사가 된듯 했다. 아무래도 국제시장에 도 전하는 감각이 당시에는 조금 부족했던 것일까? 물론 지금이야 IT사업 을 준비하는 사람이라면 다들 국내시장은 물론 국제시장을 타깃팅하여 사업을 준비할 것이다.

스카이프는 닷컴버블 이후인 2003년 8월에 소규모로 발표된 인터넷 화상채팅용 소프트웨어가 기원이며 원래부터 P2P 및 서버기반 양쪽으로 동작하는 하이브리드형 소프트웨어로 개발되었다.

바탕 스토리

2003년 덴마크인 야누스 프리스와 스웨덴인 니클라스 젠스트롬은 룩셈부르크에서 '스카이프 테크놀러지 SA'라는 회사를 설립하였다.

원래 스카이프 소프트웨어는 에스토니아인 프로그래머 Ahti Heinla, Priit Kasesalu, Jaan Tallinn과 회사창업자인 야누스 프리스, 니클라스 젠스트가 공동으로 개발했지만 회사창업자인 두 사람은 사실 카자아라는 P2P 공유소트트웨어의 개발자여서 스카이프 역시 P2P 방식이 내장된 매신저로 개발되었다. P2P 기술(Peer-to-peer "Global Index" technology)은 훗날 저작권 분쟁이 발생해 법정 싸움이 벌어지게 된다.

스카이프의 처음 프로젝트명은 'Sky peer-to-peer' 였으나 훗날 'Skyper'로 바뀌었다. 그런데 'Skyper'라는 도메인명이 이미 다른 사람에 의해 선점되어 있었다. 'Skyper'라는 이름으로 사이트를 개설할 수 없게 되자 결국 소프트웨어 이름도 '스카이프(Skype)'라는 이름으로 바뀌었다. 스카이프의 첫 번째 베타버전은 2003년 8월에 공개되었다.

개발 초의 스카이프는 문자채팅 및 음성채팅 위주의 소프트웨어였으나 2005년 12월 화상전화 기능이 추가되었다.

스카이프가 이베이에 인수될 무렵인 2005년, 스카이프로 일반 전화에 전화를 거는 기능이 중국에서 금지되었음에도 2006년 4월에는 전 세계적으로 스카이프 사용자수가 1억 명을 돌파했다. 스카이프는 기업 간 국제전화 시장에서 프로모션을 활발히 전개하여 중소무역업체들이 국제통화를 할 때 스카이프를 사용하도록 유도하였다. 이러한 여러가지 프로모션 전략은 스카이프 사용자를 늘리는 데 결정적인 역할을 하였고 그 때문에 스카이프의 기업가치는 엄청나게 높아진다.

2007년 스카이프를 통해 이용자 간 돈을 전송하는 기능이 추가되었다. 돈을 전송할 때는 핀테크 업체인 이베이의 자회사 페이팔이 연동되었다.

2008년에는 이베이와 기존 창업자 간에 소유권 다툼으로 불화가 발생하거나 P2P기술에 대한 저작권 도용분쟁이 발생하면서 경영진의 이탈이 생겼다. 이로 인해 스카이프의 장래는 한동안 불안한 상태였고 회사의 가치는 그만큼 떨어졌다. 결국 이베이는 출구전략의 하나로 스카이프를 분사시킬 계획을 세웠다. 스카이프의 성장세가 침체된 상태였던 2009년, 이베이는 스카이프 지분 65%를 다른 투자자들에게 2005년 구매가와 비슷한 가격으로 되파는 데 성공하면서 일단은 안도의 한숨을 돌리지만 그것은 이베이의 패착이 되었다. 왜냐면 그 2년 뒤 마이크로소프트가 엄청난 금액으로 스카이프 지분을 전량 인수하는 일이 벌어지기 때문이다.

🥇 성공 아이템

스카이프의 특징은 스카이프의 사용자들을 스카이프 내의 전화번호로 인식, 스카이프에 등록된 사용자 모두 문자채팅 및 음성채팅을 할 수 있고 스카이프 소프트웨어에서 일반 전화와 통화를 할 수 있다. 문자채팅은 그룹채팅이 가능할 뿐 아니라 음성채팅, 화상채팅을 위해 고유의 오디오 코덱과 비디오 코덱을 사용한다. PC화면 공유 기능을 제공하는데 최대 25명이 화면을 공유할 수 있어 그룹회의도 할 수 있다.

참고로 스카이프에서 일반 전화로 전화를 거는 기능은 유료이다.

🎙 CEO ① : 야누스 프리스

1976년 6월 26일 덴마크 코펜하겐에서 태어난 야누스 프리스(Janus Friis)는 동료 니클라스 젠스트롬과 P2P 공유프로그램인 카자아(KaZaA) 개발자로 유명하다. 그는 고등학교 중퇴 학력으로 덴마크 최초의 인터넷서비스 업체인 사이버시티의 고객지원과 직원으로 사회생활을 시작했다.

프리스는 1996년 덴마크의 인터넷통신사업자인 Tele2에서 근무하면

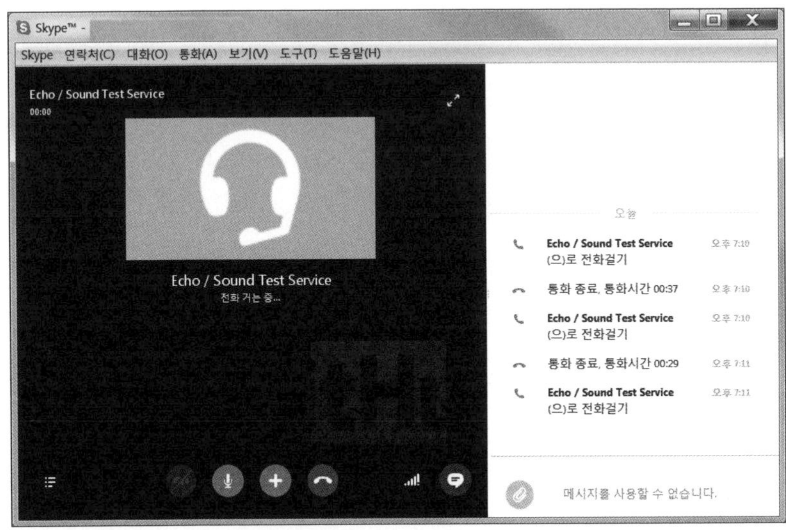

▲ 스카이프에서 화상/음성통화를 테스트하는 모습

서 나중에 파트너가 될 젠스트롬과 함께 일하게 된다. 마음이 맞은 두 사람은 2000년에 Tele2을 떠나 암스테르담에 위치한 젠스트롬의 작은 아파트로 이사한다. 젠스트롬의 작은 아파트에서 이 두 사람은 P2P 공유 프로그램인 카자아를 개발하고 카자아사를 설립한다. 개발 후 카자아와 관련된 업데이트 일에 치중하면서 새로운 프로젝트로 시작한 것이 스카이프였다.

2005년 스카이프를 이베이에 팔아넘기면서 대박을 터트린 프리스는 그 이후에도 젠스트롬과 함께 Joost 등의 소프트웨어를 개발해 판매하기도 했다. 2012년 기준 프리스가 소유한 자산은 13억 달러이다.

🎙 CEO ② : 니클라스 젠스트롬

1966년 2월 16일 스웨덴에서 태어난 니클라스 젠스트롬(Niklas Zennstrom)은 스웨덴 웁살라대학에서 경역학 학사와 물리공학 석사를 받았다. 그는 인터넷통신사업자인 Tele2 등에서 사회생활을 시작, 여러 가지 개발작업을 하다가 야누스 프리스를 만나 카자아사를 차리기로 한 후 자신은 CEO로 앉고 카자아를 공동개발한다. P2P 불법다운로드가 한참 붐을 일으키던 시절이었으므로 카자아는 2003년 미국에서 가장 다운로드가 많이 된 프로그램으로 선정되기도 했다. 카자아는 후에 미국의 Sharman Networks에 판매되었다.

이후 젠스트롬은 Joltid를 설립해 P2P 기술을 이용한 다양한 솔루션 개발작업을 진행하다가 프리스와 함께 스카이프를 개발하면서 대박을 터트리고 당시 글로벌 IT 리더로 선정되기도 했다. 최근의 니클라스 젠스트롬은 아토미코(Atomico)라는 기술투자회사를 설립 벤처투자에 집중하고 있고 아울러 자선사업가로도 활발하게 활동하고 있다.

스카이프의 성공으로 젠스트롬은 2006년에 프리스와 함께 와튼 인포시스 비즈니스 혁신상(Wharton Infosys Business Transformation Award)을 수상했다. 또한 그해 타임지가 선정한 올해의 가장 영향력 있는 100인에 선정되기도 했다. 이베이에 스카이프를 양도할 때 향후 스카이프의 성장세에 따라 추가 보너스를 받기로 했으므로 마이크로소프트가 스카이프를 인수했을 때 젠스트롬에게 떨어진 추가보너스는 10억 달러에 달했을 것이라고 추정하기도 한다. 니클라스 젠스트롬이 설립한 기술투자회사 아토미코는 도쿄 등 전 세계 4개국에 지사가 있다.

투자&자금조달 과정

2005년 이베이는 스카이프의 기업가치를 40억 달러로 보고 25억 달러에 인수했는데 인수대금의 절반은 현금, 나머지 절반은 이베이 주식으로 지불하였고 향후 스카이프의 성장세에 따라 추가 보너스를 주기로 계약했다.

2009년 이베이는 어두운 회사 전망에도 불구하고 스카이프 지분 65%를 19억 달러에 실버레이크 파트너스(SilverLake Partners), 안드레센 호로비츠 벤처캐피탈(Andreessen Horowitz), 캐나다연금투자위원회(Canada Pension Plan Investment Board)에 팔았다.

2011년 마이스크로소프트는 스카이프를 85억 달러에 통째로 인수한 뒤 자사의 윈도우 메신저를 폐기하고 모든 사용자들을 스카이프 계정으로 이전시켰다.

🧑 고객들

스카이프의 요금체계는 스카이프 간 통화는 무료이고 스카이프에서 일반 전화로의 통화는 유료이다.

🕐 현재 위상

마이크로소프트에 인수된 후 2012년에 스카이프를 다운로드한 사람은 전 세계에 6억 6,000만 명에 도달했다. 피크 때의 스카이프 동시사용자 수는 3,500만 명이었다.

2005년의 스카이프는 세계국제통화시장에서 차지하는 비율이 2.9%였지만 2014년의 스카이프는 국제통화시장의 무려 40%를 차지한다. 집전화나 핸드폰으로 거는 국제전화시장의 절반 가까이를 스카이프가 삼킨 셈이다.

30대 직장인 절친이 만든 대박신화
와츠앱 WhatsApp

❓ 회사 개요

와츠앱은 기존 PC 기반의 메신저와 달리 모바일 시대에 개발된 스마트폰 전용 인스턴스 메신저이다. 아이폰, 안드로이드폰, 윈도우폰, 심비안폰, 블랙베리폰 등 크로스플랫폼을 지원하기 때문에 스마트폰 운영체제와 상관없이 대부분의 스마트폰에서 사용할 수 있다. 문자, 오디오 채팅이 가능할 뿐 아니라 이미지, 비디오, 사용자의 GPS 정보 등을 전송할 수 있다. 와츠앱을 개발한 사람은 야후 출신의 브라이언 액턴(Brian Acton)과 얀 쿰(Jan Koum)이다. 와츠앱의 정식출시일은 2009년이었다.

와츠앱의 ID는 기본적으로 스마트폰 전화번호를 사용한다. 따라서 스마트폰 사용자들만 사용할 수 있고 스마트폰이 없는 사람은 사용할 수 없다.

2014년 2월, 페이스북은 자체 개발한 페이스북 메신저가 인기가 없자 와츠앱을 통째로 인수했다. 페이스북이 와츠앱 인수에 사용한 돈은 무려 190억 달러였다. 설립 후 5년 만에 190억 달러라는 높은 금액으로 거래된 회사는 아마도 와츠앱이 처음일 것이다.

2015년의 와츠앱은 전 세계에서 6억 명의 사용자가 생겼다. 이와 같은 성공을 기반으로 PC에서 구동할 수 있는 와츠앱이 출시되었다. 그러나 PC 버전의 와츠앱도 스마트폰 번호를 와츠앱 ID로 사용하므로 스마트폰 번호가 없는 사용자들은 PC버전 와츠앱도 사용할 수 없다.

바탕 스토리

야후에서 10년 이상 엔지니어로 근무했던 브라이언 액턴(Brian Acton)과 얀 쿰(Jan Koum)은 2007년 야후에서 퇴사한 뒤 모든 것을 1년 동안 잊을 심산으로 2009년 1년간의 남미 여행을 떠났다. 이때 이들의 수중에는 쿰이 야후에서 10년간 재직하며 저축했던 4억 원의 돈 밖에 없었다. 여행에서 돌아온 둘은 페이스북에 입사지원을 했지만 탈락했고, 별

▲ 와츠앱 홈페이지 (www.whatsapp.com)

수 없이 IT창업을 구상하기 시작했다.

2009년 1월 이들은 아이폰을 구매한 뒤 아이폰을 테스트하다가 아이폰의 앱스토어가 조금씩 활성화되는 시점이라는 것을 간파했다. 쿰은 아이폰 앱 개발의 사업성과 가능성을 판단하기 위해 액턴과 함께 산호세의 러시아 친구 알렉스 피시를 찾아갔다. 그들은 알렉스 피시의 주방에서 차를 마시며 1시간 동안 3가지 문제를 중점적으로 토론하였다. 쿰이 꺼낸 이야기의 내용은 매우 간단했다.

쿰은 자신의 아이폰 주소록을 보여주면서 '주소록의 사람 이름 옆에 개개별 상태를 표시할 수 있느냐'고 물었다. 알렉스 피시는 사람 이름 옆에 배터리 표시 등으로 전화를 받을 수 있는 상태인지 혹은 반대 상태인지 표시할 수 있을 것이라고 대답했다. 그는 자신이 개발작업을 컨트롤할 수는 있지만 별도의 아이폰 개발자를 충원해야 한다고 말했다. 아이폰 개발자로는 러시아의 프로그래머사이트에서 찾아낸 이고르 솔로메니코프(Igor Solomennikov)를 소개받았다.

이것이 '와츠앱'에 대한 사업구상의 시발점이었지만 개발과정은 험난하기 그지 없었다. 먼저 아이폰의 주소록을 정렬한 뒤 번호를 붙이는 등의 여러가지 복잡한 작업이 필요했는데 이것은 오랜 시간과 테스트가 필요했다. 근 5개월의 개발작업이 소요되었음에도 실패와 오류는 계속되었다.

이 때문에 쿰이 준비한 자금은 모두 소진되었고 일자리를 찾아야 하는 상황에까지 직면하였다. 쿰이 그와 같은 사실을 액턴에게 살며시 고백했다. 액턴 역시 당시에는 실직 상태에서 다른 사람의 스타트업을 도와주는 상태였기 때문에 큰 돈을 마련할 여력이 없었다. 액턴은 쿰에게 지금 접으면 모든 것을 잃는 바보짓이라며 몇 개월만 더 버티며 진행해

보라고 다독였다.

때마침 2009년 6월 애플이 푸시알림 서비스를 제공하였는데 여기서 아이디어를 얻어 개발과정이 순조롭게 변해갔다. 인스턴트 메신저를 개발하는 것과 비슷한 방향으로 급선회한 것이다. 당시 구글같은 여러 대형업체에서 메신저를 만들었는데 무료 메신저는 손꼽을 정도였고 쓸만한 메신저는 대개 유료였다. 게다가 와츠앱은 다른 메신저와 달리 자신의 전화번호로 로그인하는 특징이 있었다.

와츠앱이 메신저로서 어느 정도 모습을 갖추자 쿰은 애플 앱스토어를 통해 와츠앱 2.0을 공개했는데 공개하자마자 실사용자 수가 25만 명으로 급증했다.

크게 용기를 얻은 쿰은 2개월 만에 다시 액턴을 찾아가 자신이 만든 메신저를 같이 테스트하면서 히트가능성을 면밀히 조사하였다. 액턴은 그 당시에도 실직 상태였지만 야후의 44번째 직원다운 판단력이 있었다. 히트 가능성이 있다고 판단한 액턴은 야후를 찾아가 옛 동료 5명을 설득해 25만 달러(2.5억 원)의 종잣돈을 유치하는 데 성공했다. 투자한 금액만큼

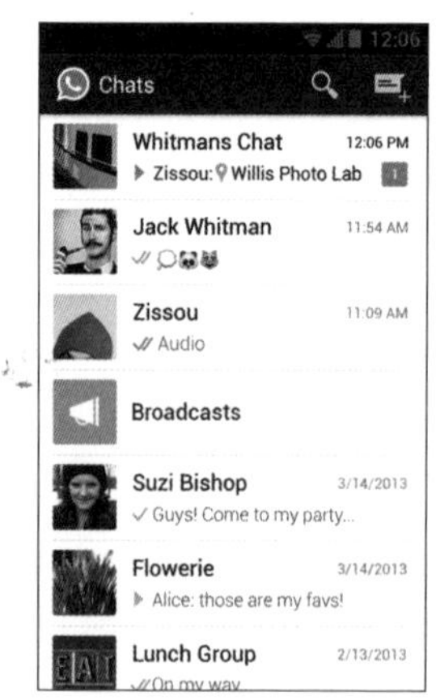

▲ 친구 목록창

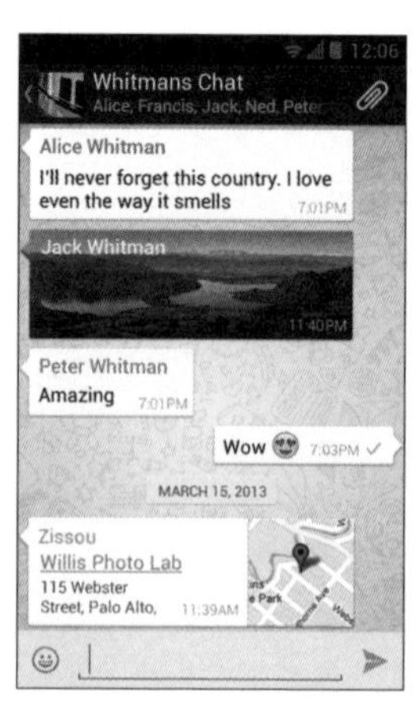

▲ 채팅창

▲ 아이콘창

와츠앱 지분이 야후 동료 5명에게 배분되었다. 이때가 8월이었다.

그 일이 있은 후인 11월, 지난 1년간 쿰을 도와주던 액턴도 와츠앱에 합류해 공동창업자가 되었다. 액턴은 이전에 손대는 스타트업마다 실패하기 일쑤였다.

공동창업자인 쿰과 액턴은 와츠업 지분 중 60~70%를 끝까지 사수하기로 했고 나머지 30~40% 지분은 종잣돈을 투자했던 야후 동료들과 와츠앱 초창기 직원들에게 배분되었다. 당시의 와츠앱 지분 구조는 대략적으로 쿰이 40~45%, 액턴이 15~20%였던 것으로 추정되며, 나머지 30~40%는 향후 투자자들과 와츠앱 초창기 직원들을 위해 안배했던 것으로 보인다.

💰 성공 아이템

와츠앱은 스마트폰 전화번호가 있어야 설치할 수 있다. 설치 후에는 스마트폰에 등록한 주소록 전화번호가 와츠앱 리스트로 자동 등록된다. 와츠앱 PC버전 역시 스마트폰 전화번호가 있는 사람에 한해 사용할 수 있다. 또한 와츠앱은 무료문자를 무제한 사용할 수 있으므로 스마트폰의 SMS문자서비스를 대체한다. 무엇보다도 강제적으로 노출되는 광고가 없다는 것이 매력이다.

🎙 CEO : 얀 쿰

얀 쿰(Jan Koum)은 1976년 2월 24일 우크라이나 키예프에서 유대인계 집안에서 태어났다. 1992년 쿰의 부모는 반유대적인 분위기 때문에 미국으로의 이민을 결정했다. 쿰은 어머니를 따라 미국 캘리포니아 샌프란시크로 이주, 미정부의 사회지원 프로그램으로 지원되는 방 두 칸짜리 아파트에서 미국 생활을 시작했다. 당시 쿰의 나이는 16살, 나중에 합류하기로 했던 쿰의 아버지는 끝내 미국으로 건너오지 않았고 1997년 우크라이나에서 별세했다.

남편 없이 혼자 미국으로 온 어머니는 베이비시터 등의 잡일을 했고 쿰도 식료품점 아르바이트를 했는데 이 무렵 그녀의 어머니는 설상가상 암에 걸렸다. 모자의 생활고는 날로 심해서 식비는 마운틴뷰 복지사무실이 나누어주는 푸드스탬프로 꾸려가는 일이 많았다.

고등학교 시절 미국 고등학교 체계를 싫어했던 쿰은 일찍이 컴퓨터 프로그래밍에 관심을 가져 해커그룹에서 활동하였다. 18살 때는 산호세 대학 컴퓨터공학과에 입학한 뒤 언스트앤영(Ernst & Young) 회사의 보안 테스터로 아르바이트를 뛰었는데 어느 날 우연히 야후에서 파견된 시스템관리자 브라이언 액턴이 맞은편 책상에서 일하는 것을 보았다. 이때 쿰은 액턴의 성실한 자세에 호감을 가졌는데 쿰이나 액턴이나 둘 다 일하는 스타일이 비슷했다.

6개월 뒤인 1997년 쿰은 야후의 인프라환경 유지보수 엔지니어로 입사했는데 대학을 다녀야 했으므로 아르바이트나 마찬가지였다. 쿰이 학과공부 중 야후 중간관리자가 회사로 출근하라는 것을 거절한 것은 유명한 일화이다. 아무튼 쿰은 산호세 대학을 중퇴하고 그 후 9년 동안 야후에서 액턴의 동료로 함께 일했다.

대학시절 쿰은 헤어진 여자친구를 완력으로 협박하다가 법원의 판결로 접근금지명령을 받기도 했다. 쿰은 이 일에 대해 항상 부끄러운 마음을 가졌다. 2000년, 쿰의 어머니가 암으로 별세하자 쿰은 미국땅에서 혼자가 되었다. 혈혈단신이 된 쿰을 보면서 액턴은 종종 자신의 집으로 쿰을 초대해 위로하였는데 이 때문에 둘 사이의 신뢰는 날로 깊어졌다.

2009년 와츠앱 메신저 개발에 성공한 쿰은 2012년 페이스북이 와츠앱을 190억 달러에 인수하면서 초대형 대박을 터트렸다. 2015년 기준 쿰이 가지고 있는 추정자산은 72억 달러이다. 쿰은 지금 현재 페이스북 등기이사이자 페이스북의 와츠앱 사업부 총괄책임자이다.

🎤 공동창업자 : 브라이언 액턴

1972년 미국 미시간주에서 태어난 브라이언 액턴(Brian Acton)은 펜실베이니아 대학에서 경제학을 공부하였다. 1992년 록웰사의 시스템관리자로 일하고 애플, 어도비사의 신제품 하드웨어나 소프트웨어 테스트 엔지니어로 잠시 몸담기도 했다.

그즈음 스탠포드 대학 컴퓨터공학과로 학교를 옮긴 액턴은 1994년 동 학과를 졸업한 뒤 야후의 44번째 직원으로 입사했다. 야후에서 승승장구한 액턴은 야후를 그만둘 무렵 엔지니어링 담당 부사장으로까지 승진하였다. 1997년 액턴은 우연히 쿰이 일하는 사무실에서 같이 작업을 한 뒤, 그 후 쿰이 야후에 입사를 하자 영양가 있는 직장상사이자 평생의 든든한 우군이 된다.

야후 시절의 액턴은 순조롭게 직상생활을 했으나 2000년에 발생한 닷컴버블 때 투자를 잘못해 수백만 달러의 손실을 입었다. 쿰과 뜻이 잘 맞았던 액턴은 쿰과 함께 2007년 1년간의 남미여행 후 페이스북에 입사를 하려고 했지만 둘 다 탈락했고 설상가상 액턴이 트위터에 넣은 입사 지원도 탈락했다.

쿰이 스타트업으로 방향을 전환해 와츠앱을 개발할 때 초기 투자에 참여한 액턴은 그 후 자신만의 스타트업을 진행하지만 연이어 실패를 한다. 결국 와츠앱의 공동창업자로 공식 입성한 뒤 와츠앱이 페이스북에 팔릴 때 막대한 이익을 봤다.

2015년 기준 액턴의 재산은 37억 달러이다. 액턴은 지금도 페이스북 와츠앱 사업부에서 쿰과 같이 일하고 있다.

💰 투자&자금조달 과정

와츠앱의 사업 초 종잣돈은 쿰이 1년 동안의 남미 여행에서 남겨온 돈과 액턴이 투자한 소액의 초기투자금, 그리고 액턴이 야후 동료들에게서 유치한 2억 5천만 원이 전부였다.

2011년초 와츠앱은 애플의 앱스토어에서 항상 20위권에 드는 인기 앱이었으므로 점점 벤처투자자들의 눈길을 끌기 시작했다. 2011년 4월 드디어 와츠앱은 세쿼이아 캐피탈(Sequoia Capital)을 통해 700만 달러의 투자금을 유치했는데 투자자인 세쿼이아 캐피탈은 와츠앱의 간판 없는 사무실을 찾기 위해 실리콘밸리의 마운틴뷰 거리를 몇 개월간 뒤졌다고 한다. 마운틴뷰는 쿰이 미국으로 이민을 왔을 때 살았던 곳으로 와츠앱의 사무실 역시 마운틴뷰 복지사무실(쿰 가족이 푸드스탬프를 얻었던 기관) 근처에 있었다. 사무실은 커다란 창고나 다름 없었기 때문에 간판은커녕 주소도 없었고 사무실 안에는 그 흔한 와츠앱 로고조차 붙어있지 않았다.

와츠앱이 세계를 제패해도 겸손한 마음을 갖겠다는 것이 쿰의 생각이었으므로 쿰은 사무실을 화려하게 치장하는 간판과 와츠앱 로고 따위를 아예 만들지 않았다.

"와츠앱의 사무실에는 어떤 표시도 기호도 없습니다. 그러나 우리 팀은 우리가 어떤 장소에서 일하는지 다 알고 있습니다."

한 없이 겸손하자는 것이 쿰의 생각이었다.

2013년 2월 와츠앱의 월간 실사용자가 2억 명을 돌파하고 직원수가 50명으로 늘어나자 세쿼이아 캐피탈은 와츠앱의 기업가치를 15억 달러로 보고 1,500만 달러를 추가로 투자했다.

2013년 12월 와츠앱은 매월 4억 명의 이용자가 와츠앱을 사용한다고 발표했다. 2014년 2월, 페이스북의 주커버그는 와츠앱을 인수하기 위해 자신이 직접 와츠앱 사무실이 있는 곳으로 날아가 계약을 체결했다. 그들이 계약서를 나눈 장소는 쿰이 푸드스탬프를 얻었던 복지사무실 앞이었다.

고객들

와츠앱을 메신저로 사용하는 월간 사용자수는 전 세계 인구의 약 10%인 6~7억 명이다. 국가별로는 인도에서 와츠앱을 사용하는 인구가 가장 많다.

현재 위상

2015년 포브스지는 스마트폰과 컴퓨터 사용자들이 와츠앱과 스카이프같은 대체 통신수단을 전화대신 사용함으로써 전 세계 텔레콤사업은 향후 2018년까지 3,800억 달러의 시장축소가 발생할 것이라고 분석했다.

SNS 방식
GPS 내비게이션
웨이즈 모바일 Waze Mobile

15

이스라엘  waze

❓ 회사 개요

웨이즈 모바일은 스마트폰에서 사용하는 SNS 스타일의 '웨이즈 GPS 내비게이션 앱'을 개발한 스타트업 기업이다. 이 회사는 이스라엘의 20대 청년 에후드 샤브타이(Ehud Shabtai)가 2006년에 설립했다.

웨이즈 GPS의 특징은 기존의 GPS와 달리 이용자들이 정보를 등록하고 등록된 정보는 웨이즈 GPS를 사용하는 모두에게 공유된다는 점에 있다. 예를 들어 교통사고가 발생해 교통이 막히는 도로를 발견한 운전자가 있다면 그것을 웨이즈 GPS에서 등록할 수 있다. 그럴 경우 그 지역을 지나는 다른 웨이즈 GPS 사용자가 메시지를 보고 교통이 막히지 않는 곳으로 우회할 수 있다. 이처럼 사용자가 입력한 정보가 신속하게 올라오고 서로 공유할 수 있기 때문에 웨이즈 GPS는 소셜 기반 GPS라고 말한다.

웨이즈 GPS는 전 세계에서 사용할 수 있도록 개발되었지만 실제로는 약 14개국 맵데이터만 완벽하게 지원된다. 웨이즈 GPS에서 완벽하게 지원되는 맵데이터는 미국, 캐나다, 영국, 프랑스, 독일, 이탈리아, 네덜란드, 벨기에, 이스라엘, 남아프리카 공화국, 콜롬비아, 에콰도르, 칠레, 파나마 등이다. 우리나라와 중국 등에서도 사용하는 사람이 조금씩 늘어나고 있는데 우리나라의 경우 맵데이터가 거의 완벽하게 지원되고 있다.

🗨 바탕 스토리

대학 졸업 후 2년 동안 IT업계의 개발자로 근무하고 있던 에후드 샤브타이는 여자친구가 구입한 GPS를 개량하다가 아이디어를 얻고 웨이즈 모바일 사업을 시작하였다.

2006년 당시의 프로젝트명은 'FreeMap Israel'이었는데 이스라엘 지도를 넣은 이 내비게이션은 사용자들이 직접 교통정보를 등록하기 때문에 평생 무료사용 및 무료업데이트를 보장하는 것이 목표였다. 2008년 샤브타이는 자신의 프로젝트를 진행하면서 'Waze'라는 이름의 웹사이트를 개설했다. 2009년이 되자 샤브타이는 우리 레빈(Uri Levine), 아미르 시나르(Amir Shinar)와 함께 린큐맵(LinQmap)이라는 회사를 설립한 뒤 본격적으로 GPS 개발을 시작했다. 그 해 겨울 테스트용으로 발표한 GPS 앱이 인기를 끌자 국제적으로 사업을 하기 위해 40살의 바딘(Bardin)이란 스타트업 전문가를 합류시켰다.

2010년 1월, 웨이즈 GPS 내비게이션 사용자가 50만 명을 돌파했고, 그해 12월에 200만 명을 돌파했다. 이 무렵 웨이즈 모바일의 직원수는 80명으로 늘어났는데 70명은 이스라엘에서, 10명은 미국 캘리포니아에서 근무했다. 사명도 링큐맵에서 웨이즈 모바일로 개명하였고 이 해에는 자사의 GPS 앱 지도상에 각종 축제 정보를 등록할 수 있도록 업데이트했다.

2012년 1월, 웨이즈 GPS 내비게이션은 전 세계에서 1,200만 회가 다운로드되었다. 2012년 웨이즈 GPS는 부근에서 가장 저렴한 주유소를 찾을 수 있도록 실시간 유류가격 정보의 업데이트 기능을 추가했다. 2012년 7월, 웨이즈 GPS의 사용자수가 2,000만 명에 도달했는데 한때 야후는 웨이즈 GPS의 사용자수가 5,000만 명에 근접했다고 오보를 내기도 했다. 2013년 2월, 웨이즈 GPS는 Mobile World Congress에서 그 해의 베스트 내비게이션 앱으로 선정되었다.

마침내 2013년 6월, 구글이 웨이즈 모바일을 통째로 인수했다. 구글이 웨이즈 모바일을 인수했다는 소식에 이스라엘 총리가 크게 기뻐하면서 웨이즈 모바일팀을 대통령 관사로 초청하였고 이 때문에 이스라엘에서 스타트업 붐이 일어났다.

2013년 그 해에 구글은 웨이즈 모바일의 'System and method for road map creation' 등의 10여 개 기술을 발명특허로 출원했다.

🏅 성공 아이템

웨이즈 GPS 모바일 앱은 GPS 업체가 제공하는 정보를 다운로드한 뒤 사용하는 방식이 아니라 이용자 간에 가지고 있는 각종 정보를 공유하면서 동작하는 SNS 스타일의 GPS 앱이다. 흔히 커뮤니티(SNS) 기반 내비게이션이라고 한다.

차량 이용자들은 도로상태, 사고정보, 교통체증, 속도, 경찰단속 등을 볼 수 있기 때문에 보고 있는 정보를 등록하여 신속하게 다른 이용자와 공유할 수 있다. 특히 지금 일어나고 있는 교통사고, 교통단속현장 등은

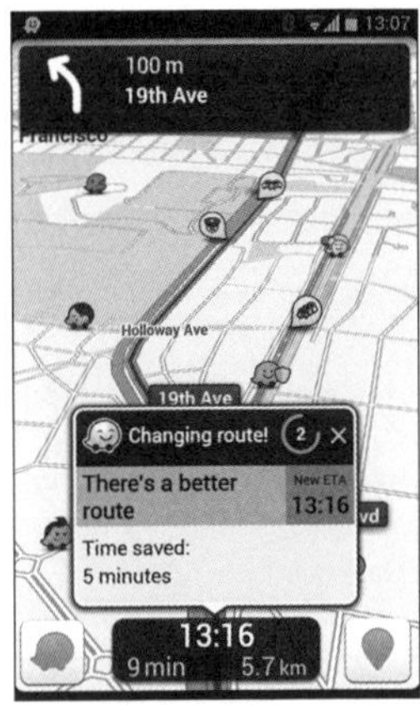

▲ 실시간 정보 입력

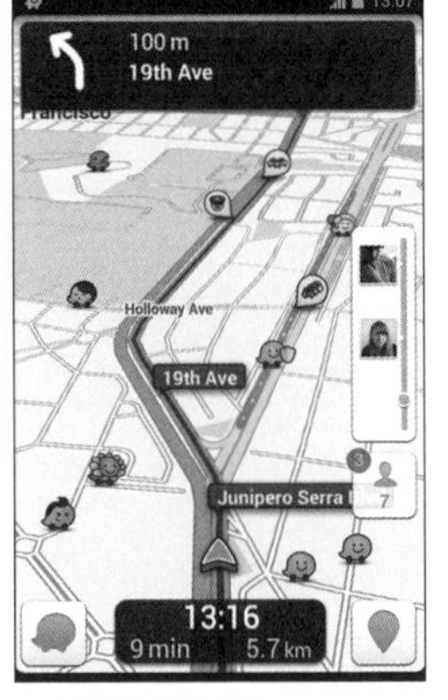

▲ 실시간 도로안내

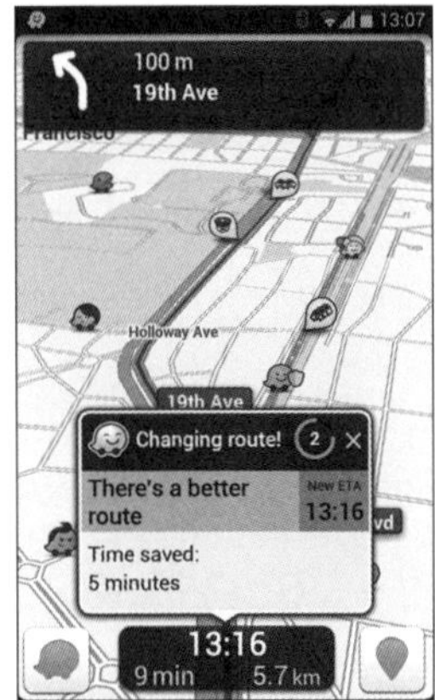

▲ 소요시간 측정

그것을 발견한 사용자가 웨이즈 GPS에 입력한 경우 전체 이용자들과 공유된다. 또한 자신의 이동위치는 물론 자신의 도착시간, 친구의 현재 이동위치를 파악하고 공유할 수 있다. 이용자들의 모습이 물방울 모양의 예쁜 캐릭터로 표시되는 것도 재미있다.

공동창업자 겸 CTO : 에후드 샤브타이

에후드 샤브타이(Ehud Shabtai)는 웨이즈 모바일의 공동창업자이지만 주로 최고기술부분사장(CTO)을 맡아 개발진을 이끌었다.

그는 2000~2004년 사이에 텔아비브대학에서 철학 및 컴퓨터공학을 복수전공하였다. 대학 졸업 후에는 약 2년 동안 3개의 IT 업체에서 개발자나 CTO로 일했다. 2006년 어느날, 그의 여자친구가 GPS 시스템을 구입하자 샤브타이는 GPS 소프트웨어를 조금 개량하기로 마음먹었다. 그는 여자친구의 GPS 시스템에 단속카메라의 위치를 알려주는 정보를 추가해 재설치했다.

이때 그가 사용한 GPS 시스템은 Mapa's 제품이었고 맵데이터가 일부 달라진 것을 발견한 Mapa's는 맵데이터의 저작권을 침해하지 말라는 서신을 보내왔다. 이 때문에 샤브타이는 여러 GPS회사에 문의해보았지만 대부분의 회사들이 맵데이터의 사용을 불허하였다. 결국 샤브타이는 다른 업체의 맵데이터를 사용하는 것을 포기하고 완전히 새로운 방식의 GPS 앱을 만들기로 계획을 바꾸었는데 이것이 이용자 간 정보등록 및 정보공유가 가능한 SNS 방식 GPS의 아이디어가 되었다.

초기에는 난관이 많았지만 마침내 GPS 앱이 모양을 갖추자 생각보다 빨리 투자자들이 모여들었고 GPS 앱은 큰 인기를 얻었다. 공동창업자 샤브타이는 웨이즈 모바일의 최대주주로서 7%의 지분을 가지고 있었다. 샤브타이는 웨이즈 모바일이 구글에 인수된 2013년 이후에도 계속 웨이즈 모바일 CTO 근무하면서 개발부를 이끌고 있다. 그의 2015년 추정재산은 7,500만 달러이다.

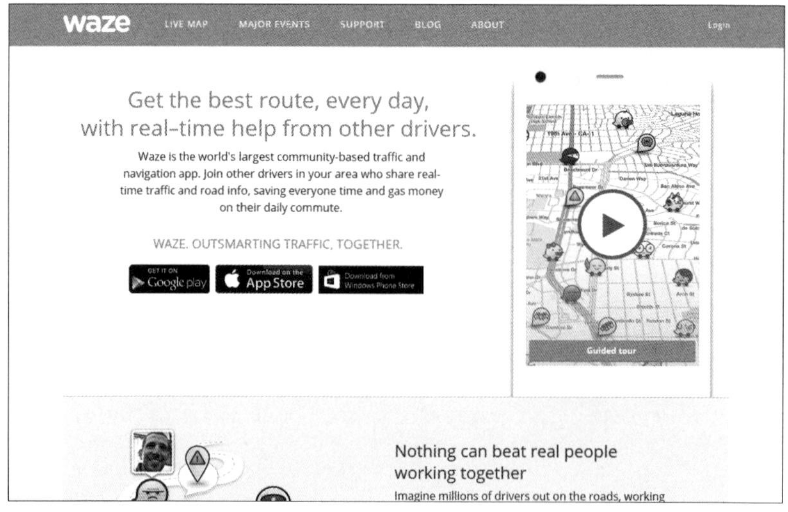

▲ 웨이즈 모바일 홈페이지 (www.waze.com)

💰 투자&자금조달 과정

2010년 12월, 웨이즈 GPS의 사용자는 200만 명을 돌파했다. 웨이즈 모바일은 블루런 벤처(Blue Run Ventures), 마그마벤처 파트너스(Magma Venture Partners), 버텍스벤처 캐피탈(Vertex Venture Capital)을 통해 총 2,500만 달러를 유치했다.

2011년 8월, 웨이즈 모바일은 아시아 진출 사업비를 위해 총 3,000만 달러의 자금을 유치했다. 투자자는 KPCB(Kleiner Perkins Caufield & Byers)와 페이스북 투자자이자 중국 최대 부자인 리자청의 호라이즌 벤처(Horizons Ventures)이다.

2012년, 경쟁사에 비해 지도 콘텐츠가 좋지 않았던 애플이 웨이즈 모바일을 5억 달러에 인수한다는 소문이 나돌았지만 없던 일이 되었다. 이 소문에 대해 애플 CEO 팀 쿡은 "우리는 웨이즈를 인수하지 않기로 했다. 왜냐면 이번 일은 애플의 맵 개발 기술을 향상시킬 절호의 기회이기 때문이다."고 말했다. 그 후 애플은 애플맵 개발자들을 밤낮으로 굴려 웨이즈 GPS와 비슷한 기술을 만든 뒤 이를 특허청에 등록하는 얌체짓을 했다.

2013년 5월, 페이스북이 웨이즈 모바일을 10억 달러에 인수하려고 했다. 웨이즈 모바일은 그 조건으로 이스라엘에 웨이즈 모바일 독립법인을 계속 두기를 요구했다. 이 협상은 여러가지 이견이 발생하면서 결국 불발되었다.

2013년 6월, 구글이 웨이즈 모바일을 11.3억 달러에 인수하는 데 성공했다. 구글이 웨이즈를 인수했다는 소식에 애플의 투자자들은 팀 쿡을 성토했다.

"고작 코홀리개 돈 11억 달러 아끼려고 소기업 구글에게 웨이즈를 빼

앗기나? 팀 쿡이 유일하게 잘 하는 짓은 아이폰으로 번 어마어마한 돈을 회사 창고에 바벨탑이 되도록 쌓아놓는 것이다."

고객들

웨이즈 GPS는 누구나 무료 다운로드하고 사용할 수 있다. 웨이즈 GPS의 수익은 지도상에 표시되는 위치기반 광고상품과 맵데이터 판매이다.

현재 위상

웨이즈 모바일의 GPS 앱은 2015년 기준 전 세계 4,700만 명의 이용자가 사용하고 있다.

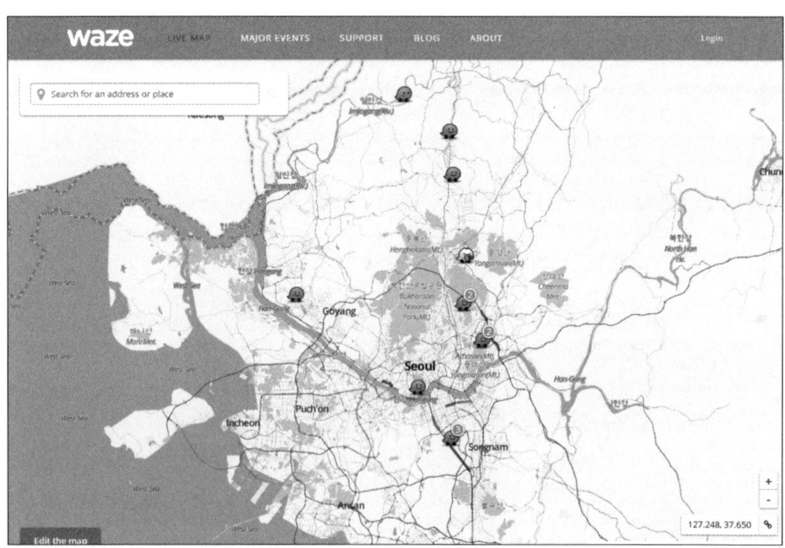

▲ 웨이즈 모바일 홈페이지에서 본 한국 라이브지도. 한국에서 웨이즈 GPS를 사용하면서 운행중인 사용자들이 보인다.

자신의 위치를 알려주거나 주변 장소를 추천하는 포스퀘어 Foursquare

16

미국 **FOURSQUARE**

Startup Success Story

? 회사 개요

위치기반 SNS인 포스퀘어는 원래 자신이 있는 장소에 체크인을 해 자신이 어디에 있는지 친구들에게 알려주는 서비스였다. 예를 들면 카페나 술집에 놀러갔을 때 그 장소에 체크인을 한다. 체크인을 하면 친구들에게 자신이 그 곳에 있음을 실시간으로 알려주게 된다. 모바일의 GPS를 이용해 자신이 있는 위치를 친구들과 공유한다는 점에서 매우 참신한 아이디어였다.

그러나 자신의 위치를 친구들과 실시간으로 공유한다는 점 외에 다른 특장점이 없었다. 체크인을 많이 하면 포스퀘어 유저들 사이에서 계급이 올라간다는 등의 설정을 했지만 재미있는 SNS가 계속 등장하자 포스퀘어는 내리막길을 걷기 시작하였다. 이용자가 현저하게 줄어드는 것을 본 포스퀘어는 2014년에 체크인 기능을 스웜앱(SwarmAPP)이란 이름으

로 분리했다. 이제 체크인 기능으로 자신
의 현 위치를 친구들과 공유하려면 스웜
앱을 실행해야 한다.

▲ 스웜앱 로고

　지금의 포스퀘어는 '베스트 도시 가이
드'라는 이름으로 도시의 장소를 추천하는 여행가이드 서비스로 바뀌었
다. 모바일에서 포스퀘어를 실행하면 자동차나 도보로 이동을 할 때 주
변의 장소를 추천받을 수 있다. 듣기에는 그럴 듯해보이지만 장소 소개
외에는 다른 기능이 없어 포스퀘어의 앞날은 조금 어두워보인다.

🏅 성공 아이템

　포스퀘어의 초창기 비즈니스모델은 스마트폰의 GPS로 사용자의 위
치를 검출한 뒤 사용자 주변의 명소, 이를테면 밤문화를 즐길 수 있는 술
집이나 관광지를 통지하는 플랫폼의 개발이었다. 이것이 체크인이라는
위치공유 기능으로 발전했는데 포스퀘어의 친구들에게 실시간 공유되
면서 자신이 어느 장소에 있는지 알려주게 된다.

　포스퀘어는 독자개발한 'Pilgrim' 기술을 사용해 폰 소유자의 위치를
정확히 검출해냈고 검출위치가 부정확하면 소유자가 검출위치를 수동
으로 교정할 수 있도록 했다. 여러 사용자들이 방문한 장소는 인기 장소
를 뜻하므로 관광명소를 찾는 구실도 했다. 또한 할일 목록을 장소에 삽
입하는 기능을 제공했다. 폰 사용자가 그 장소에 다달으면 할일목록을
사용자에게 통지하는 기능이었다.

　2014년 5월, 경쟁 SNS에게 밀리면서 추락을 더해가던 포스퀘어는 특
단의 조치로 위치공유 기능을 떼어내어 스웜앱을 만들었다. 포스퀘어

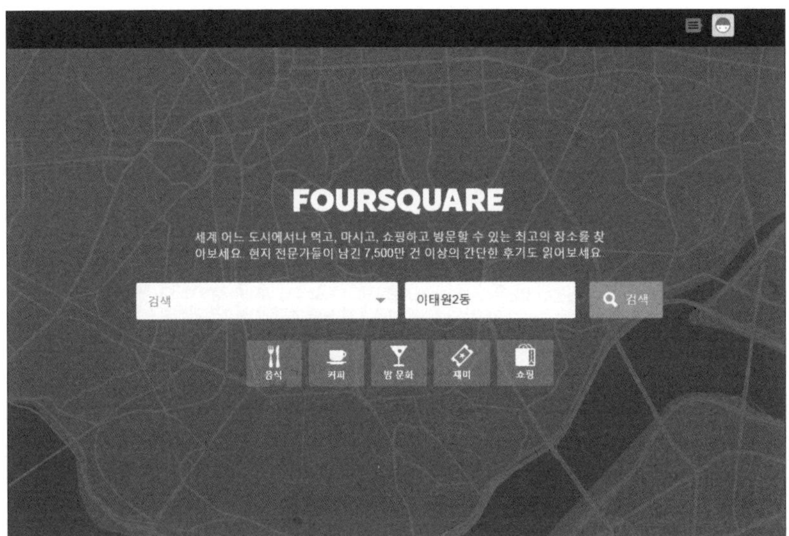

▲ 포스퀘어 한글판 홈페이지(ko.foursquare.com)

의 기존 사용자들에게 원성을 받은 것은 당연한 일이었다. 게다가 위치 공유 기능으로 특화시킨 스웜앱은 기대만큼 인기를 얻지 못했다. 한편, 위치공유 기능이 빠진 포스퀘어는 장소 안내에만 최적화되어 너무 많은 장소가 검색되었고, 이 때문에 어느 장소가 꼭 가봐야 할 명소인지 아닌지 알지 못하게 되었다. 포스퀘어는 Something이 아닌 Nothing, 그다지 중요하지 않은 SNS로 변해버린 것이다. 옛날 화려했던 명성을 되찾을 수 있을지 의문이다.

공동창업자 : 데니스 클라울리

데니스 클라울리(Dennis Crowley)는 1976년 6월 19일 미국 메사추세츠 주의 독실한 기독교신자 가정에서 태어났다. 그는 카톨릭계 학교인 사베리안 브라더스 하이스쿨에서 공부하면서 학교잡지의 표지에도 나온

적이 있었다. 1998년에는 시큐러스대학에서 신문방송온라인저널리즘을 공부하였고, 이후에는 뉴욕대학교 티쉬예술학교의 대화형커뮤니케이션프로그램(ITP)학과에서 공부해 2004년에 석사학위를 취득했다.

대학원을 다니기 전후 무렵 그는 주피터커뮤니케이션에 입사해 연구원으로 일했다. 2000년에는 모바일 앱 개발회사인 Vindigo에 입사한 뒤 개발자로 일했고 2003년에는 MTV의 무선제품개발부에서 일했다. 2003년에는 뉴욕대 동료인 알렉스와 피구(Dodgeball)란 회사를 설립했는데 이 회사는 2005년 구글에 인수되었다. 2004년에는 뉴욕대 학과 지도교수의 프로그램 일환으로 학과 동료들과 팩맨하탄(PacManhattan) 게임을 개발하였다. 사람이 팩맨 게임복장을 입고 맨하탄 거리에서 게임캐릭터 역할을 한다고 하여 한국 신문에도 기사화되었다.

피구 서비스가 구글에 인수된 후 그는 나빈 셀바두라이(Naveen Selvadurai)와 함께 피구 서비스의 후속작을 구상하였는데 그것이 포스퀘어 서비스였다. 포스퀘어 서비스의 플랫폼은 2008년경 개발을 완료하였고 2009년 SXSW 페스티벌에서 정식으로 공개하였다.

포스퀘어 서비스는 2011년 2월에 전 세계에서 700만 사용자를 얻었다. 2007년 7월에는 1일 평균 300만 명이 포스퀘어의 장소 목록에 체크인했다. 2012년 8월에는 무려 2,500만 명이 포스퀘어를 사용했다.

⑤ 투자&자금조달 과정

포스퀘어의 투자회사는 주로 Union Square Ventures, Andreessen Horowitz, O'Reilly AlphaTech Ventures, Spark Capital이다. 이들을 통해 자금조달 A라운드에서 135만 달러, 자금조달 B라운드에서 2,000만 달

러를 유치했다.

2011년 6월, 자금조달 C라운드를 열었다. 회사가치는 6억 달러로 평가받았고 총 5,000만 달러를 유치했다. 2013년 4월, 포스퀘어는 자금조달 D라운드에서 4,500만 달러를 유치했다.

고객들

포스퀘어는 체크인 기능을 이벤트화시키면서 이용자들을 끌어 모았다. 맥도날드를 파트너로 하여 맥도날드 매장에서 체크인을 하면 5~10달러 기프트카드를 증정받을 수 있는 기회를 주면서 해당 이벤트날에는 맥도날드 매장에 트래픽을 유발시켰다.

2012년 런던올림픽 기간에는 올림픽경기장과 주변 카페에 체크인을 유도하는 이벤트를 펼쳤다. 포스퀘어는 체크인을 놀이화하는 전략으로 이용자수를 늘렸지만 체크인을 하려면 실제 그 장소로 이동해야 한다는 점, 특정 장소에 체크인을 하면 본인의 집은 빈집이라는 것이 도둑에게 노출된다는 점이 부각되어 충성팬 외에는 사용자들이 늘지 않았다. 오죽하면 빈집털이범이 위치기반 SNS를 사용하는 사람들을 훔쳐보면서 집이 비어있을 때 훔치러 간다는 말까지 생겨났을까?

게다가 젊은 여성들은 자신의 위치를 노출시켜봤자 득이 될 것은 하나도 없고 운나쁘면 스토커가 붙는다는 것을 깨달았다.

현재 위상

포스퀘어의 전망은 그리 밝지만은 않다. 서비스의 주내용이 위치공유를 기반으로 하기 때문에 '핀터레스트'나 '인스타그램' 같은 사진공유 SNS, 즉 자신의 셀카사진을 자랑하고 비주얼을 돋보이게 할 수 있는 SNS에 10대 청소년들과 20대 여성 고객들을 빼앗기고 있다.

포스퀘어는 이전과 달리 근처에 상점이 있을 경우 쿠폰 메시지 발송 등의 비즈니스모델 다각화를 하고 있으므로 소기의 목적을 달성할 수 있을 것이다. 사용자들이 많은 업체나 SNS와 전략적 제휴를 하는 것도 생각해볼 만하다.

멀티미디어 스타트업의 거인들

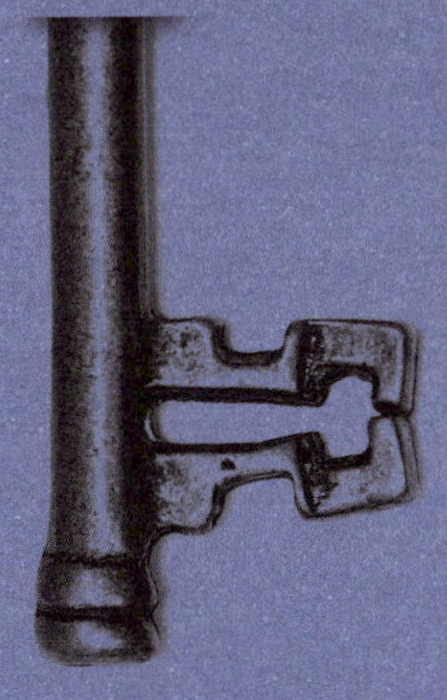

광고노출형 음악 스트리밍 서비스 스포티파이 Spotify

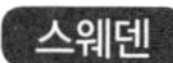 

? 회사 개요

스포티파이는 2006년 스웨덴 스톡홀름에 위치한 스포티파이 AB가 개발한 음악 스트리밍용 프로그램이자 사이트이다. 공동창업자인 다니엘 에크(Daniel Ek)는 캐릭터에 옷이나 가발을 입히는 스타일링 게임인 스타돌(Stardoll)을 운영하는 사람이었고, 마틴 로렌존(Martin Lorentzon)은 인터넷 마케팅 업체 트레이드더블러(TradeDoubler)을 운영한 사람이었다.

이들은 스포티파이 앱을 2008년 8월에 스웨덴에서 런칭하였고 미국 시장에는 미국계 음반사와의 저작권 협상이 끝난 2011년 런칭하였다. 사용자는 자신의 스마트폰을 사용해 스포티파이 홈페이지에서 무료 앱을 다운로드하여 음악을 들을 수 있다.

스포티파이의 이용료는 한달 9.9유로(12,500원)의 유료버전과 무료버전이 있는데 무료버전은 소프트웨어 화면에 광고가 노출된다. 들을 수 있는 음악은 불법복사본이 아닌 정식 라이센스 음악인데 전 세계 음반사들의 음악을 대부분 들을 수 있다. 2012년 12월경 제공되는 곡은 약 2,000만 곡이었다.

청취중인 음악은 E메일 등으로 드래그하여 가져갈 수 있고 E메일을 받은 사람이 음악을 클릭하면 스포티파이가 실행되어 음악을 청취할 수 있다. 기본적으로 스트리밍 방식으로 음악을 듣지만 이용료를 추가하면 듣고있는 음악을 다운로드할 수 있도록 다운로드 기능도 동작한다.

성공 아이템

스포티파이는 온디맨드 액세스 방식의 디지털음악 스트리밍 소프트웨어로서 스마트폰, 컴퓨터, 각종 홈 엔터테인먼트 시스템에서 저작권 면에서 문제가 없는 음반사의 음악을 감상할 수 있다. 자신의 컬렉션을 재생목록으로 만들고 이것을 친구들과 공유할 수 있을 뿐 아니라 페이스북, 트위터, 블로그로 가져갈 수 있고 이용료를 추가하면 다운로드도

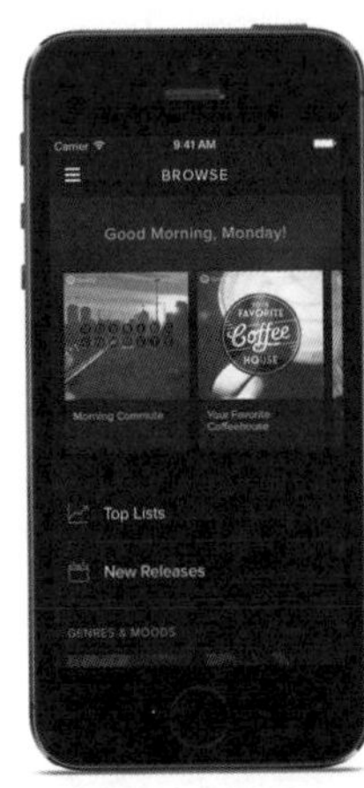

▲ 스포티파이 모바일 버전　　▲ 스포티파이 태블릿 버전

할 수 있다.

스포티파이의 매력은 서버 기반 스트리밍과 P2P 기반 스트리밍이 결합된 형식으로 개발되어 서버 접속자가 많으면 P2P로 음악을 스트리밍함으로써 버퍼링으로 지연되는 음악을 최소화시켰다는 것이다. 스포티파이 서버에서 사용하는 코덱은 Ogg Vorbis이고 비트레이트는 약 160kb/s이므로 Mp3와 달리 월등한 음질을 자랑한다.

참고로 스포티파이는 한국과 음원계약이 되지 않아 한국서비스는 하지 않고 있다.

🎙 CEO : 다니엘 에크

1983년 2월 13일 런던에서 태어난 다니엘 에크(Daniel Ek)는 아스날 팬이기도 하지만 어렸을 때부터 스웨덴에서 자랐다. 아버지는 없고 홀어머니 밑에서 자랐는데 초등학생 때부터 이미 컴퓨터에 관심이 많아 기본적인 프로그래밍 기술을 습득하였다.

다니엘은 1997년 14세의 나이로 Advertigo라는 무료광고 사이트를 만들었다. Advertigo라는 사이트는 지금으로 치면 각종 중고제품 따위를 판매하려는 사람들의 광고를 무료로 실어주는 옥션 비슷한 벤처회사였다. 이 회사는 2006년에 TradeDoubler라는 회사에 인수되었다가 스웨덴의 유명 인터넷 옥션 회사인 Tradera가 인수하였고, Tradera는 2006년 미국 이베이(Ebay)의 자회사가 되었다.

1999년, 16살의 다니엘은 이것저것 공부하다가 구글과 비슷한 검색엔진을 만들었는데 박한 평가와 함께 학업에나 열중하라는 말을 들었지만 자신의 공부를 포기하지 않았다.

2002년 영국 선더랜드에서 IT 관련 고등학교를 졸업한 뒤 컴퓨터 프로그래머로 취업하기 전 스웨덴 왕립공과대학(KTH Royal Institute of Technology)에 등록해 2개월간 공부하고 졸업은 하지 않았다. 그 후 성인으로서의 첫일거리는 다니엘이 만든 무료광고 사이트 Advertigo를 인수한 TradeDoubler라는 회사에서 얻었다. 이 무렵 다니엘은 Jajja 커뮤니케이션의 CTO, 스타돌 게임의 CTO를 지냈고 토렌트 소프트웨어로 유명한 유토렌트(uTorrent)의 CEO를 지냈다.

대부분의 인터넷 사용자들이 가격이 싼 쇼핑몰, 서비스 정보를 찾고 있을 때 다니엘은 개발자로서 충실하게 돈을 벌 생각을 했다. 음악 산업에 관심이 많았던 다니엘은 해적음악 사이트인 냅스터에서 영감을 받은 뒤 불법다운로드에서 비롯된 음반시장의 긴 불황에도 어떤 새로운 솔루션을 발견하면 성공할 수 있다고 자신했다.

마침 TradeDoubler의 공동창업자인 마틴 로렌존과 죽이 맞았다. 두

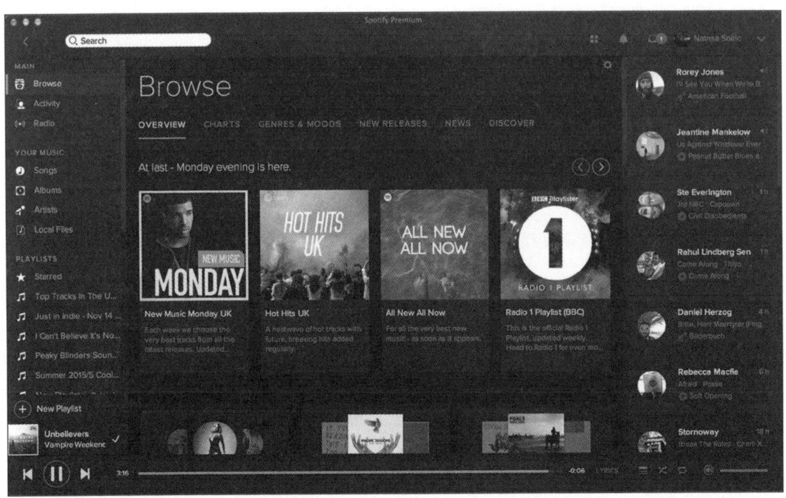

▲ 스포티파이 PC 버전

사람은 2006년 스톡홀름에서 스포티파이 AB라는 회사를 설립한 뒤 스포티파이 프로젝트를 시작했다. 스포티파이의 개발에는 2년이라는 긴 시간이 소요되었는데 그 기간 중 저작권자와 음반사를 대상으로 한 협상이 있었다.

다니엘이 시작한 협상에 대해 유럽의 음반사들은 모든 음원을 무료로 배포하려는 의도로 여겨 경계했다. 이 기나긴 지루한 협상은 2년 동안 계속되었고 마침내 2008년 스포티파이는 정식으로 런칭하였다.

몇 년 뒤 마침내 유수의 음반사들도 스포티파이의 필요성을 인정했다. "불법복제로 음악산업이 날로 사양의 길을 걷고 있다. 불법복제를 잡지 못하는 한 차라리 스포티파이가 낫다."

스트리밍 서비스 이용자들이 많아지자 애플마저 다운로드 방식에서 벗어나 스트리밍 방식으로 음악을 제공하는 서비스를 시작했다.

스포티파이의 성공으로 2012년경 다니엘 에크의 재산은 영국 400대 부자에 등록될 정도로 많아졌다. 다니엘 에크는 현재도 스포티파이의 CEO이고 스포티파이를 마틴 로렌존과 공동으로 운영하고 있다.

다음 글은 스포티파이 사무실에 붙어있는 것으로 다니엘 에크의 사상을 엿볼 수 있다.

"합리적인 사람은 세상에 자신을 맞춘다. 비합리적인 사람은 자신에게 세상을 맞추려고 한다."

투자&자금조달 과정

다니엘 에크와 마틴 로렌존은 회사 설립 후 곧바로 스웨덴의 2개 이상의 벤처투자회사로부터 1,700만 달러를 유치했지만 음반사와의 라이센스 계약으로 사업 초에 모두 소진했고 오히려 440만 달러의 적자가 발생했다. 그러나 이에 굴하지 않고 2011년에는 1억 달러의 자금을 유치한 뒤 미국 시장 진출 자금으로 사용했다.

스포티파이가 수익이 발생하기 시작한 것은 2011년부터인데 무료 스트리밍 서비스를 줄이고 유료화 상품을 본격적으로 도입하면서부터이다. 예를 들면 학생들을 위한 무료 6개월 서비스 등의 다양한 프로모션을 전개하는 와중에도 회원등급별 스트리밍 시간 등에 제한을 두어 유료 전환을 이끌어냈다.

2011년 기준 스포티파이의 유료회원 수는 100만 명에 불과했지만 2012년에는 유료회원 수가 400만 명을 돌파했고 월 2천만 유로(250억 원)의 매출이 발생했다. 이 때문에 2012년에는 스포티파이의 기업가치가 30억 달러로 평가받았고 1억 달러의 투자금을 유치했다.

2013년의 스포티파이는 전 세계 32개 국가에서 2,400만 명의 가입자들이 2천만 곡을 스트리밍했다고 발표했다.

🔠 고객들

스포티파이의 유료회원은 광고제거 및 스트리밍할 곡수 한계를 제거하고 음질을 320kbit/s급으로 제공받는다. 아이폰, 안드로이드폰, 윈도우폰, 블랙베리폰, 심비안폰, 리눅스, 윈도우 운영체제, 플레이스테이션, 삼성 스마트TV 등에서 스포티파이를 실행할 수 있도록 다각화했다. 인터넷이 연결되지 않은 오프라인에서도 이미 감상한 음악은 액세스가 가능하도록 했다. 폐쇄적으로 운영하던 애플 스토어가 스포티파이의 급부상에 당황한 것은 어쩔 수 없었을 것이다.

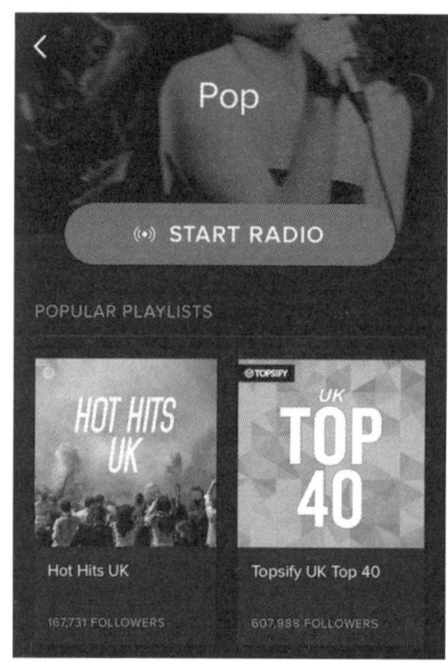
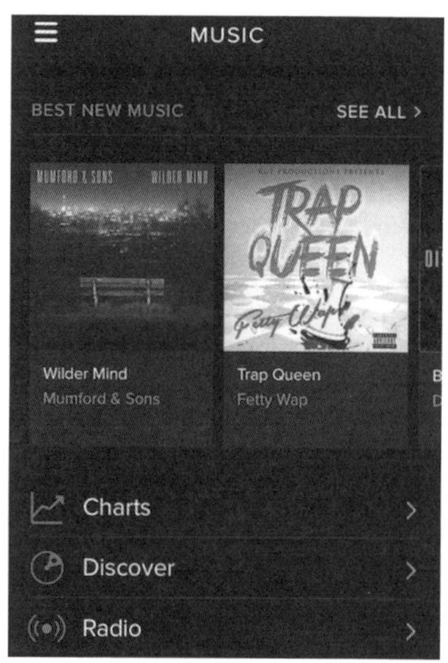

▲ 스포티파이 라디오창   ▲ 스포티파이 뮤직 플레이어창

🕐 현재 위상

2015년 6월 기준 스포티파이는 전 세계 7,500만 명의 회원을 보유하고 있고 이중 유료회원수는 2,000만 명에 달한다. 월 이용료가 1만 원 내외이므로 어림잡아도 매월 2천억 원의 매출이 발생한다. 유료회원 및 광고로 들어오는 수입의 70%는 제작사(음반사)에게 지불하고 30%는 스포티파이가 갖는데 2014년에만 해도 저작권료로 10억 달러를 지불했다. 애플 역시 수익의 71%를 음반제작사에게 지불한다. 국내 스트리밍 업체들이 안방에서 국내 작곡가들의 저작료를 삥(?)뜯는 것을 사업모델로 삼을 때 스포티파이와 애플은 전 세계를 차지한 것이다.

2015년 2분기 기준 스포티파이의 기업가치는 85억 달러이다. 이 여세를 몰아 골드만삭스와 아부다비 국부펀드 등에서 4억 달러의 자금을 유치한 스포티파이는 조만간 미국 증시에도 상장된다.

7년 전 한 엉뚱한 20대 청년이 시작한 사업이 이젠 전 세계 스트리밍 음원시장의 1인자가 되었다. 모방은 한 적이 없다는 애플마저 그를 모방하는 것을 보면 속이 타들어가는 것 같다. 유튜브가 스트리밍을 유료화하며 서비스를 개선하면 이 바닥은 춘추전국시대가 될지도 모르지만 스포티파이 창업자 다니엘 에크가 인생의 최절정기를 보내고 있는 것만은 사실이다.

연체료가 없는 DVD 우편대여사업이 대박으로

넷플릭 Netflix

18

❓ 회사 개요

넷플릭스는 컴퓨터를 이용한 주문처리 회사를 운영한 적이 있는 마크 랜돌프(Marc Randolph)와 수학교사이자 소프트웨어회사 경영자인 리드 해이스팅스(Reed Hastings)가 1997년에 공동설립했다.

빌려온 DVD영화의 연체료가 40달러나 나온 것에 불만이 생겼던 해이스팅스는 연체료가 적게 발생하는 비디오렌탈업을 생각하다가 비디오우편대여사업의 아이디어를 얻었다. 1997년 8월의 그는 자신의 돈 250만 달러를 자본금으로 하고 1,000개의 임대 가능한 DVD 타이틀을 확보한 뒤 정식 웹사이트를 개설, 직원수 30명으로 사업을 시작하였다. 비디오우편대여사업이 크게 성공하고 안정적으로 유지될 때 인터넷 스트리밍 기술이 등장하였다. 회사는 재빠르게 인터넷 스트리밍 업체로 변신해 미국 최고의 영화스트리밍 업체가 되었다.

넷플릭스는 2009년에 전 세계 가입자수 1천만 명에 불과했는데 2014

년에는 전 세계 40개국에서 가입자수 6천만 명을 확보했고 이중 북미가
입자수가 4천만 명이다. 현재 주력 사업은 영화와 TV프로그램의 주문형
인터넷 스트리밍과 DVD 우편대여사업이다. 사업 초기부터 약 10년간은
DVD 우편대여를 주사업으로 하였지만 2007년경 인터넷 스트리밍 업체
로 변신하는 데 성공하였다. 가입자는 소정의 월 이용료(약 8달러)를 납
부하면 영화와 TV 프로그램을 무제한 스트리밍할 수 있다.

① 성공 아이템

사업 초기 넷플릭스는 건당 DVD 대여료 대신 월별 구독개념을 도입
하고 월간 구독료를 내면 연체료가 없는 무제한 대여사업으로 명성을
얻기 시작하였다. 물론 연체를 방지하기 위한 넷플릭스만의 특유의 비
즈니스모델이 있었다. 비디오를 무제한 빌려주되 연체를 방지하기 위해
임대한 DVD를 반송해준 경우에만 새 DVD를 빌려주는 개념이었다.

DVD 대여는 한 번에 1~3장, 이용료 등급에 따라 한 번에 최고 8장, 월
별 무제한대여가 가능했지만 반납한 후에만 다시 대여하기 때문에 당연
히 소비자들은 DVD를 대여한 후 연체를 할 수 없었다. 일단 연체가 되더
라도 연체료가 없고 저렴한 월간 이용료, 그리고 월간 빌릴 수 있는 DVD
가 무제한이라는 점이 소비자들에게 크게 어필하면서 넷플릭스의 사업
방식은 기존의 오프라인 DVD 대여숍은 물론 DVD 프랜차이즈 업체들
을 연쇄 도산으로 이끌었다.

그후 2007년경, 넷플릭스의 CEO 해이스팅스는 사람들이 노트북 컴
퓨터로 영화를 보는 시대가 올 것이라고 생각하고 재빠르게 스트리밍
서비스를 구축했다.

▲ 태블릿에서 시청하는 넷플릭스 스트리밍 서비스

CEO : 리드 해이스팅스

리드 해이스팅스(Reed Hastings)는 1960년 10월 8일 미국에서 출생했다. 1981년 미해병대 장교후보학교에 입학해 여름학기를 보내다가 미국 평화봉사단에 발탁되었다. 보든대학 수학과를 1983년에 졸업한 그는 그 후 3년간 평화봉사단의 일원으로 스위스의 고등학교에서 수학을 가르쳤다.

스위스에서 돌아온 해이스팅스는 스탠퍼드대학원에 입학한 뒤 1988년 스탠퍼드대학원에서 컴퓨터공학으로 석사 학위를 땄다. 그 후 해이스팅스는 유닉스 업체인 Adaptive Technology에 입사한 후 디버깅 도구를 개발하면서 소프트웨어 시장에서 살아남는 방법을 배웠다.

1991년 퓨어 소프트웨어(Pure Software)를 창업한 해이스팅스는 Unix/C 프로그래머를 위한 디버깅/고장수리 소프트웨어를 개발한

▲ CEO 리드 해이스팅스
(자료 : 넷플릭스 홈페이지)

뒤 승승장구하면서 단 몇 년 만에 10명에서 640명으로 직원수를 늘릴 정도로 사업을 확장시켰다.

1996년 아트리아 소프트웨어사를 퓨어 소프트웨어사에 합병한 해이스팅스는 그 후 합병회사인 퓨어아트리아에서 최고기술경영자(CTO)으로 재직하면서 바로 래셔날 소프트웨어(Rational Software)사에 합병회사를 팔아넘겼는데 이때 거금을 챙기고 회사를 떠났다. 해이스팅스는 항상 그 시절에 대해 "별 것 아닌 일로 돈을 벌었고 그 때문에 나는 운이 좋은 편이었다."라고 회상한다.

그 후 여러가지 사업을 구상하던 해이스팅스는 1년 뒤인 1997년에 넷플릭스를 공동 창업하였다.

1999년에 넷플릭스의 CEO가 된 해이스팅스는 2000년에 유명한 헐리우드 영화사들을 대상으로 영화콘텐츠 확보를 위해 5천만 달러를 제안했지만 인기 영화사들은 넷플릭스의 제안을 거절하였다. 그러나 넷플릭스는 2002년에 미국 주식시상에 상장될 정도로 승승장구를 하고 있었다. 몇 년 동안 열심히 투자를 했던 넷플릭스는 2003년에 회사운영상 처음으로 순이익을 냈다. 2005년에는 3만 5천 장의 DVD 타이틀을 확보했고 매일 1백만 장이 우편으로 대여되었다. 2007년, 넷플릭스는 인터넷을 통한 주문형으로 비디오 스트리밍 사업을 시작하였다. 이 해에 해이스팅스는 마이크로소프트 이사회 위원이 되었다.

2011년의 해이스팅스는 페이스북 이사회 위원이 되었고 캘리포니아 교육주립위원회 회장에도 올랐다. 그의 사업은 계속 승승장구하여 2014년 4월의 넷플릭스는 미국 비디오 스트리밍 시장에서 32.3%를 차지했고 북미 인터넷 트래픽의 28.8%를 차지할 정도로 미국 유료동영상 사업자 중에서 1인자가 되었다. 최근의 넷플릭스는 TV드라마 같은 판매용

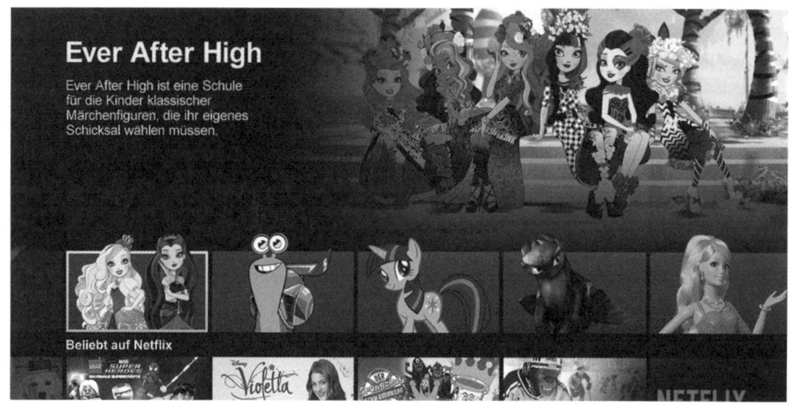

▲ 넷플릭스 키드 채널 (netflix.com)

콘텐츠도 직접 제작하고 배급하는 사업을 병행하고 있다.

넷플릭스의 CEO 해이스팅스는 항상 자신을 경영자가 아닌 엔지니어라고 생각했지만 그가 보여준 사업수완은 매우 뛰어난 것이었다.

투자&자금조달 과정

넷플릭스의 창업은 해이스팅스가 퓨어아트리아를 래셔널 소프트웨어에 팔아넘기고 회사를 그만둔 후의 일이었다.

그 무렵 해이스팅스는 우연하게 〈아폴로(13)〉이라는 비디오테프를 대여한 뒤 그것을 한동안 집안에 방치한 적이 있었다. 비디오테이프는 6주간 연체되었는데 그 연체료가 무려 40달러였다. 연체료를 납부한 후 어느날 해이스팅스는 체육관으로 운동을 하려고 가다가 비디오대여사업이 새 비즈니스모델이 될 수 있음을 깨달았다.

"헬스클럽에 다니는 것처럼 월 4~6만 원을 받고 비디오를 우편으로 대여해주면 어떨까?"

그때는 단지 '월 이용료를 받고 무제한 대여해주는 것'이 사업 아이디어였고 연체료를 받지 않는 것은 추후에 생각해 낸 아이템이었다. 해이스팅스는 개인적으로 엔터테인먼트 회사에 대한 로망이 있었으므로 비디어 우편대여 사업은 테스트베드가 될 것이라고 생각했다.

해이스팅스는 넷플릭스를 설립하면서 25억 원을 투자했는데 그것이 넷플릭스의 종잣돈이다. 종잣돈 치고는 많은 편이지만 대여사업으로 사용할 DVD 확보와 직원 인건비를 비교적 후하게 주는 성향 때문에 그만한 종잣돈이 필요했다. 지금도 넷플릭스는 직원들에게 급여가 후한 회사로 정평이 나 있다.

고객들

북미의 일반인들이 넷플릭스를 통해 스트리밍 영화와 TV를 보고 있다. 아마존이 프라임 서비스로 영화와 TV 프로그램을 제공하면서 경쟁자로 떠올랐지만 넷플릭스의 북미 시장점유율은 30% 안팎을 꾸준히 유지하고 있다.

넷플릭스는 2015년 현재 전 세계 40개국 6천만 명의 회원이 가입해 있다. 2005년에 넷플릭스의 기업가치는 약 350억 달러이다.

현재 위상

최근 넷플릭스는 중국 시장에 진출하려고 준비중이지만 중국의 알리바바 그룹이 60억 달러를 투자하면서 티몰박스오피스(TBO)를 런칭, 넷플릭스의 중국시장 진출에 난관이 생겼다.

전문적인 음악애호가들이 사용하는 사운드클라우드 SoundCloud

19

 스웨덴 

? 회사 개요

사운드클라우드는 스웨덴의 온라인음악 배급업체이지만 사무실은 독일 베를린에 있다. 원래 사운드클라우드는 누구나 사운드를 업로드하고, 녹음하고, 공유하게 할 목적으로 설립되었다. 그러나 사운드클라우드가 설립되자 일반인보다는 아마추어 작곡가와 사운드엔지니어들이 회원으로 가입하면서 회원들의 자작곡이 올라오기 시작했다. 음악을 감상한 회원들은 음악에 대한 전문적인 피드백을 남김으로서 사운드클라우드는 점점 전문적인 음악커뮤니티로 변해갔다. 아울러 데뷔무대를 찾지 못하는 전 세계의 아마추어 작곡가들이 자신의 곡을 올리면서 사운드클라우드는 무명 음악가들의 데뷔무대가 되었다.

커뮤니티가 인기를 끌자 일부 회원들이 자작곡이 아닌 음반사의 음원들을 올리기 시작했다. 이 때문에 저작권 문제가 제기되었지만 나중에는 인기 없는 음반사들이 자사의 신곡앨범을 홍보하기 위해 앨범을 통째로 올리면서 저작권 문제는 사그라지는 듯 했다.

2014년 1월의 사운드클라우드는 회원들이 메이저 음반사의 곡까지 올리면서 저작권 분쟁이 끊이지 않았다. 결국 사운드클라우드는 메이저 음반사들과 저작권 협상을 하겠다고 발표했다. 그러나 사운드클라우드의 수익창출 부재로 저작권 협상은 난항을 거듭했다. 그해 6월이 되자 사운드클라우드는 유료회원제와 광고판매 등의 여러가지 수익창출방법을 마련한 뒤 음반사들에 수익을 배분하기로 약속했다. 2015년 6월에야 사운드클라우드는 2만여 개 음반사들과 저작권협상을 체결할 수 있었다.

🥇 성공 아이템

사운드클라우드가 전문적인 음악커뮤니티로 발전한 이유는 유사 음악서비스 업체와 달리 음악을 오디오파형 형태로 펼쳐놓고 감상할 수 있다는 점에 있다. 펼쳐있는 오디오파형의 각 부분에는 회원들이 코멘트를 달 수 있다. 예를 들어 31초 부분 또는 1분 20초 부분의 파형에 '이 부분 멜로디가 마음에 들어요'라는 식의 피드백을 첨부하는 기능은 사운드클라우드에만 있는 기능이다.

아마추어 예술가들은 자신이 만든 곡의 각 부분별 반응을 세밀하게 청취할 수 있다는 점에서 사운드클라우드를 자신의 데뷔무대로 활용하였다. 게다가 수익이 발생할 때는 나누어 가질 수 있는 권리를 주었고 팟캐스트 기능을 삽입, 아마추어 작곡가들의 곡을 선별해 추천해주는 사람까지 생겨났다.

2012년에야 사운드클라우드는 회원수 1천만 명을 돌파했다. 2013년

▲ 사운드클라우드는 오디오파형을 펼쳐놓고 음악을 감상하는 플랫폼이기 때문에 회원들이 오디오파형의 원하는 부분에 자신의 의견을 남길 수 있다.

에는 사용자의 저변이 넓어져 월간 2천만 명이 사운드클라우드에서 음악을 감상했다. 그리고 2015년에는 월간 1억 7,500만 명이 사운드클라우드를 사용했다.

공동창업자 : 알렉산더 륭

어렸을 때부터 음악에 관심이 많았기 때문에 알렉산더 륭(Alexander Ljung)은 고등학교 재학 당시 장래희망을 사운드엔지니어로 정했다.

고등학교를 졸업한 그는 대학진학을 하지 않고 ALC Ljuddesign이라는 포스트프로덕션 회사에 입사했다. 그곳에서 사운드디자이너 겸 작곡가로 일했지만 퇴근한 뒤에는 자기만의 음악앨범을 만들기 위해 부단히 노력했다. 3년 뒤 포스트프로덕션업체에서 퇴사한 그는 'Jung Studios'와 'akryl.p'라는 회사를 설립한 뒤 미디어제작과 미디어 에이전시 사업을 시작했다.

이 무렵 그의 장래희망이 바뀌었다. 그는 인간과 컴퓨터의 대화방법을 연구하고 싶어 2003년에 스웨덴 왕립공과대학에 입학해 미디어학 공부를 시작했다. 동시에 2005~2006년에는 스톡홀름경제대학에서 마케팅학을 공부했고 2007년에는 스웨덴 왕립공과대학에서 미디어학으로 석사학위를 취득했다.

그는 이 와중에도 자신의 작품 만들기에 여념이 없었다. 여러가지 인터랙티브 설치예술을 선보이거나 사운드디자인 혹은 사운드프로듀서로 활동하면서 다양한 작품을 만들었는데 그의 몇몇 작품은 인터랙티브 · 뉴미디어 작품전이나 광고영상전에서 입상했다. 그가 만든 작품들은 예테보리영화제와 칸느영화제에서 배경음악으로 깔리기도 했다.

대학생활 막바지 때의 그는 스웨덴왕립대학의 '인간과컴퓨터상호작용연구소'에서 연구원 생활을 한 적이 있었다. 그 무렵 그는 가까운 미래에 공동창업자가 될 에릭 왈포스(Eric Wahlforss)라는 친구를 유닉스연구동에서 만났다. 그는 에릭과 기발한 아이디어를 경쟁적으로 내면서 여러가지 협동작업을 같이 하였다. 인간과 컴퓨터의 상호작용같은 것을 연구하다보니 두 사람은 자연스럽게 인간과 컴퓨터를 연결하는 중간자인 플랫폼의 개발에 관심을 가졌다.

이때 그들에게 영감을 준 것은 플리커(Flickr)라는 사진공유 사이트였다. 당시 인터넷에는 플리커 사이트를 모방한, 사진이라는 '빛'을 공유하는 사이트가 많이 생기고 있었다.

이들 두 사람은 '빛'이 아니라 '소리'를 공유하는 플랫폼을 만들자고 의견을 모았다. 그

▲ 알렉산더 륭

리고 이들에 의해 초보자들도 소리를 녹음할 수 있고 자신이 만든 곡을 공유할 수 있는, '소리'가 주인공인 플랫폼의 개발이 시작되었다. 그것이 지금의 사운드클라우드의 모태이다.

사실 온라인에서 음악을 판매하는 기술은 누구나 돈만 있으면 할 수 있는 기술이었다. 이들은 음악을 판매하는 사이트가 아니라 사운드를 공유하는 플랫폼 제작에 관심이 있었다. 이들이 만들고자 했던 것은 플리커처럼 창조적이고 독창적인 플랫폼이었다.

2007년 1월, 혈기왕성한 두 친구는 사운드클라우드를 성공적으로 런칭했다. 두 친구 중 알렉산더 륭은 CEO, 에릭 왈포스는 CTO가 되었다.

사운드클라우드는 처음부터 자작곡 공유 사이트였기 때문에 상업음악보다는 아마추어가 녹음하거나 만든 음악들이 올라왔다. 이 때문에 회원수 100만 명을 돌파하기까지는 3년 5개월이라는 긴 시간이 필요했다.

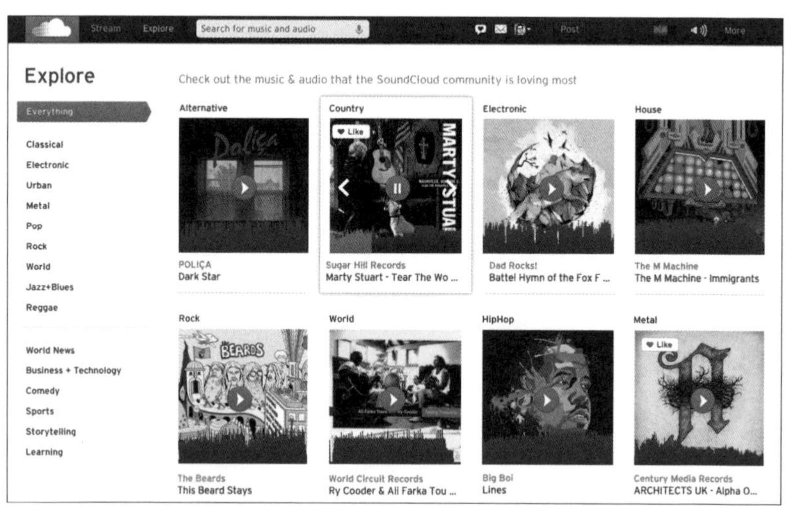

▲ 사운드클라우드에서 엘범을 찾는 모습 (www.soundcloud.com)

💰 투자&자금조달 과정

2009년 4월, 도티한슨벤처사(Doughty Hanson Co)가 사운드클라우드에 250만 유로를 투자했다. 이 무렵 사운드클라우드의 회원수는 고작 60~70만 명이었다.

2011년 1월, 유니온 스퀘어 벤처(Union Square Ventures)와 인덱스 벤처(Index Ventures)가 사운드클라우드에 2,000만 달러를 투자했다. 2014년 1월, 여러 투자사가 사운드클라우드의 기업가치를 7억 달러로 평가하면서 6,000만 달러를 투자했다. 2007부터 2015년까지 사운드클라우드는 총 9개 투자사를 통해 합 1억 3천만 달러를 유치했다.

👥 고객들

서비스 초창기의 사운드클라우드는 음악작곡가나 사운드엔지니어 대상의 서비스였지만 현재는 유명음반사의 음악을 배포하는 스트리밍 회사로 성장했다. 모바일 사용자들은 사운드클라우드 앱으로 유명 음반사의 음악을 스트리밍할 수 있다. 스트리밍 이용료에 대해서는 2015년 현재 확정된 것이 없지만 월회원제 방식의 스트리밍요금제가 만들어질 것으로 보인다.

사운드클라우드는 업로드하는 사람들에게도 이용료를 받고 있다. 3

시간 이하 저장공간은 무료로 제공하지만 그 이상의 저장공간을 사용하려면 유료요금제에 가입해야 한다. 프리미엄 사용자는 자신의 콘텐츠로 수익이 발생했을 때 수익을 나누어 가질 권리가 생긴다.

◉ 현재 위상

2015년 1월 기준, 사운드클라우드의 월 이용자수는 1억 7,500만 명이다.

노래 제목을
식별해주는 서비스
샤잠 Shazam

? 회사 개요

샤잠은 음악을 식별하는 앱이다. 길거리를 걸어가다가 들리는 노래, 또는 라디오에서 나오는 음악을 식별해준다.

먼저 곡명을 모르는 음악이 나오면 스마트폰에서 샤잠 앱을 실행한다. 그런 뒤 음악이 들리는 방향으로 스마트폰을 대고 있으면 스마트폰 마이크를 통해 샤잠 서버로 소리가 전송된다. 채취한 소리는 샤잠 서버에서 음향지문으로 전환되어 서버의 데이터베이스와 대조한 뒤 음향지문이 같은 곡을 찾아내는 방식으로 곡 제목을 식별한다. 곡명을 찾아낸 샤잠 서버는 곡 제목, 아티스트, 앨범 정보를 스마트폰으로 전송하는데 이 과정은 대략 10~30초 내외이면 충분하다.

샤잠은 이미 2002년부터 음악 식별 서비스를 해왔다. 초창기의 샤잠 서비스는 영국에서만 사용할 수 있었고 핸드폰번호 2580을 누르면 사용할 수 있었다.

2007년 6월 아이폰이 출시되면서 본격적으로 스마트폰 시대가 열렸는데 이때 샤잠은 아이폰용 앱을 개발에 착수했고 2008년에 샤잠 앱을 정식 발표했다. 2011년의 샤잠은 음악 뿐 아니라 TV, CF광고에서 나오는 상업음악도 식별하는 서비스를 제공했고, 점점 사용자가 많아지면서 2013년의 샤잠은 세계 10대 인기 앱이 되었다.

성공 아이템

샤잠은 스마트폰 사용자가 샤잠 앱을 실행한 뒤 소리를 들려주면 보통 10초 내외에 곡명을 찾아낸 뒤 곡명, 아티스트, 엘범 이름, 가사 정보를 반환해준다. 이때 만일 엘범과 관련된 콘서트 정보나 동영상 정보가 있으면 함께 반환해주고 곡을 구매할 수 있는 파트너 회사의 링크도 보내준다.

만일 샤잠이 곡을 식별하지 못하거나 식별에 30초 이상이 소요되면 스피커 가까이에 스마트 폰을 대고 있거나 스피커의 볼륨을 높이면 된다. 이럴 경우 샤잠의 식별력이 더 빨라지고 정확해진다.

샤잠은 사용자들이 식별한 곡을 기준으로 샤잠 인기곡 차트를 제공하고 있다. 샤잠 인기곡 차트는 각 국가별 차트로 서비스되고 있으므로 현재 인기있는 곡의 트렌드를 알 수 있다. 샤잠 앱은 아이폰, 안드로이드폰, 윈도우폰에서 실행할 수 있고 PC용 버전으로는 윈도우 8용 버전과 맥용 버전을 제공한다. PC나 맥에서 샤잠을 사용하려면 마이크가 장착되어 있어야 하며, 라디오나 TV에서 나오는 노래에 마이크를 대고 있으면 곡을 식별해준다.

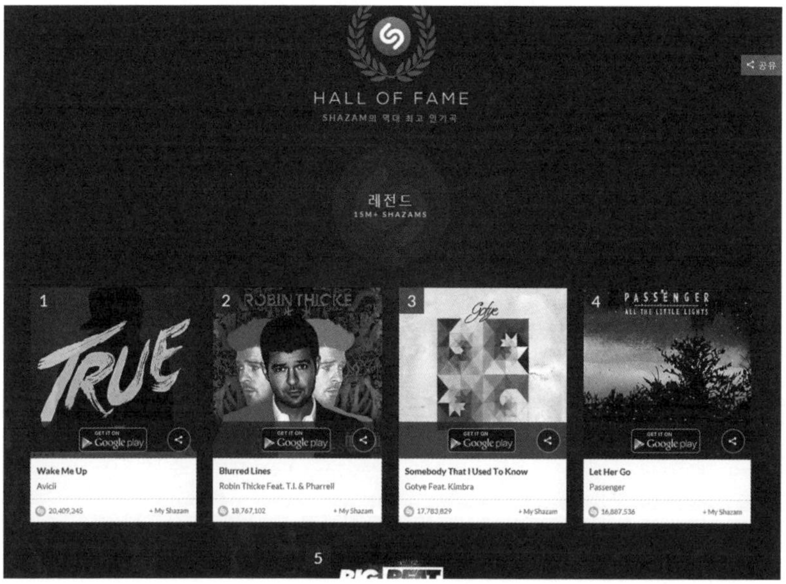

▲ 샤잠은 인도 음악는 물론 전 세계 음악을 음향지문으로 만들고 있는 지구 최대규모의 음향도서관이 되어가고 있다.

🎙 공동창업자 : 크리스 바튼

현 샤잠의 중역진에는 공동창업자인 에브리 왕이 남아있고 전부 물갈이가 된 상태이다. 그러므로 샤잠의 탄생에 대해 알아보려면 족히 20년 전 이야기, 아이디어를 맨 처음 끄집어낸 인물, 그리고 샤잠의 공동창업자인 크리스 바튼의 추억담을 들어봐야 한다.

샤잠은 1999년 버클리대에서 MBA코스를 밟고있던 크리스 바튼(Chris Barton)과 필립 잉게브레히트(Philip Inghelbrecht)에 의해 시작되었다.

재미있는 사실은 샤잠이란 사업 아이템이 애초부터 없었다는 것이다. 샤잠은 기술력도 없었던 두 MBA 학생들의 일종의 학습과제라는 생각에서 탄생한 회사였다. 당시 MBA코스를 밟고 있던 크리스 바튼과 친구 필립은 자신들이 MBA 과정 중에 있으니 실전으로 회사 같은 것을 창업해보면 어떨까 생각했다. 이들 두 공동창업자는 어떤 회사를 차릴 것인지 의견을 나누었는데 마땅하게 떠오르는 업종이 없었다. 우리로 치면 경영학석사 과정을 밟고 있는 학생들이었으니까 보통의 회사가 아닌, 뭔가 창조적이고 혁신적인 분야에서 설립하기로 하고 두 사람은 장고에 들어갔다. 아이디어는 마땅하게 떠오르는 것이 없었다. 한가지 분명한 것은 1999년 당시 인터넷 사업이 유행했다는 것이다. 그래서 뭔가, 이를테면 ○○닷컴이란 회사를 창업하기로 두 학생은 합의했다.

그 해 여름학기에 크리스 바튼과 필립은 런던에서 생활하고 있었다. 두 남자는 런던의 카페에서 주말을 보내는 것을 좋아했다. 바튼은 그날도 친구와 함게 카페에 앉아 어떤 회사를 창업해야 할지 고민했다.

불현듯 바튼의 머릿속에 콘택트렌즈를 판매하는 회사를 창업하면 어떨까 하는 생각이 들었다. 당시에는 콘택트렌즈를 판매하면서 성공한 인터넷 업체들이 많았기 때문이었다. 그런데 쇼핑몰 사업은 혁신과는 관계가 없었다. 그렇다고 두 학생이 아마존 혹은 이베이같은 거대한 쇼핑몰을 창업하기에는 뭔가 이상했고 따라쟁이 느낌이 들었다. 전자상거래업보다는 뭔가 더 혁신적인 아이디어가 필요했다.

이런저런 생각을 하다보니 휴대폰 사업으로 생각의 끝이 움직였다. 휴대폰을 이용한 사업은 어떤 것이 있는지 두 사람은 궁리하기 시작했다. 근처 카페에서 노래가 흐르고 있었기 때문일까? 별안간 노래를 식별해주는 사업이 머릿속에 떠올랐다.

사람들은 방금 들은 노래제목이 궁금하면 노래가 끝날 때까지 라디오 방송을 청취하기 마련이다. 노래가 끝난 뒤에는 DJ가 곡명을 말해주니까 라디오를 주의깊게 듣는 것이 처음 들어본 노래의 제목을 알 수 있는 유일한 방법이었다. 만일 DJ가 곡명을 말하지 않고 넘어가면 방송국에 전화를 걸어 곡명을 물어볼 것이다. 그런 방법이 아닌 더 혁신적인 방법은 없을까? 만약 어떤 회사가 사람들이 궁금해하는 노래를, 그들의 핸드폰을 통해 들어본 뒤 곡명을 식별해주는 사업을 한다면? 핸드폰을 통해 노래를 들어본 뒤 곡명을 식별해주는 사업이 실제로 가능할까? 그런 식별기술과 회사설립이 가능하다면 사람들은 술집이나 길거리, 극장, 쇼핑몰에서 들리는 노래의 제목을 식별해달라고 핸드폰으로 전화를 걸어올 것이다. 그럼 회사의 컴퓨터가 노래를 대신 들어본 뒤 곡명을 식별하고 SMS 문자로 곡명을 쏘아주고 돈을 청구한다면?

물론 샤잠은 처음부터 수익창출이 확실해 보였기 때문에 설립한 회사는 아니었다. 나중에 어떤 식으로든 수익이 창출될 것이라는 생각에서 두 사람은 그 아이디어를 밀고 나가기로 했다.

그런데 SMS를 이용한 휴대폰콘텐츠사업은 당시 미국에서는 아예 존재하지 않는 사업이었다. 그러나 유럽에는 프리미엄 SMS 서비스 시장이 이미 존재했고 그것도 상당히 인기가 많은 사업이었다. 미국에서는 프리미엄 SMS 자체가 존재하지 않아 사업체 설립이 불가능했지만, 영국에서는 가능했던 것이다. 만일 영국에서 샤잠을 서비스하면 노래 1곡을 식별해준 대가로 50펜스는 청구할 수 있을 듯 싶었다.

그러나 시스템 개발은 결코 쉽지 않은 어려운 난관의 연속이었다. 크리스 바튼과 필립은 경영학을 공부하고 있었기 때문에 공학이나 오디오 분야는 전혀 알지 못하는 상태였다.

크리스 바튼은 오디오를 식별할 수 있는 알고리즘이 분명히 있고, 만약 없다면 발명할 수 있을 것이라고 생각했다. 그래서 주변에 자문을 구해봤는데 모두가 고개를 절레절레 흔들었다. 그런 기술은 절대 구현할 수 없는 불가능한 일이라는 것이었다. 물론 전화로 들려오는 소리에서 주변 소음과 잡음을 모두 제거하고 노래소리만 캡쳐한 뒤 거기서 대조용으로 사용할 수 있는 유용한 패턴을 찾아내어 컴퓨터의 자료와 대조하는 기술은 아예 불가능한 것인지도 몰랐다. 그러나 크리스 바튼과 필립은 가능할 것이라고 믿었다.

미국으로 돌아온 뒤 두 남자는 그쪽 분야의 전문가를 찾기 시작했다. 마침 스탠포드대학에서 컴퓨터음악을 연구하는, 야마하 신디사이저 개발진의 멘토라고 알려진 쥴리어스 스미스(Julius Smith) 교수를 알게 되었다.

쥴리어스 스미스 교수는 크리스 바튼과 필립이 가져온 아이디어를 매우 좋은 아이디어라며 깊은 관심을 표했다. 스미스 교수는 그 분야의 전문가들, 박사과정을 밟고 있는 대학원생들의 명단을 뽑아서 그들에게 넘겨주었다. 알아서 같이 연구할 사람을 선택하라는 뜻이었다.

크리스 바튼과 필립은 그 명단에서 스탠포드대에서 박사과정을 밟고 있는 에브리 왕(Avery Wang)을 찾아냈다. 두 남자는 에브리 왕에게 연락해 사업적으로 할 이야기가 있다고 만남을 요청했다.

이들 3명은 어느 카페에서 만났다. 에브리 왕은 두 남자가 왜 자신을 만나러 왔는지 모르는 상태였다. 두 남자는 에브리 왕에게 발명하고자 하는, 혹은 구축하고자 하는 노래식별 알고리즘에 대한 프레젠테이션을 시작했다. 프레젠테이션이 끝나자 에브리 왕은 두 남자가 매우 진지하다는 것을 깨달았다. 에브리 왕은 마침내 두 남자의 제안을 진심으로 받아들였다. 에브리 왕이 말했다.

"이 작업은 개인적으로도 흥미있게 들립니다. 까짓것 한 번 개발해봅시다."

그렇게 해서 오디오전문가 에브리 왕이 샤잠에 합류하였다.

샤잠의 본사는 프리미엄 SMS 시장이 활성화되어 있는 영국에 세우기로 했다. 당시 유럽은 핸드폰 벨소리 같은 콘텐츠를 판매하는 시장이 매우 활성화되어 있었기 때문에 엔젤투자가들이 핸드폰 콘텐츠업체에 투자하는 경우가 많았다. 이 때문에 자금조달 측면에서도 미국보다는 런던이 유리해 보였다. 이미 런던에는 스타트업 투자사의 컨설턴트인 디라즈 막서지(Dhiraj Mukherjee)가 합류하기로 결정되어 있었다.

1999년, 샤잠은 이들 4명의 공동창업자 이름으로 설립되었다. 크리스 바튼은 샤잠의 초대 CEO가 되었다. 물론 샤잠의 회사 소유권은 4명이 균등하게 나누기로 했다. 자금은 충분하게 준비된 것이 없었지만 스타트업 컨설턴트가 이미 합류한 상태였기 때문에 자금조달도 어느정도 가능해 보였다. 무엇보다 휴대폰 사용인구가 폭발적으로 늘어나던 시기였다.

크리스 바튼은 알고리즘의 발명이 끝난 뒤 휴대폰 SMS 서비스를 시작

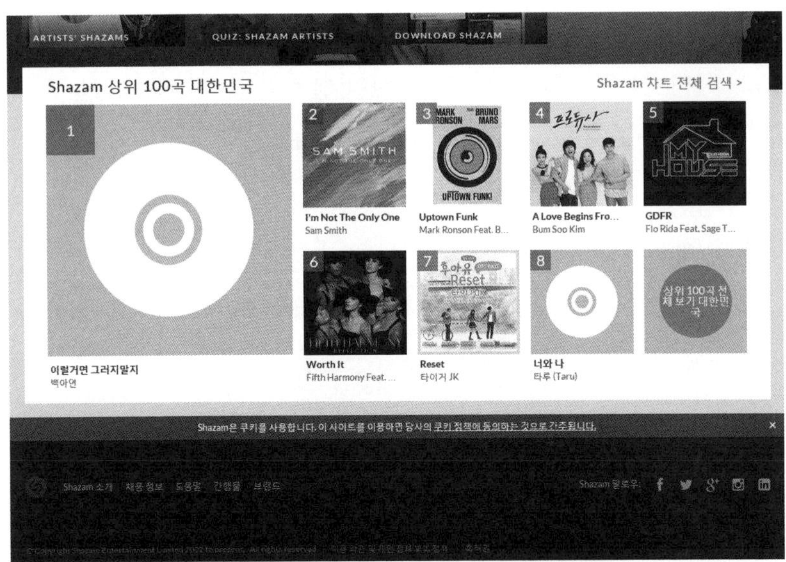

▲ 홈페이지에서 제공하는 샤잠 인기차트 한국편 (www.shazam.com)

하면 뭔가 수요가 발생할 것이라고 믿었다. 새 아이디어, 새 제품은 이전 제품보다 10배 이상의 호기심을 대중들에게 불러일으킨다고 확신했기 때문이다.

샤잠의 노래식별 서비스는 영국의 핸드폰사를 통해 2580 서비스로 시작되었다. 영국의 SMS 프로바이더 회사는 3자리 번호로도 창업이 가능했음에도 샤잠이 2580이라는 4자리 번호의 업체를 설립한 것에는 결정적인 이유가 있었다. 2580이라는 4자리 번호는 고객들이 외우기 쉬운 번호였다. 핸드폰의 번호키 9개중 중앙의 키 4개를 위에서 아래로 단순하게 누르는 것이 2, 5, 8, 0 번호였던 것이다.

2580 서비스는 30초 동안 음악을 캡처한 뒤 식별된 곡명을 SMS 문자로 전송해 주었는데 나중에는 곡을 다운로드할 수 있는 판매업체 링크 주소도 함께 전송해주었다.

2580 서비스를 사용하는 사람은 생각보다 많지 않았다. 영국은 프리미엄 SMS 시장이 매우 활성화되어 있어서 온갖 서비스가 있었기 때문에 2580 서비스를 홍보하는 일은 정말이지 어려운 일이었다. 회사는 당시 유치한 750만 달러의 자금 대부분을 2580 서비스 홍보비로 사용했지만 그럼에도 불구하고 서비스를 이용하는 고객은 늘어나지 않았다. 당연히 회사의 재정은 날로 악화되어갔다.

2002년부터 2008년까지의 샤잠은 2004년에 미국시장 서비스를 시작했음에도 회사의 재정상태가 날로 악화되었다. 미국시장에서의 서비스는 사실상 무료나 마찬가지였기 때문에 회사 수익창출에 도움이 되지 않았다. 때문에 샤잠은 살아남기 위해 여러가지 방법을 강구해야 했다. 예를 들면 라디오방송국에서 음악이 재생되면 어떤 음악이 재생되었는지 저작권관리회사에 통보하는 기술을 샤잠에 삽입하기로 결정했다.

샤잠이 저작권관리단체인 BMI나 ASCAP와 제휴한 뒤 라디오 방송국이 재생한 곡명을 통보해주면 그들은 라디오방송국에 저작권을 요구할 수 있었고, 대신 샤잠은 통보해준 대가로 수수료를 취하는 방식의 B2B 사업모델이었다. 샤잠은 그런식으로 B2B 비즈니스모델을 만들어갔다.

그러던중 2007년에 아이폰이 출시되었다. 바야흐로 피처폰 시대는 저물고 스마트폰 시대가 되었다. 샤잠은 재빨리 아이폰용 샤잠 앱을 만든 뒤 2008년에 무료 배포했다. 샤잠 앱은 출시하자마자 아이폰 앱스토어에서 50위 안에 드는 인기 앱이 되었다. 지구상의 음악애호가라면 누구나 사용하는 샤잠의 시대가 그렇게 시작된 것이다.

샤잠의 초대 CEO였던 크리스 바튼은 2003년에 CEO에서 물러난 뒤 구글 안드로이드팀, 마이크로소프트 MSN, 샌프란시스코 컨설팅 그룹, 드롭박스 등의 회사에서 일했다. 현재는 샤잠을 포함한 여러 회사의 고문이자 멘토로 활동하고 있다. 그의 학력은 케임브리지대학 금융석사, 버클리대학 MBA이다.

💰 투자&자금조달 과정

2004년 2월, Acacia Capital Partners과 DN Capital이 비공개 금액을 샤잠에 투자했다. 2009년 10월에는 Kleiner Perkins Caufield & Byers이 비공개 금액을 샤잠에 투자했고 11월에는 DN Capital이 비공개 금액을 투자했다. 이어 2011년 6월, 시리즈C 자금조달라운드에서 3개 투자사가 3,200만 달러를 샤잠에 투자했다.

샤잠은 2015년까지 10여 개 이상의 투자사를 통해 총 1억 2,500~1억 5,000만 달러의 자금을 유치한 것으로 추정된다.

 고객들

샤잠은 무료 버전의 '샤잠 앱'과 유료 버전의 '샤잠 앙코르 앱'이 있지만 유료 버전의 사용자는 거의 없다.

샤잠의 수익원은 크게 3가지다. 디스플레이 광고 수입, 협력사 수입, 곡을 찾은 사람의 5~10%가 실구매로 이어지면서 발생하는 커미션이 그것이다.

현재 위상

샤잠 앱은 지금 이 순간에도 전 세계 5억 대 이상의 스마트폰, PC, 태블릿에 설치되어 있다. 2015년 기준 샤잠 앱을 매달 사용하는 사람은 1억 명이고, 샤잠이 곡을 식별한 횟수는 매일 평균 1,700만 회이다. 샤잠이 보유한 음향지문은 3,000만 곡, 지금까지 샤잠을 통해 곡이 식별된 횟수는 150억 횟수이다.

샤잠은 2013년과 2014년 양 해 짭짤한 매출을 달성했음에도 불구하고 계속되는 투자 때문에 순손실을 낸 바 있다. 순익을 내지 못하는 상황이지만 샤잠의 기업가치는 2015년 1월에 10억 달러로 평가받았다.

중고CD 거래 사이트에서 음원 스트리밍 업체로

라라닷컴 Lala.com

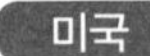 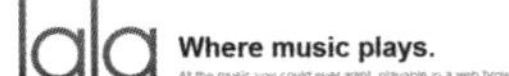

❓ 회사 개요

2006년 3월 베타서비스로 사이트를 런칭한 라라닷컴은 원래 회원들이 가지고 있는 중고CD를 거래하고 수수료를 취하는 회사였다. 후에는 신품CD의 거래도 중개했다. CD거래는 보통 1장당 1달러 내외의 수수료를 취했다. 첫 해에 약 50만 명이 라라닷컴을 통해 CD를 거래했다.

2007년부터 라라닷컴은 라라회원들이 합법적으로 구매한 자신의 중고CD에서 디지털 음원(MP3 등)을 추출해 사이트에 업로드하면 그것을 무료로 스트리밍할 수 있는 기능을 제공했다. 회원들이 자신의 CD에서 음원을 추출해 올리거나 판매하는 것은 법적인 문제를 야기하는 일이었다. 이 때문에 라라닷컴은 자사의 거래계약조건에 회원이 CD의 음원을 추출해 판매한 경우 CD의 소유권이 사라짐을 명기했다. 음원의 무료스트리밍 서비스는 제공했지만 음원을 아이폰이나 다른 장비로 다운로드하려면 구매 버튼을 눌러야 했다.

2008년부터 라라닷컴은 스트리밍 청취에도 소정의 요금을 받았고 음원 판매업을 병행했다. 물론 과거처럼 CD거래를 중개하는 사업도 계속했다.

2009년 12월, 애플이 라라닷컴을 8,000만 달러 이상의 금액으로 인수한 뒤 라라닷컴 회원들을 자사의 아이튠즈 회원으로 흡수했다. 참고로 애플의 아이튠즈는 2003년에 서비스를 시작한 이후로 음원판매 미국 1위 업체였다. 아이튠즈가 2009년 12월까지 판매한 음원만도 100억 곡이었다.

⓵ 성공 아이템

창업자 빌 구엔은 어느날 월마트 매장에서 재고로 남은 CD 5천 장을 보고 라라닷컴의 창업을 생각해 냈다. 그는 온라인으로 중개사이트를 만들면 미국 곳곳의 애호가들과 링크될 것이라고 믿었다. 거래방법은 간단했다. 구매자가 신용카드로 구매신청을 하면 라라닷컴이 판매자에게서 CD를 수취한 뒤 대신 보내주는 방식이었다. 수수료는 1장당 1달러, 라라닷컴이 배송하는 배송비는 판매자가 부담해야 하므로 라라닷컴은 수수료와 배송비 합계 1달러 49센트를 판매자에게서 받고 도착한 CD를 구매자에게 배송하는 방식의 사업이었다. 그렇다고 라라닷컴이 수수료를 모두 가져가는 것도 아니었다. 수익의 20%는 음악가 지원단체에 배정하기로 했다.

이 사업모델은 재고가 많았던 미국의 음반사들에게 주목을 받았고 라라닷컴은 중고CD거래 사이트의 중심이 되었다.

🎙 창업자 : 빌 구엔

베트남 이민자 집안의 아들인 빌 구엔(Bill Nguyen)은 휴스턴 침례대학에서 공부했다. 그는 어렸을 때부터 매우 가난한 집안 환경으로 인해 스스로 돈을 벌어야 했는데 이 때문에 16살 때 집에서 독립해야 했다.

그는 16살 때 처음으로 중고차 판매업을 직업으로 얻었고, 그것으로 식비, 학비, 방세를 벌어야 했지만 장사수완이 있어 심지어는 포르쉐를 살 돈도 벌었다. 대학을 다닐 때는 아메리칸 익스프레스에서 재무분석을 하는 일을 하였다. 재무분석 일에 재미가 붙자 그는 아예 대학을 중퇴하고 3년간 근무하였다. 이때 빌 구엔은 재산을 모으는 방법이나 성공의 필요성을 뼈저리게 익히게 되었다.

1992년, 그의 나이 21살 때 휴스턴을 떠나 ForeFront에 입사한 뒤 제품관리 및 소프트웨어 개발자로 일했다. 1996년에는 FreeLoader와 Support.com 등에서 제품관리부사장 등의 일을 했는데 두 회사는 다들 높은 가격에 다른 회사에 매각되었다.

1999년에 그는 Onebox.com이라는 인터넷팩스개발업체를 설립했는데 이 회사의 인터넷팩스전송 기능이 엄청나게 히트를 쳤다. 빌 구엔은 단 2년 만에 소프트웨어와 기술력을 인정받아 Onebox.com을 8억 5,000만 달러에 Phone.com에 매각할 수 있었다.

2000년 5월에 빌 구엔은 자신의 돈과 투자자들의 돈을 긁어 모으기 시작했다. 그는 모두 3,400만 달러를 동원해 세븐 네트워크 소프트웨어(Seven.com)를 설립한 뒤 CEO가 되었다. 세븐 네트워크는 핸드폰용 인스턴트 비즈니스 메시징 플랫폼, 비즈니스 E메일 솔루션을 개발하는 업체였다. 이 업체는 훗날 장비제조까지 하면서 마이크로소프트, 구글, 소니, 에릭슨, 노키아, 모토롤라, 삼성, LC, 브리티시텔레콤, 일본 도쿄

모 등 대부분의 피처폰 기기에서 동작하는 비즈니스 소프트웨어의 개발과 모바일 장비를 제조하는 큰 회사가 되었다. 2002년 빌 구엔은 MIT 테크놀러지 리뷰가 뽑은 '35세 미만 세계 100대 혁신기업인'에 이름을 올렸다. 그의 나이 불과 31살 되던 해였다.

빌 구엔은 2005년에 라라닷컴을 공동설립하고 2009년 애플에 라라닷컴을 매각했다. 애플이 단돈 10센트에 스트리밍 청취를 할 수 있었던 라라닷컴을 죽인 것이다. 라라닷컴 회원들은 자신의 음악 컬렉션이 송두리째 날아가는 것을 눈물을 뚝뚝 흘리며 지켜보았다. 하드디스크에 있는 소중한 동영상을 애플이 인수해 못보게 하는 것과도 같은 상황이었을까.

그러거나 말거나 비즈니스는 비즈니스일 뿐이다. 2010년에 빌 구엔은 'Color.com'이라는 도메인명을 35만 달러에 매입한 뒤 컬러랩(Color labs, Inc)을 공동설립했다. 컬러랩은 페이스북 혹은 트위터와 비슷하지만 사진중심의 SNS 서비스를 개발할 목적으로 설립한 회사였다.

빌 구엔이 구상한 '컬러' 서비스는 모바일 기반의 SNS로서 사용자의 이름과 비밀번호를 필요로 하지 않는 SNS였다. 컬러 서비스는 단지 150피트(45미터) 안에서 다른 사람도 컬러 SNS를 사용할 경우 서로에게 있는 사진이 공유되는 방식의, 위치기반 SNS와 증강현실게임이 혼합된 듯한 SNS였다. 빌 구엔은 이 사업을 시작하기 전 잠시 증강현실게임을 연구한 적이 있었으므로 아예 SNS 서비스에 증강현실과 유사한 환경을 만드는 것은 어떨지 생각한 것이다. 자신이 개발할 SNS 서비스는 포스트PC, 즉 PC 이후의 세대가 될 것이라고 그는 생각했다. 이 때문에 빌 구엔은 자신의 컬러 서비스가 페이스북보다 훨씬 뛰어난 서비스가 될 것이라고 믿어의심치 않았다.

그는 30명 이상의 개발자를 뽑은 뒤 컬러 SNS의 개발에 착수했다. 빌이 움직였다는 소문에 투자자들의 투자가 계속되어 자금도 4,200만 달러가 확보되었다.

2011년에서는 구글이 소문을 듣고 컬러랩.inc를 2억 달러에 구매하겠다고 제안해왔지만 이사진들이 거절했다. 2011년 3월, 마침내 SNS 서비스인 '컬러 앱'이 완성되었다. 회사는 앱스토어를 통해 컬러 앱을 발표한 뒤 어떤 반응이 올라올지 그날 하루종일 두근거리며 기다렸다.

빌 구엔은 그때, 단 30분 만에, 자신과 자신의 회사가 완전히 망했다는 사실을 깨달았다. 앱을 다운로드해 실행해보았자 근처에 사용자가 없었으니까 당연히 유령도시나 마찬가지였다. 다운로드한 사람들은 SNS 서비스라기보다는 그냥 평범한 앱으로 혼동했다. 이 때문에 앱스토어 평점은 별 5점 만점에 2점의 혹평만 쏟아져 나왔다. 회사와 개발자들은 소셜의 개념을 미처 인식하지 못했음을 한탄하며 자기반성에 빠졌다. 빌 구엔과 회사는 설상가상 예전 직원과의 소송에도 휘말렸다.

2012년 10월, 컬러랩 이사회는 컬러 서비스를 종료한다고 선언했다. 한달 뒤인 11월 애플이 컬러랩.inc을 인수했다고 발표했는데 가격은 정확하지 않지만 대략 700만 달러에서 타결된 것으로 보였다. 어쩌면 컬러랩.inc이 소유하고 있는 도메인명 'Color.com'이 욕심났기 때문인지도 몰랐다.

실리콘밸리에서 빌 구엔은 대략 6개의 회사를 설립하거나 공동설립했다. 그리고 이들 회사들은 대부분 더 큰 기업들에 매각되는 경우가 많았다. 창업하거나 자신이 근무했던 회사마다 성공을 거두었던(물론 컬러랩.inc은 실패했지만) 빌 구엔의 사업방식은 매우 간단했다.

“거인의 어깨를 밟고 서 있어라.”

거인의 어깨서 서서 지상을 내려다보면 빅 포인트가 무엇인지 한 번에 탐색할 수 있다. 그러므로 빠르게 결정하고 빠르게 시작할 수 있다. 지금 시도하는 사업이 새로운 비즈니스모델이라면 이모저모 재는 것은 불필요한 일이므로 빠르게 추진하는 것이 상책이다.

💰 투자&자금조달 과정

라라닷컴은 설립 초창기인 2005년 1월에 베인 캐피탈(Bain Capital Ventures)과 이그니션 파트너스(Ignition Partners)를 통해 940만 달러의 자금을 유치했다. 2006~2008년에는 앞의 두 회사가 매년 추가 투자를 집행하면서 총 3,500만 달러를 투자했다.

👥 고객들

라라닷컴은 CD판매자가 지불하는 1장당 1달러의 수수료가 주수입이었다. 스트리밍 서비스를 시작할 때는 1곡당 10센트라는 매우 저렴한 이용료를 받았다. 당시 스트리밍 서비스를 하지 않았던 애플 입장에서는 라라닷컴이 잠재적인 위협요소였다. 라라닷컴의 직원들은 모두 애플 아이튠즈 팀에 합류하였는데 나중에 빌 구엔이 컬러랩.inc를 설립할 때 다시 돌아오는 사람도 있었다고 한다.

⏱ 현재 위상

라라닷컴의 CEO였던 빌 구엔은 연쇄적으로 창업하면서 성공한 시리얼 기업가로 유명하다. 그렇지만 컬러랩의 실패 이후의 그는 3년 동안 실리콘밸리에서 이렇다 할 사업을 하지 않고 있었다. 필자는 빌 구엔의 자취를 찾아 베트남 언론을 탐방해 보았는데 그는 특히 자신의 모국 베트남에서 성공한 IT 기업가로 널리 알려져 있었다.

2015년의 빌 구엔은 어느새 44살이 되어 있었다. 그는 베트남 이민자 출신 미국인 중에서 최초로 백만장자클럽에 이름을 올린 사람이었다. 그는 중년의 남자가 되었지만 테니스같은 운동을 하면서 꾸준히 자신의 몸무게를 65kg 안쪽으로 관리하고 있었다.

빌 구엔은 빙긋이 웃으며 자신은 백만장자이지만 여전히 억만장자가 되기를 꿈꾼다고 말한다.

? 회사 개요

서비스의 모토는 월드뮤직을 감상할 수 있는 뮤직메신저이다. 사용자는 신속하고 재미있고, 쉬운 방법으로 재생목록을 생성하고 서로에게 음악을 전송할 수 있다.

뮤직메신저는 비용지출이 필요한 원본 음원을 지원하지 않는다. 이 앱은 인터넷에서 무료로 들을 수 있는 음원들을 찾아내어 라이브러리로 구축하였기 때문에 사용자들이 쉽게 공유하고 전송할 수 있는 기능으로 되어 있다. 이미 뮤직메신저에는 1억 개 이상의 노래가 DB로 구축되어 있어 노래, 아티스트, 앨범 등으로 재생목록을 생성시킬 수 있다.

사용자는 연락처 목록에 등록된 친구에게 원하는 음악 트랙이나 앨범 전체를 주고 받을 수 있다. 전 세계에서 무료 재생이 가능한 음원을 찾고 있기 때문에 오픈소스의 음원이라면 사실상 어떤 언어로 된 노래라도 검색과 재생목록에 추가할 수 있다. 재생목록에는 사용자 개인이 작성한 텍스트나 이미지를 표지로 추가할 수 있다. 오픈소스 콘텐츠를 중계하기 때문에 앱을 실행할 때 거추장스러운 광고도 표시되지 않는다.

🥇 성공 아이템

뮤직메신저는 처음부터 이용료를 내지 않고 음악을 공유할 수 있도록 만들어진 플랫폼이다. 이를 위해 뮤직메신저는 유튜브, 사운드클라우드, 야후, 바이두 등에서 오픈된 음원들만 찾아내어 데이터베이스를 만들었다. 오픈소스가 삭제되지 않는 한 뮤직메신저로 음악을 듣고 친구에게 전송하고 재생목록을 만들 수 있다. 유튜브같은 사이트는 매일 '이용료 결제' 없이 들을 수 있는 소스가 올라오기 때문에 뮤직메신저 역시 계속 추가하여 라이브러리를 확장한다. 비슷한 앱으로는 'PingTune Music Messenger'가 있다.

뮤직메신저는 2015년 4월에 3,000만 달러의 자금을 유치했는데 이때 첼시 구단주인 로만 아브라모비치(Roman Abramovich)가 투자를 함으로써 언론에 크게 기사가 났다.

🎤 창업자 : 데이비드 스트라우스

데이비드 스트라우스(David Strauss)는 1984년 5월 1일에 이스라엘에서 태어났다. 그는 뉴욕 대학에서 컴퓨터공학을 공부한 뒤 이스라엘 센카대학에서 제품디자인 석사학위를 받았다.

2006년에 그는 페이스북의 제품팀에서 근무했고, 2009년에는 블로그 업체인 텀블러에서 일했다. 2012년에는 SNS 업체인 피드(Pheed)를 공동설립한 뒤 프로젝트 매니저로 일했다. 피드는 2014년 4월에 모브리 미디어(Mobli Media) 그룹에 4,000만 달러에 팔렸다.

그는 피드가 매각된 바로 그 달에 지금의 회사인 뮤직메신저를 공동 설립한 뒤 CEO가 되었고 9월에 뮤직메신저 앱을 정식 출시했다.

💰 투자&자금조달 과정

2014년 8월, 뮤직메신저는 시리즈A 자금조달라운드에서 12명의 개인투자가들을 통해 500만 달러를 유치했다. 12명의 개인투자가 중에는 유럽 최고의 DJ로 명성이 높은 티에스토(Tiesto)가 참여했는데 주로 유럽에서 활동하는 유명 클럽DJ, 사운드엔지니어, 음반프로듀서와 미국의 래퍼 윌아이엠, 싱어송라이트 니키 미나즈 등이 투자에 참여했다. 이 때문에 12명의 개인투자가들이었지만 50억 원이라는 큰 돈이 모였다.

2015년 4월, 뮤직메신저는 시리즈B 자금조달라운드에서 8명의 개인투자가를 통해 3,000만 달러를 유치했다. 시리즈B를 이끈 사람은 첼시 구단주 로만 아브라모비치였고 티에스토, 윌아이엠, 니키 미나즈는 시리즈A에 이어서 다시 투자를 한 사람들이다. 아바(ABBA)의 일원인 베뉘 안데르손도 투자를 했다.

시리즈B에서 1,500만 달러를 투자한 로만 아브라모비치는 뮤직메신저 이사회 위원으로 있다.

👥 고객들

뮤직메신저 앱은 무료음악을 들으려는 사람들이 주요 고객이다.

⏱ 현재 위상

뮤직메신저는 2015년 1월에 자사의 가치를 1억 달러로 평가받았다. 아무래도 로만 아브라모비치 효과가 투영된 것으로 보인다.

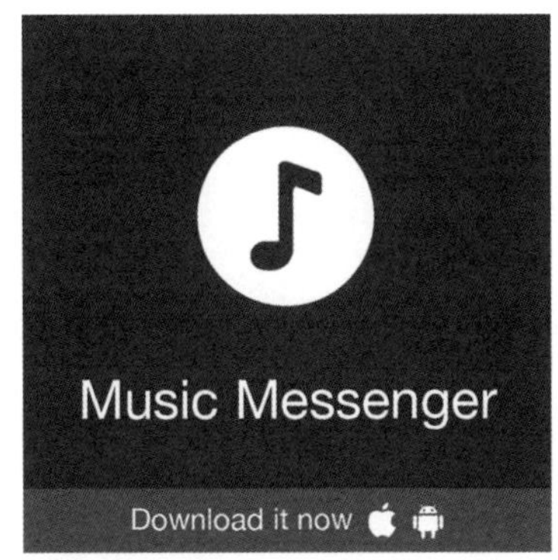

▲ 뮤직메신저 앱

인재교육 · 취업 · 데이팅
스타트업의 거인들

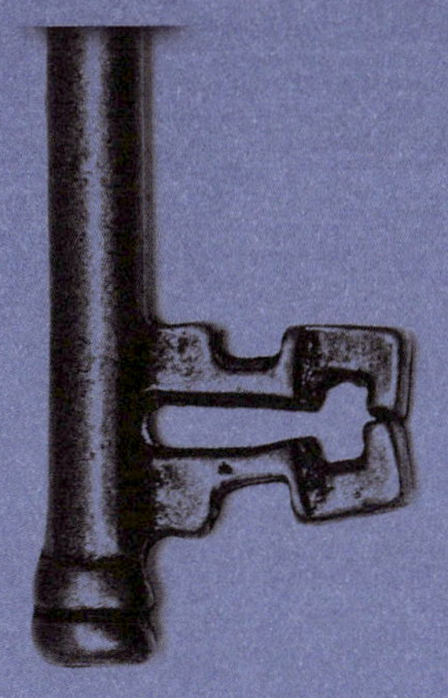

? 회사 개요

최근 페이스북의 인기를 위협하고 있는 링크드인은 가입자의 프로필 (이력서)을 인터넷에 노출시키는 인맥연결 기반 SNS 서비스이다. 회원은 자신의 이력을 공개적으로 노출시켜 구인구직 활동을 할 수 있고 유사한 채용정보가 있을 경우 링크드인을 통해 채용정보를 푸시받을 수 있다.

예를 들어 반도체설계 같은 업무로 중소기업에 근무한 사람이 링크드인 회원에 가입한 뒤 자신의 프로필을 작성한다고 가정해보자. 프로필은 자신의 경력인 근무회사, 직함, 업무기술, 자격증 등을 토대로 작성해야 한다. 이후 삼성이나 SK 같은 반도체 회사에서 채용정보를 올리면 그 정보를 링크드인이 회원에게 쏘아준다. 구인활동을 하는 사람은 자신의 프로필을 노출시킨 뒤 어느 회사에서 연락이 오기를 기다릴 수 있고, 채용을 하려는 회사는 링크드인에 노출된 회원들의 프로필을 보면서 자신이 원하는 인재를 찾고 채용할 수 있다.

링크드인 회원이 노출시킨 프로필에는 최종 학력, 전공, 현재 근무처와 직책이 표시되고 그 밑에는 지금까지 다닌 회사와 회사에서의 직책, 근무일과 퇴사일 등이 순서대로 표시되어 있다. 물론 초기에는 자신의 정보를 작성하지 않은 회원들이 많았지만 요즘은 특히 IT업계 종사자들뿐 아니라 대학을 졸업한 '취준생'들이 취업을 하기 위해 자신의 경력을 상세하게 기록하고 있다.

링크드인은 CEO가 자신의 직원들에 대한 추천서도 올릴 수 있다. 물론 인터넷이라는 공적인 공간이기 때문에 CEO들의 옛직원에 대한 평가는 후한 편이다.

아무튼 링크드인이 등장함으로써 구직 및 구인활동이 직업소개소를 통하지 않고 가능해졌다. 현재는 IT업종과 사무직 업종의 프로필이 많이 올라오지만 향후에는 블랙컬러 직종에서도 자신의 정보를 등록하는 사람이 많아질 것이다. 링크드인은 이미 전 세계에서 각국 언어로 서비스되고 있고 한국에서도 한국어판 링크드인이 서비스되고 있다.

🏅 성공 아이템

링크드인은 구직활동자와 채용주가 직거래로 구직 및 채용을 할 수 있는 것이 성공의 요인이다. 자신이 원하는 인재 혹은 회사와 유사한 정보가 있을 경우 회원들의 페이지는 물론 E메일로 푸시해준다. 구인구직활동은 물론 각종 비즈니스 정보를 입수할 수 있는 SNS로 발전하고 있다.

링크드인은 구직자와 채용자 양쪽에서 이용료를 받으면서 수익모델을 완성했다. 기본서비스는 무료이지만 기본서비스만 이용하면 기본프

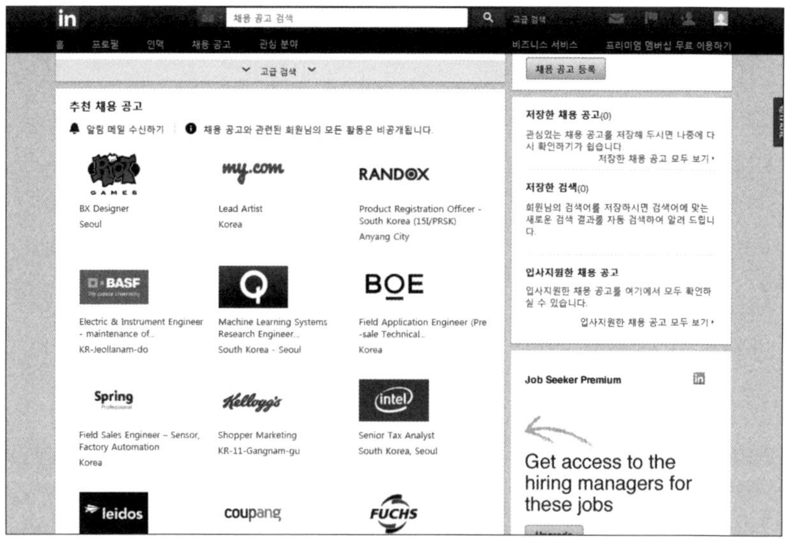

▲ 링크드인에서 채용공고를 푸시받고 싶은 업체를 선택하는 모습

로필 외 상세프로필을 볼 수 없도록 막아놓으면서 유료화를 유인했다. 월 이용료를 지불하면 구직자의 프로필이 더 많은 회사에 노출될 뿐 아니라 채용주도 구직자의 프로필을 더 상세히 탐색할 수 있다. 또한 링크드인은 채용주에게 채용솔루션과 마케팅솔루션을 판매해 수익을 올리고 있다. 광고비(이용료)에 차등을 주어 많이 지불할수록 링크드인 회원들 사이에 더 넓게 더 빈번하게 노출시켜 구직과 채용활동을 원활히 해준다. 구직 및 채용활동의 절박함을 이용한 서비스이지만 시간이나 비용면에서 저렴하기 때문에 인기를 끌고 있다. 미국에서는 미국인구의 30%가 링크드인에 가입되어 있어 언제라도 더 좋은 조건이 오면 회사를 옮기곤 한다.

링크드인의 매력은 고용주와 직원이 직접 연결된다는 것이다. 유사한 직업군끼리 서로 친구를 맺어 정보를 교환할 수 있을 뿐 아니라 친구 사이인 2차 관계를 넘어 3차 연결을 통해 구인구직활동을 할 수 있다. 친구의 취업 정보가 업데이트되므로 축하 메시지를 보낼 수도 있다.

고용주는 후보 리스트를 뽑아 고용하고 싶은 사람을 선택할 수 있다. 광고비를 쓰면 더 많은 사람들에게 노출되어 괜찮은 인재는 물론 이직을 불사하고서라도 입사할 직원을 찾아낼 수 있다.

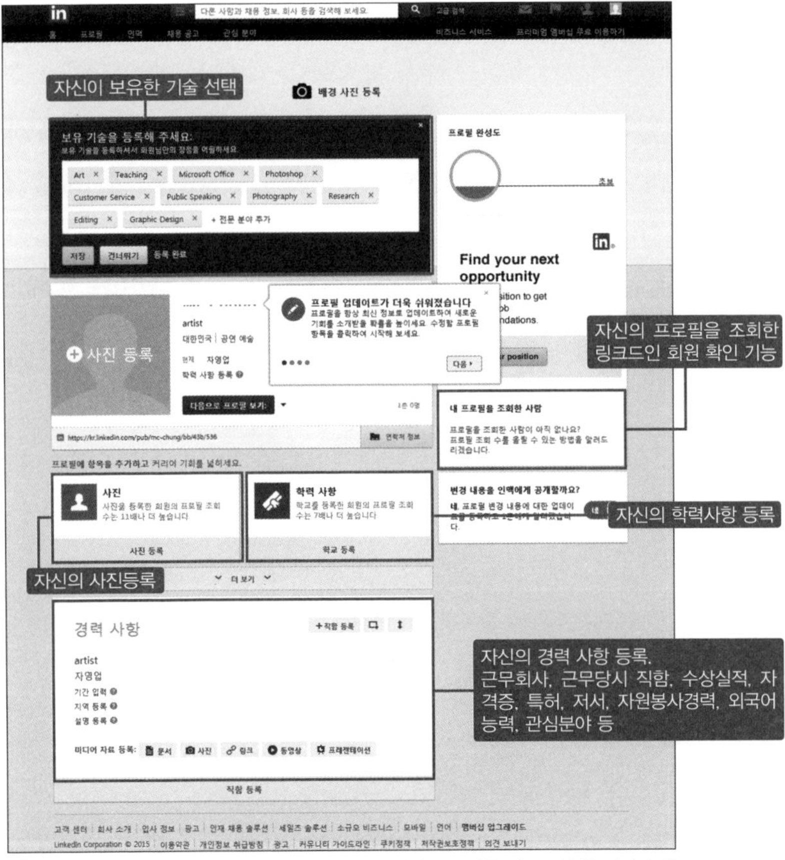

▲ 링크드인에서 자신의 프로필을 작성하는 모습. 작성한 프로필은 링크드인 뿐 아니라 구글 검색에서도 공개되므로 나중에 프로필의 공개범위를 조절해야 한다.

🎙 공동창업자 : 리드 호프만

리드 호프만(Reid Hoffman)은 1967년 8월 5일 캘리포니아 팔로알토의 자유주의자 변호사 집안에서 외동아들로 태어났다. 양친은 둘 다 진보주의자 변호사였고 호프만의 삼촌은 작가였다. 호프만은 아기였을 때부터 매일 시위를 하러 다니는 부모님 덕에 최루가스 냄새를 맡아야 했다.

10대 때의 그는 던전드래곤같은 게임에 몰두하며 살았다. 게임에 몰입하다보니 친한 친구는 고작 3~5명밖에 없었다. 던전드래곤 이후 인기 있었던 게임은 RuneQuest라는 롤플레이잉게임이었는데 호프만은 그 게임을 하다가 버그가 있다는 것을 발견했다. 개발자에게 연락하니 흥미있어 하면서 월요일까지 또 다른 버그를 찾아내면 돈을 주겠다고 하였다. 월요일까지 버그를 찾아내자 게임 개발자가 호프만에게 162달러를 주었다. 그때가 12살 때의 일이었다. 그런 경험들 때문에 호프만은 자신도 세상을 바꾸는 일을 할 수 있다고 믿었다. 세상을 바꾸려면 무엇을 해야 할까? 12살 때의 호프만은 친구들과 대화를 하다가 CIA 국장이 되면 세상을 바꾸는 힘이 생길 것이라고 생각했다.

1990년 스탠포드대학에서 인지과학 전공으로 학사학위를 받은 그는 우수한 학업성적 때문에 대학원 학비를 전액 지원받는 마셜장학금을 받았다. 스탠포드대학에 다닐 무렵 호프만은 자신이 전 세계에 영향을 미치는 위대한 업적을 쌓을 수 있을 것이라고 믿었다. 그래서 대학졸업반 때는 향후 진로를 교수나 철학자쯤으로 생각하곤 했었다. 그 무렵 호프만은 스탠포드대학에 다니는 동양계 여학생 미셸 위와 데이트를 했다. 미셸 위와는 그로부터 십수년 뒤인 2004년에 결혼했다.

스탠포드대학 시절의 또 다른 수확은 호프만이 동급생인 피터 틸을 만났다는 것이었다. 호프만과 틸은 정치적 토론을 벌였는데 그러다가

서로 좌파와 비슷한 성향을 가졌다는 것을 알고 급격히 친해져서 학생
선거도 함께 했다. 호프만과 틸은 그 후 지금까지도 친한 친구로 지낸다.

호프만은 대학을 졸업한 뒤 바로 옥스퍼드대학의 울프손단과대로 진
학한 뒤 마셜장학금으로 공부를 계속했다. 1993년에 그는 철학석사 학
위를 받았다.

대학원을 다닐 때 호프만은 철학서를 써보았자 몇 명밖에 읽지 않는
다는 사실을 알았다. 학계에 계속 남아봤자 엄청난 임팩트를 세상에 남
기는 것이 불가능하다는 것을 깨달은 것이다. 그럼 대체 뭘 해야 할까?

대학원에서 돌아온 호프만은 할아버지의 집 빈방에 처박혀 비즈니스
와 기업에 관한 책을 탐독했다. 그는 기업계, 특히 소프트웨어 업계와 기
업가 정신에 관심을 가졌다.

마침 스탠포드 시절 친구인 피터 틸이 호프만을 애플 컴퓨터의 친구
에게 소개를 했다. 1994년경의 애플은 이월드(eWorld)라는 인터넷 서비
스를 개발하고 있었다. 이월드는 인터넷 게시판과 E메일 서비스가 합쳐
진 인터넷 커뮤니티의 초창기 모델이었다. 우리나라로 치면 PC통신 시
절에 봤음직한 포털사이트의 초창기 모델이라고 생각하면 된다.

호프만은 이월드의 사용자경험(UX)팀에서 2년간 일을 했지만 이월
드는 라이벌인 AOL 때문에 성공하지 못했고
결국 1996년에 AOL에 흡수되었다. 이월드
에서 나온 호프만은 후지쯔의 제품관리부서
에서 잠시 근무하다가 자신에게 사업을 시작
할 능력이 있다고 깨달았는데 그때가 1997년
이었다. 때마침 스탠포드 동급생이자 직장동
료가 인기사업모델인 온라인데이팅 사이트

▲ 공동창업자 리드 호프만
(자료 : ourstory.linkedin.com)

를 공동설립하자고 제안해왔다. 사람과 사람, 남자와 여자를 매칭하는 SocialNet.com 사이트를 만들자는 것이었다. 호프만과 그 사업을 제안한 동료는 근 3년 동안 이월드와 후지쯔에서 네트워크 기술을 익혔으므로 SocialNet.com 사업은 일사천리로 진행되었다.

호프만이 SocialNet.com을 공동운영하고 있을 무렵인 1998년, 페이팔의 전신인 컨피니티가 막 사업을 시작하고 있었다. 스탠포드대 시절 정치적 사상이 가까워 친구가 되었던 피터 틸(호프만을 이월드에 소개한 친구)은 컨피니티의 공동창업자였다. 호프만은 틸의 제안으로 컨피니티 초기부터 이사회의 고문으로 합류했다.

그 와중에 호프만이 공동설립한 SocialNet.com은 처참한 사업실적으로 사업방향이 난항중이었다. 몇 년동안 이사진들 사이에서 갈등이 생겼다. 회사의 정체성을 사람과 사람의 교류에 우선하느냐 온라인데이팅 사업에 우선하느냐의 문제였다.

이사진 사이에서 의견다툼이 심해지자 호프만은 SocialNet.com에서 퇴사하고 2000년 1월에 페이팔의 업무담당최고사장(COO)으로 합류했다. SocialNet.com은 호프만이 떠난 후 'Matchnet'이라는 회사에 흡수되었다.

페이팔의 업무담당책임자였던 호프만은 페이팔의 숨어있는 일꾼이 되었다. 호프만은 항상 회사의 이익보다는 공익을 우선하는 전략을 펼쳤다. 그것은 호프만의 장점이자 단점이었지만 항상 엄격한 전략 하에 업무를 처리해 실수가 없었다. 페이팔의 마스터카드, 비자카드, 이베이 파트너십은 모두 그가 처리하였고(그는 회사에서 외지로 파견하는 특사같은 역활을 했다) 카드사와 이베이는 그의 관리 하에 있어서 중간에 다운될 염려가 없었다. 또한 페이팔 시스템에서 문제가 발생하면 호프만이 나타

나 처리하였으므로 그에게는 페이팔의 소방대장 내지는 해결사라는 별
명이 붙었다. 그리고 그 덕분에 호프만은 페이팔이 이베이에 흡수되었
을 때 페이팔의 부사장으로 승진하였다.

2002년 12월, 호프만은 자신만의 사업을 하기로 하고 옛 직장동료들
을 규합한 뒤 링크드인을 설립했다. 호프만은 학창시절 때부터 단 3~5
명의 친구와 끼리끼리 몰려다니는 외톨이 출신이었기 때문에, 사람과
사람이 무제한 교류하는 거대한 기술에는 관심이 없었다. 사실 그 당시
의 페이스북은 이미 1억 명 이상의 회원을 거느린 SNS 업계의 신화였으
므로 경쟁할 생각조차 없었다.

호프만은 SNS를 만들되 비즈니스 측면으로 특화시킨 서비스를 구상
했다. 사람들이 경제정보를 손쉽게 교류하고 원하는 경제적 이점(직업)
을 쉽게 얻을 수 있는 SNS를 구상했는데, 그것이 인맥교류 사이트인 링

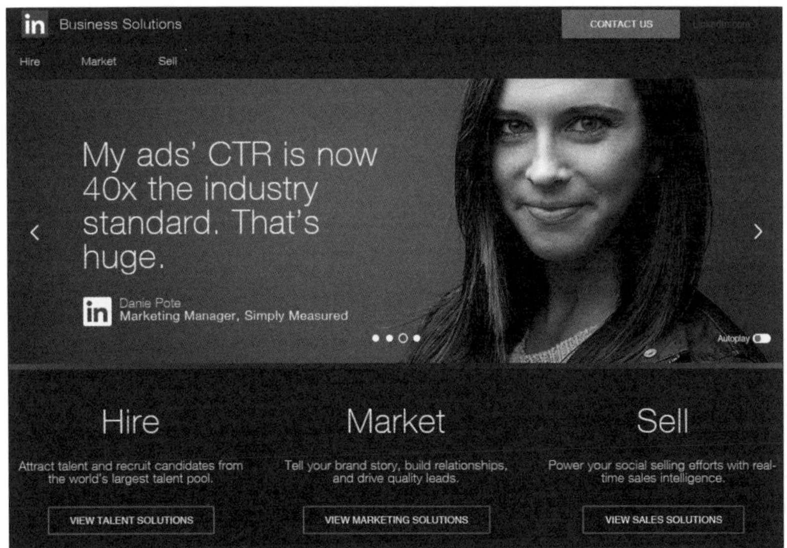

▲ 고용주들을 위한 링크드인의 비즈니스 솔루션(채용, 마케팅, 판매)

크드인이었다.

호프만은 실리콘밸리가 고향이었다. 그는 인터넷 기술이 어떻게 발전해가고 있는지 모두 목격하고 있었고, 이월드 시절에는 커뮤니티 서비스가 어떻게 돌아가는지를 배웠다. 또한 페이팔 시절에는 자금조달방법도 배웠다. 호프만은 서비스를 어떻게 구축하면 돈이 된다는 것을 이미 알고 있었기 때문에 링크드인은 출발할 때부터 필연적으로 성공의 길을 걸을 수밖에 없었다.

페이스북과 달리 확실한 수익원이 있었던 링크드인은 페이스북보다 더 빠른 2011년 1월 뉴욕증권거래소에 상장되었다. 현재 호프만은 링크드인 CEO에서 물러난 뒤 링크드인 이사회 의장을 맡고 있다. 링크드인의 대성공으로 호프만의 재산은 46억 달러로 늘어났다. 세계 330위권에 해당하는 부자이다.

💰 투자&자금조달 과정

링크드인은 설립 초창기부터 확실한 비즈니스모델이 있었기 때문에 많은 투자사에서 자금을 유치했다.

창업 초부터 2010년까지 세쿼이아 캐피탈(Sequoia Capital), 그레이록 투자사(Greylock), 바인 캐피탈 벤처사(Bain Capital Ventures), 베쎄미어 벤처 파트너스(Bessemer Venture Partners), 유러피안 하운더스 펀드(European Founders Fund)를 통해 1억 달러 정도의 투자금을 유치했다.

링크드인은 2011년 1월 뉴욕증권거래소에 상장되어 그 후부터는 자사주발행으로 자금을 충당할 수 있게 되었다.

고객들

링크드인은 자국 내의 구인구직을 위해 사용하기도 하지만 해외구직을 원하는 사람들이 사용하는 경향이 높다. 예를 들면 링크드인을 가장 많이 사용하는 사람은 미국인지만 두 번째로 많이 사용하는 사람은 인도인이다. 인도의 IT업종 종사자들과 고졸, 대졸 취준생들이 해외취업(특히 미국회사로의 취업)의 기회를 얻기 위해 링크드인을 사용하는 것이다. 미국과 유럽의 경우, 대학을 졸업한 취준생들은 대부분 링크드인으로 구직활동을 하기 때문에 매년 대학졸업 시즌이 되면 링크드인의 회원가입률이 대폭 상승한다.

현재 위상

링크드인은 2002년 설립된 이후 2003년에 첫 서비스를 시작했다. 2006년에 회원수 2,000만 명을 돌파하면서 처음으로 수익을 발생시켰다. 2013년 링크드인은 전 세계 2억 2천만 명의 회원을 유치했다.

지금의 링크드인은 전 세계 30개 도시(시카고, 로스앤젤레스, 뉴욕, 샌프란시스코, 워싱턴, 런던, 더블린, 암스테르담, 밀라노, 뮌헨, 마드리드, 스톡홀름, 싱가포르, 홍콩, 중국, 일본, 호주, 캐나다, 인도, 한국)에 지사가 있고 7,600명의 직원을 채용하고 있다.

링크드인으로 인해 자국인력의 해외탈출이 심해지자 중국은 자국 내에서 링크드인에 접속할 수 없도록 차단하기도 했다.

한국에서는 알바몬같은 회사가 바닥채용시장을 꽉 잡았기 때문에 링크드인의 한국시장 확장에 난관이 있을 듯 보이지만 IT업계에서는 이미 링크드인으로 구인구직을 하는 빈도가 높아지고 있다. 특히 외국어가

가능한 사람들이 해외취업, 특히 미국취업을 위해 링크드인에 자신의
프로필을 많이 올리고 있다.

가능한 사람들이 해외취업, 특히 미국취업을 위해 링크드인에 자신의

프로필을 많이 올리고 있다.

직장상사 리뷰, 구인정보, 급여수준을 볼 수 있는 글래스도어 Glassdoor

미국 　glassdoor

? 회사 개요

2007년 설립된 글래스도어는 익명 기반으로 직장을 평가하거나 상사를 평가하는 서비스업체이다. 글래스도어의 이용자는 자신이 다니는 직장과 직장상사를 평가하고 연봉 등을 알려준다. 2014년 4월 기준 40만 건의 직장정보와 직장평가서가 축적되었다.

글래스도어의 이용자들은 글래스도어에 축적된 직장정보와 회원들의 리뷰를 읽으면서 자신이 취업할 회사를 선택할 수 있기 때문에 일종의 구인구직 기능도 하고 있다.

서비스를 운영하는 글래스도어는 E메일로 제출된 직장평가서를 검토할 때 실제 그 회사 직원이 보내온 것인지 E메일 어드레스를 기술적으로 검토하는데, 제출되는 평가서 대부분이 실제 각 회사에 소속된 직장인이 보내온 것임이 밝혀졌다. 곳곳에서 보내오는 직장평가서는 사회규범이나 자체 가이드라인을 침범하는 악의적인 평가서일 경우 글래스도어에서 게재를 거절하는데 거절율은 평균 15~20%이다.

글래스도어에 축척된 직장 리뷰는 대부분 미국계 직장이지만 이용자의 20%는 해외에 분포되어 있다.

💬 바탕 스토리

글래스도어는 2007년 6월 캘리포니아 소살리토에서 로버트 호만(Robert Hohman), 리치 바튼(Rich Barton), 팀 베쎄(Tim Besse)가 공동으로 설립했다.

현재 글래스도어의 CEO인 로버트 호만은 온라인할인여행사인 익스페디아(Expedia.Inc)의 창립 멤버였고 리치 바튼은 익스페디아의 공동창업자였다. 이들 3명은 보다 투명한 형태로 직장정보를 제공하자는 생각으로 글래스도어를 설립한 뒤 2008년 글래스도어 사이트(www.glassdoor.com)를 정식 런칭했고 지금은 각 국가 언어별로 글래스도어 사이트를 런칭하고 있다.

🏅 성공 아이템

글래스도어는 직장에 대한 기본 정보를 제공하는 한편 이용자들이 익명으로 제출하는 직장 리뷰, 대표이사 지지율, 직장상사 평가로 히트를 쳤다. 현재는 회사별 급여보고서, 면접후기, 채용정보 제공 등의 다양한 직장정보를 제공한다. 회원들은 질문과 답변을 자발적으로 올리거나 자신의 직장 사진 혹은 사무실 사진을 등록할 수 있다.

지금의 글래스도어는 이용자들이 서로의 직장정보를 주고받는 커뮤니티와 고용주들이 자신의 회사를 광고하고 채용정보를 올리는 형태가 결합된 방식으로 발전하고 있다. 직장인 위주의 '직장을 까는' 커뮤니티로는 수익성 발굴이 어려우므로 고용주를 타깃팅하여 회사홍보와 직원 채용광고를 할 수 있도록 만든 것이 글래스도어의 비즈니스모델로 정착한 것이다.

취업을 준비하는 취준생 입장에서는 글래스도어의 회원들이 익명으로 제공하는 면접후기들이 매우 상세하기 때문에 많은 도움을 주고 있다.

글래스도어는 직장정보를 회사명이나 장소명으로도 검색할 수 있으므로 직장 검색엔진 기능도 제공한다. 검색된 정보에는 해당 직장에 대한 기본 정보, 이용자들이 올린 직장평점, 상사평가, 면접후기, 실급여수준 등이 제공된다. 또한 고용주나 회사에서 이용료를 내고 등록한 채용정보와 회사브랜드가 노출된다.

🎤 CEO : 로버트 호만

스탠포드 대학 컴퓨터공학 학사 및 석사 출신인 로버트 호만(Robert Hohman)은 마이크로소프트사에 입사한 뒤 윈도우 95의 멀티미디어 관련 소프트웨어를 개발했다.

마이크로소프트를 퇴사한 그는 온라인할인여행사 익스페디아가 설립될 때 초창기 맴버로서 각종 여행상품과 크루즈상품의 예약시스템을 구축하는 개발팀의 책임자로 일했다. 1999년 전후부터는 익스페디아의 여행상품낙찰 사이트인 핫와이어(Hotwire) 사업부의 책임자로 근무했다. 그 후의 로버트 호만은 익스페디아의 창업자인 리치 바튼과 새로운 사업을 준비했는데 그것이 글래스도어라는 직장평가 사이트이다. 현재

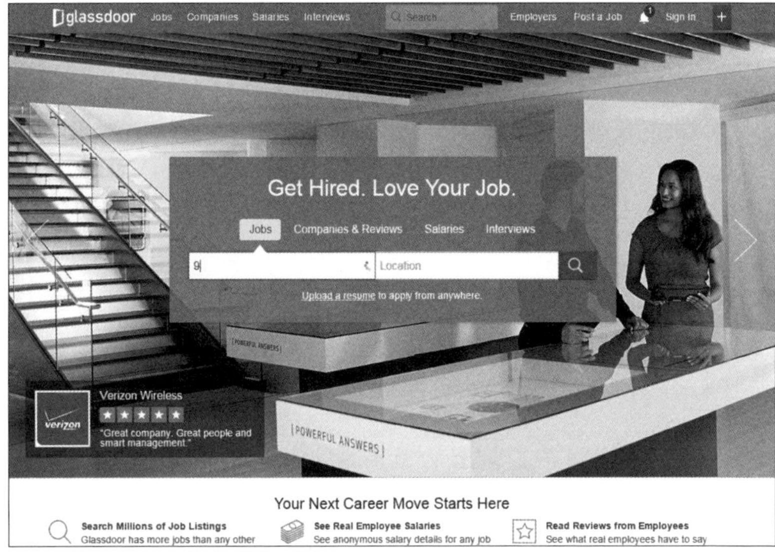

▲ 글래스도어 사이트(www.glassdoor.com)

로버트 호만은 글래스도어의 CEO이자 온라인레스토랑 예약서비스인 오픈테이블(OpenTable)의 이사회에 속해있다.

여담이지만 그가 운영하는 글래스도어라는 회사에 대한 직원들의 평가를 한번 알아보자. 먼저 글래스도어 사이트에 접속한 뒤 'glassdoor'로 검색해본다. 글래스도어의 CEO 및 회사에 대한 평판은 상당히 좋은 편이고 글래스도어의 급여 수준은 업계평균치보다 10% 정도 높다.

💰 투자&자금조달 과정

창업 초인 2007~2008년 사이의 종잣돈은 공동창업자 3인의 자금으로 충당된 것으로 보인다.

글래스도어는 2010년 고용주들을 대상으로 유료회원 상품을 내놓으면서 수익을 올리기 시작했다. 유료 고용주회원들은 걸러지지 않은 정보(직원들이 거칠게 쓴 직장 평가)를 액세스할 수 있고 회사 브랜딩과 채용광고를 내보낼 수 있기 때문에 유료회원에 가입한 회사나 고용주는 20만 명에 다달았다.

2012년, 글래스도어는 자사 서비스를 북미 외 전 세계 각 국가 언어로 확장하기 위해 2천만 달러의 벤처자금을 유치했다. 2015년 구글캐피탈(Google Capital)은 글래스도어의 기업가치를 10억 달러로 평가하면서 몇몇 벤처투자사와 연합해 7천만 달러를 투자했다. 향후 구글캐피탈 연합은 글래스도어에 최대 1억 7천만 달러까지 투자할 계획이다.

🧑 고객들

글래스도어의 일반회원은 대부분 직장에 다니는 사람, 취업을 준비하는 사람, 이직을 준비하는 사람들이다. 글래스도어의 유료회원은 취업을 준비하는 사람들에게 자사를 브랜딩하고 채용광고를 내보내려는 고용주들이 가입한다.

🕒 현재 위상

2015년 기준 글래스도어에는 8백만 개 이상의 직장정보, 면접정보, 월급정보가 등록되어 있고 40만 개 이상의 직장사진이 등록되어 있다. 회원들은 자신의 직장을 5점 만점 기준으로 평점을 매길 수 있는데 평균값은 3.2, 직장 만족도는 70% 수준이다. 회원수는 전 세계 190개국 3천만 명, 차별화된 서비스를 받을 수 있는 유료 고용주회원수는 20만 명이다.

2015년 기준 글래스도어는 50%의 이용자가 모바일로 접속하고 있고,
북미를 제외한 해외 이용자수는 20% 내외이다.

비디오자습서를 보급하다가 대박을 낸 린다닷컴 lynda.com

25

❓ 회사 개요

포토샵 디자이너라면 누구나 알고 있는 린다닷컴은 1995년에 미국 캘리포니아에서 린다 와인맨(Lynda Weinman)과 그녀의 남편이자 작가 브루스 히번(Bruce Heavin)이 설립하였다. 남편 브루스는 디지털 예술학교의 창업자이자 애니메이터, 멀티미디어학과 교수였다.

초창기의 린다닷컴은 각종 교재의 온라인교육을 위한 보조자료나 동영상을 제공하는 역할을 하였지만 2002년부터 온라인 교육과정을 본격적으로 시작, 동영상으로 된 각종 비디오자습서를 회원들에게 제공하였다. 2004년에는 100개의 교육코스를 개발했고 2008년에는 창조적 리더, 예술가, 기업에 대한 다큐멘터리를 기획·제작한 뒤 회원들에게 제공하였다.

린다닷컴은 2015년 4월 링크드인에 의해 15억 달러에 인수되었다.

초기의 린다닷컴은 포토샵 같은 컴퓨터 매뉴얼을 동영상으로 제공하는 동영상 자습서 보급업체였으나 지금은 비즈니스, 소프트웨어, 기술과 창조적인 기술을 자습으로 배울 수 있도록 지원하는 온라인 학습 서비스업체이다.

회사 조직이 갖추어지면서 개별 기업은 물론 학계 및 정부 직원을 대상으로 회원가입을 받고 전문가에 의해 강좌를 진행, 최고 품질의 교육과정이 담긴 비디오 라이브러리를 제공한다. 주로 제공하는 강좌는 개발자, 웹전문가, 디자인전문가, 포토샵, 인디자인, 3D 애니메이션, 사진촬영, 비즈니스 강좌 등이다. 2013년에는 'video2brain'라는 업체를 인수해 독일어, 프랑스어, 스페인어로 번역된 강좌를 제공한다.

2015년 기준 샌프란시스코, 런던, 시드니, 그라츠에 지사가 있고 본사는 캘리포니아에 있다.

초창기의 린다닷컴은 컴퓨터 디자인(특히 포토샵 매뉴얼), 3D 그래픽, 3D 애니메이션 중심의 동영상강좌를 비디오테이프와 DVD 포맷으로 제공하였다. 린다닷컴에서 제공하는 동영상강좌는 컴퓨터 소프트웨어를 처음 대하는 초보자들이 소프트웨어의 사용법을 익히는 최적의 도구 중 하나였다.

그 후에는 고급스킬을 배울 수 있는 동영상강좌와 개발자들을 위한 강좌, 비즈니스 강좌까지 카테고리를 넓혔다. 지금은 린다닷컴의 모든 강좌가 인터넷 동영상으로 제공되어 PC와 스마트폰으로 접속할 수 있

을 뿐 아니라 여러 나라의 언어로 제공되어 다수의 국가에서 유료회원
이 가입하고 있다.

🎙 CEO : 린다 와인맨

린다 수잔 와인맨(Lynda Susan Weinman)은 1955년 1월 24일 미국 캘리포
니아 헐리우드에서 태어났다. 그녀의 직업은 컴퓨터그래픽 강사이자 그
래픽 소프트웨어 관련 저자였지만 대학에서는 인문학을 전공하였다. 대
학 졸업 후 2개의 소매점을 열었지만 사업이 신통치 않아 중도에 접었다.

독학으로 애니메이션을 공부한 린다는 그 후 헐리우드 영화계에서 특
수효과의 애니메이터로 근무하면서 영화 〈로보캅 2〉, 〈빌과 테드의 엑
설런트 어드벤처〉, 〈스타트랙 : 파이널 프론티어〉 등의 후반작업에서 독
립계약자로 계약한 뒤 특수효과 부분을 작업했다. 이 무렵 린다는 남자
친구의 도움으로 애플컴퓨터를 접하면서 컴퓨터에 대한 전반적인 기술
을 습득했다.

그 후 그녀는 파사디나 아트센터 디자인대학에서 학생들을 가르쳤고
웹디자인 관련 서적을 집필했는데 당시 그녀의 첫 번째 저서는 웹디자
인을 시각디자인 면에서 접근한 최초의 책으로 유명하다. 그 당시만 해
도 인터넷 사이트는 텍스트 기반이었으므로 홈페이지 디자인을 시각적
인 면으로 접근한 그녀의 시점은 그녀가 아도비 포토샵이나 매크로미디
어 플래시에 능통한 디자이너임을 알 수 있게 한다.

그 후 린다는 UCLA, 미국영화연구소, 샌프란시스코 주립대학 등에서
도 컴퓨터 그래픽, 애니메이션, 인터랙티브 디자인, 모션 그래픽디자인
등을 가르쳤다가 1995년 온라인 교육을 목적으로 린다닷컴 사이트를

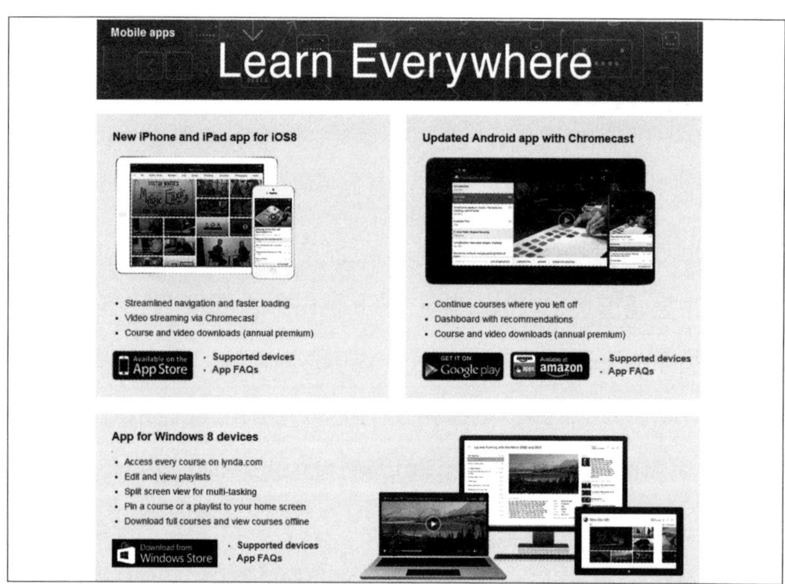

▲ 린다닷컴 앱을 사용하면 모바일 장비에서도 학습을 할 수 있다.

만들었고 정식으로 온라인교육회사를 설립한 것은 1997년경이다. 린다가 첫 책을 집필한 것은 1996년, 41살 때였는데 책의 제목은《Designing Web Graphics》였다.

2013년 기준 린다닷컴의 정규직 직원은 500명이고 강사진은 130명인데 회사의 운영비와 스태프 급여는 유료가입자들의 이용료와 투자자의 투자로 충당되고 있다. 린다닷컴의 유료회원은 연간 혹은 월간으로 가입할 수 있다. 유료회원은 린다닷컴에서 제공하는 동영상자습서를 무제한 액세스할 수 있다.

투자&자금조달 과정

린다닷컴은 2013년 1월 엑셀 파트너스(Accel Partners)와 스펙트럼 에

쿼티(Spectrum Equity)을 통해 1억 달러의 벤처자금을 유치했다. 이것은 린다닷컴이 외부에서 수혈받은 최초의 자금이었다.

여유자금이 생긴 린다닷컴은 오스트리아의 온라인 강의사이트인 'video2brain'를 인수하였다. 이 업체는 독어, 불어, 스페인어, 영어로 컴퓨터 관련 온라인 강좌를 하는 업체였다. 2015년 1월이 되자 린다닷컴은 TPG 캐피탈을 통해 1억 8천만 달러의 자금을 유치했다. 그리고 2015년 4월, 링크드인에 의해 15억 달러에 인수되었다.

고객들

린다닷컴은 25달러의 월이용료를 내는 일반회원과 37달러의 월이용료를 내는 프리미엄 회원제가 있다. 유료회원들은 린다닷컴에서 제공하는 모든 비디오자습서(동영상강좌)를 액세스할 수 있다. 일반 유료회원과 달리 프리미엄 회원은 동영상강좌를 다운로드하는 기능을 사용할 수 있다. 동영상강좌는 기초적인 강좌, 고급기술을 습득할 수 있는 강좌, 리더들의 아이디어나 노하우를 볼 수 있는 강좌까지 다양한 레벨이 있다. 이들 콘텐츠는 PC는 물론 스마트폰으로도 액세스할 수 있다.

린다닷컴은 온라인강좌 외 온라인출판과 온라인트레이닝 사업을 병행하고 있다.

현재 위상

린다닷컴은 2015년 4월 링크드인의 자회사가 되었다. 회원수 3억 5천만 명인 링크드인의 자회사가 됨으로써 린다닷컴의 온라인강좌는 자연스럽게 이들에게 노출되는 효과가 생겼다. 자기주도형 학습과 새로운 기술 습득을 필요로 하는 링크드인 회원들이 린다닷컴의 콘텐츠를 구매할 것으로 보인다.

26

? 회사 개요

1993년에 설립된 뒤 1995년 4월 서비스를 시작한 매치닷컴은 온라인 데이트 업계의 선도적 업체이다. 전 세계 24개국에서 15개 국어로 서비스를 제공하고 있으며 한국에서도 서비스되고 있다. 세계 싱글들을 위한 로맨틱한 만남의 기회를 마련해 소중한 인연을 찾아주는 것으로 유명하다. 고객의 요구에 계속 귀 기울여 소중한 만남을 위한 서비스를 개발해온 매치닷컴은 앞으로도 세계의 싱글들과 함께 할 것이라고 한다.

매치닷컴의 기본 원리는 회원가입시 작성한 본인의 정보(국가, 나이, 연봉, 학력, 취미, 라이프스타일)와 상대방이 작성한 정보가 어느 정도 일치할 때 검색되게 하는 것에 있다. 장점은 전 세계 싱글을 대상으로 데이트할 상대를 고를 수 있는 것이지만 국가, 인종별 설정이 있어 국가와 인종이 맞지 않으면 검색에서 누락되어 실제로는 찾을 수 있는 상대가 적다. 예를 들어 본인은 39세의 한국인이지만 32~39세의 홍콩여성을 찾는다고 해서 홍콩 여성회원이 다 검색되는 것은 아니다. 홍콩여성 중 한국남성, 39세에 관심있는 여성만 검색된다. 사업면에서는 홍콩여성회원을 모두 검색되게 만들 수 있지만 불필요한 온라인 스토킹을 방지하기 위해 검색 옵션을 상당히 정교하게 만들어 놓았다. 매치닷컴은 가짜 프로필을 등록하거나 성범죄를 시도하는 사람까지 발생해 회원신원 선별과 안전 장치 개발에 꾸준히 노력하고 있다.

🏅 성공 아이템

매치닷컴에 가입하면 첫 시작부터 본인의 정보를 등록하게 된다. 등록하는 정보는 학력, 연봉, 취미, 라이프스타일 등 매우 방대하다. 본인의 정보를 입력한 뒤에는 만남을 원하는 상대의 연봉, 취미, 기호, 라이프스타일 등을 정보를 입력한다. 입력한 정보를 기반으로 매치닷컴에서

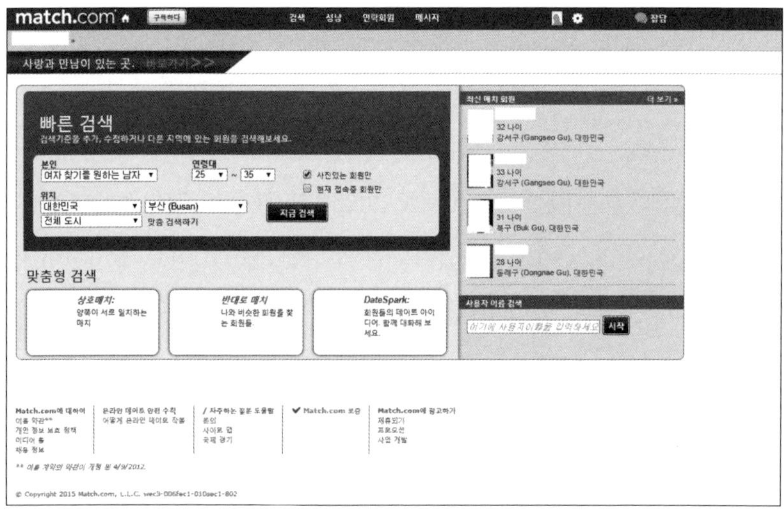

▲ 매치닷컴의 회원검색 기능은 국가별 검색이 가능하다.

검색할 때 자신의 조건과 일치하는 상대방을 찾을 수 있다.

마음에 드는 상대에게는 'E메일 보내기' 버튼을 클릭해 메일을 보낼 수 있다. 단, E메일 보내기 기능부터는 유료회원만 사용할 수 있다. 무료회원은 검색기능까지만 사용할 수 있고 실제 E메일이나 채팅을 하려면 매치닷컴의 월간 회원 혹은 분기회원에 가입해야 한다. 1개월 풀서비스 가격은 28.99달러이다. 풀서비스 유료회원은 상대와 E메일주고받기, 휴대폰알림서비스, 채팅, 회원연락, 자기프로필을 열람한 방문자 확인기능, 검색창에서 특정회원 삭제기능 등을 사용할 수 있다. E메일 푸시기능으로 자신과 매칭되는 사람을 추천받을 수 있다.

CEO : 개리 크레맨

1963년 시카고에서 태어난 개리 크레멘(Gary Kremen)은 노스웨스턴대학에서 전기공학과 컴퓨터공학을 복수전공한 뒤 1989년 스탠포드대학에서 경영학석사 학위를 받았다. 1991년 풀 소스 소프트웨어(Full Source Software)를 설립한 그는 연달아 보안소프트웨어 개발사인 로스알토스테크놀러지(Los Altos Technology)를 설립한 뒤 1992년까지 운영하였다.

1993년 크레멘은 신문사용 광고분류시스템을 개발하기 위해 Electric Classifieds라는 회사를 설립했는데 이 회사가 2년 뒤 매치닷컴 서비스를 병행하게 된다. 매치닷컴은 1994년에 한차례 투자를 받아 플랫폼 개발에 들어갔고 1995년에 정식으로 서비스를 런칭했다. 매치닷컴을 런칭한 2년 뒤인 1996년, 크레멘은 동성애시장까지 매치닷컴에 포함시키려다가 투자자들의 반대로 결국 매치닷컴에서 쫓겨났다.

이후 매치닷컴은 크레멘의 반대에도 불구하고 1998년 센단트 코퍼레이션(Cendant Corporation)에 700만 달러에 매각되었다. 센단트 코퍼레이션은 그 해가 가기 전 티켓마스터(Ticketmaster)에 매치닷컴을 5,000만 달러에 되파는 데 성공했다.

그 사이 크레멘은 여러가지 인터넷 사업을 하면서 돈을 모으기 시작, 시리얼 사업가로 명성을 높여가고 있었다. 대박은 아니지만 중박짜리 사업을 꾸준히 창업하면서 합병과 매각을 반복해 재산을 모아갔다. 게다가 다이나믹 웹페이지에 대한 1건의 발명특허(미특허 5706434)로 100만 달러 이상을 벌어들이는 등 특허출원에도 재능을 보였다.

크레멘은 도메인 선점꾼으로도 매우 유명한 사람이다. 1994년에 크레멘이 처음 등록한 sex.com은 2006년에 1,500만 달러에 매각할 수 있었다. 도메인 선점꾼이자 특허출원가, 시리얼사업가인 크레멘은 엔젤투자가로 활동해 지난 20여년 동안 대략 50여 스타트업 기업에 종잣돈을 투자했다. 2006년에는 가정용태양광발전기 설치자를 위한 금융조달을 서비스하는 'Clean Power Finance'를 공동설립한 후 CEO를 역임했다.

크레멘은 요즘도 10여 개 회사의 이사진으로 재직하면서 바쁘게 활동하고 있다. 요즘 크레멘은 공공부분산업이나 비영리산업, 엔젤투자가로 활동하고 있는데 특히 공공상수원관리 · 수원지관리사업에 많이 참여하고 있다.

고객들

싱글남녀, 이혼녀, 이혼남이 주 고객이다. 의외로 결혼적령기를 놓친 노처녀나 노총각도 많다. 본인의 프로필을 아무렇게나 작성해도 매치닷컴으로부터 확인메일이 오지 않으므로 프로필을 허위로 작성하는 사람들도 꽤 있을 듯하다.

현재 위상

매치닷컴은 1999년 IAC에 인수되면서 폭스 TV, 파라마운드영화사와 가족회사가 되었다.

2004년의 매치닷컴은 회원수 4,200만 명을 돌파하면서 세계 최고의 온라인데이트 사이트로 기네스북에 올랐다. 2010년에는 스마트폰용 앱을 발표하여 스마트폰에서도 매치닷컴을 손쉽게 사용할 수 있게 되었다. 또한 그 해에는 야후의 온라인데이트 독점공급업체가 되면서 야후 메인화면에 매치닷컴이란 메뉴가 생겼다.

2015년 기준 매치닷컴은 전 세계 24개 국가에서 서비스되고 있다. 매치닷컴의 홈페이지 트래픽율은 미국에서 250위권인데 이 정도면 BBC 방송국 홈페이지 방문객수와 맞먹는 순위이다.

27

코딩 실력을 테스트해
IT인재채용을 추천하는
해커미터 Hackermeter

❓ 회사 개요

기업에서 프로그래머나 IT인재를 채용할 때는 인맥 아니면 경력기반으로 채용한다. 경력기반으로 채용할 때는 대부분 이력서를 참고로 하여 채용하게 된다. 프로그래밍 직종은 채용주가 전공자가 아니면 피고용인의 실력을 가늠할 수 없기 때문에 이력서를 기반으로 채용을 하는 것이다.

이런 이들을 위해 해커미터(Hackmeter)라는 IT인재채용 서비스가 만들어졌다. 해커미터는 프로그래머의 코딩 실력을 테스트하는 플랫폼으로 프로그래머의 자발적인 참여로 테스트가 시작되고 테스트 결과 코딩 점수를 산출한다. 테스트는 점점 높은 난이도의 단계로 올라간다. 난이도가 높은 테스트를 통과할수록 프로그래머의 코딩점수는 높아진다.

해커미터 홈페이지에 접속하면 '프로그래머' 버튼과 '고용주' 버튼이 있다. 프로그래머 버튼은 프로그래머들이 자신의 실력을 테스트할 때

접속하는 반면, 고용주 버튼은 테스트한 프로그래머의 목록과 점수를 고용주가 확인하고 채용할 때 사용한다. 예를 들어 매우 뛰어난 파이썬 프로그래머를 채용하려면 파이썬 카테고리에서 점수가 높은 인재를 찾은 뒤 메시지를 보내면 된다.

개발자 입장에서도 자신의 프로필과 자기소개서를 동영상으로 업로드할 수 있기 때문에 취업의 폭이 더 넓어진다.

🏅 성공 아이템

해커미터에서 테스트할 수 있는 프로그래밍 언어는 자바, C, C++, 파이썬, 루비 등이 있고 해커미터는 이 테스트 플랫폼을 '코딩챌린지'라는 이름으로 홍보했다. 개발자는 자신이 잘하는 언어를 선택해 실력을 테스트할 수 있고 자신이 테스트한 내용을 프로필로 등록할 수도 있다. 고용주는 해커미터에 등록된 프로그래머들의 프로필과 테스트성적을 참고해 C언어 전문가나 자바 전문가를 찾아 고용할 수 있다. 만일 고용주가 지금 당장 원하는 레벨의 직원을 찾지 못하면 해커미터에서 그와 비슷한 레벨의 프로그래머가 있을 때 E메일로 푸시해준다.

요즘은 코딩도 구글에서 검색한 뒤 복사해 붙이는 경우가 많다. 해커미터는 이런 점을 방지하고 테스트의 정확성을 위해 프로그래머가 코딩하는 단계별 과정을 기록한 뒤 고용주가 재생할 수 있는 서비스를 제공한다. 고용주가 재생 버튼을 클릭하면 프로그래머가 코드를 복사해 붙여넣은 것인지 아니면 아니면 키보드를 눌러 코딩한 것인지 육안으로 확인할 수 있다.

해커미터는 자사의 플랫폼을 이용하는 고용주와 인재채용을 원하는

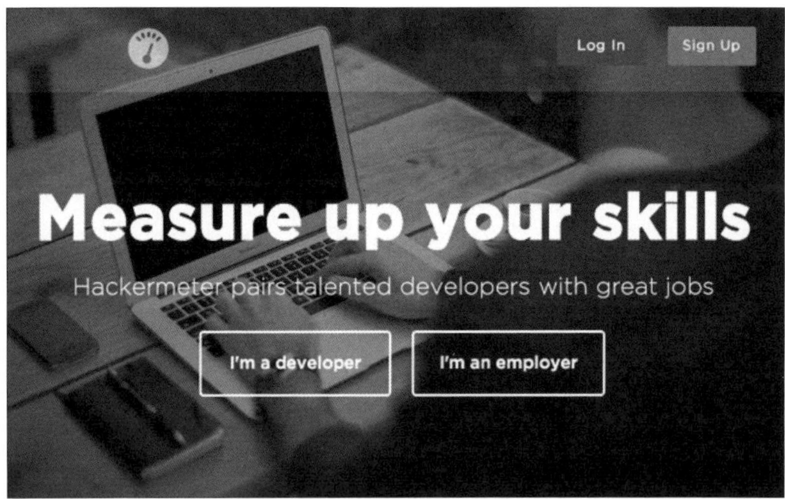

▲ 해커미터는 핀터레스트에 인수된 후 서비스를 중단했다.

IT기업에 코딩챌린지 플랫폼을 대여하는 것으로 수익을 올렸다.

💰 공동창업자 : 루카스 베이커, 프로스트 리

루카스 베이커(Lucas Baker)는 스탠포드대학 컴퓨터공학과를 졸업한 뒤 Ayasdi와 스퀘어에서 개발자로 근무했다. 그는 2013년 5월 대만출신의 여성 개발자 프로스트 리(Frost Li)와 공동으로 해커미터를 설립한 뒤 CEO가 되었다.

대만국립대와 미시건대를 나온 프로스트 리는 애플, 구글, 트위터에서 근무한 뒤 해커미터를 공동설립하고 CTO를 맡았다. 그녀는 미시간대 시절인 2009년, ACM 국제대학생 프로그래밍대회(ACM-ICPC) 북미결승에서 승리한 뒤 세계 결승전에 진출한 적이 있다.

💰 투자&자금조달 과정

해커미터는 2013년 5월 창업 전후 WeFunder 등을 통해 종잣돈을 유치했다. 코딩챌린지 서비스는 창업 3개월 뒤인 8월경 개시했는데 이때 엔젤투사자인 Y컴비네이터의 눈에 포착되었다. Y컴비네이터를 포함한 여러 엔젤투자가들이 그 해 겨울 해커미터에 70만 달러의 자금을 투자하기로 계획했다.

그런데 겨울이 오기 전인 10월, 서비스를 개시한지 2개월 만에 핀터레스트가 해커미터를 인수하였다. 해커미터의 자금조달계획은 Y컴비네이터의 알려지지 않은 금액만 집행된 것으로 보이며 그 외는 취소되었다.

💰 고객들

해커미터의 고객은 크게 두 부류이다. 본인의 실력을 테스트하려는 프로그래머와 프로그래머들을 채용하려는 회사들이다. 2013년 약 2개월 동안 서비스하고 중단되었는데 그때 이미 10여 개 이상의 IT 기업들이 해커미터의 플랫폼을 사용해 IT인재를 테스트하고 채용하였다.

💰 현재 위상

해커미터는 핀터레스트에 인수된 1~2개월 뒤 자사 서비스를 종료하였다. 해커미터의 공동창업자인 루카스 베이커와 프로스트 리는 핀터레스트에 합류했다.

온라인예약·배달 앱 스타트업의 거인들

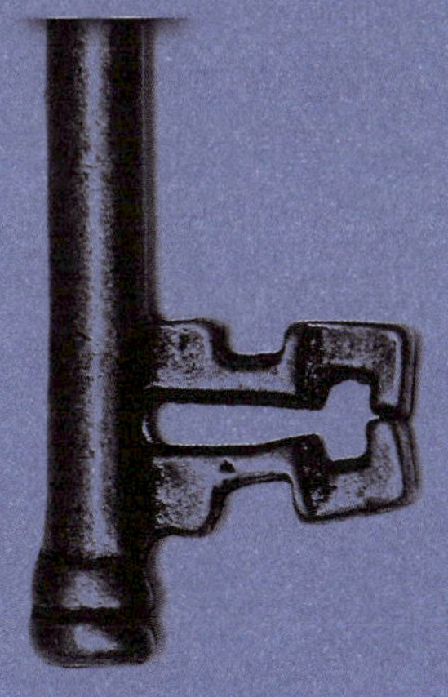

28

? 회사 개요

에어비엔비는 2008년 미국 실리콘밸리 팔로알토에서 창업된 민박예약 네트워크이다. 2015년 6월 기준 190개국 3,4000 도시의 120만 숙박시설 정보를 제공하고, 에어비엔비를 통해 숙박예약을 한 사람은 세계적으로 3,500만 명에 달한다. 지금도 매일 5~6만 명이 에어비엔비를 통해 숙박지를 검토하고 숙박예약을 한다. 한국에서도 서비스를 하기 때문에 해외여행지의 숙박지를 예약하려는 내국인들이 사용한다.

에어비엔비는 기본적으로 PC 및 모바일, 태블릿에서 전 세계의 독특한 숙소들을 발견하고(이용자), 올리고(숙소운영자), 예약할 수 있는 믿을 만한 숙박정보 공유 네트워크이다. 제공하는 정보는 하룻밤 지낼 수 있는 민박부터 1개월 이상 체류할 수 있는 빌라까지 총망라되어있다.

에어비엔비는 세계 곳곳의 민박업을 사업으로 하는 사람들과 고객들을 연결해주는 네트워크이므로 무료로 체류할 수 있는 방이 없다. 에어비엔비와 달리 카우치서핑(www.couchsurfing.com)은 해외 곳곳의 무료로 체류할 수 있는 방과 사람들을 연결해주는 네트워크이다.

🥇 성공 아이템

한 번도 가본 적이 없는 해외, 게다가 한 번도 본 적 없는 외국인이 운영하는 숙박시설을 미리 예약하거나 손님으로 받는 것은 누구에게나 겁이 나고 어려운 일이다(숙소를 운영하는 호스트의 입장에서도 어떤 외국인이 손님으로 올지 겁이 날 것이다).

에어비엔비는 게스트(손님)와 호스트(숙소운영자)의 안전을 위해 소셜 네트워크에 연결해서 공식 ID를 스캔하거나 혹은 개인 신상정보 인증을 해야 한다. 또한 에어비엔비 회원들의 프로필 기능을 제공하여 게스트와 호스트의 성향 등을 미리 파악할 수 있도록 하고 있다. 게다가 호스트와 게스트가 올린 숙소나 고객에 대한 후기를 제공한다.

게스트의 예약 요청과 각종 문의는 메시지 전송방식으로 할 수 있다. 금전이 오고가는 예약 과정을 에어비엔비 안에서 처리할 수 있기 때문에 돈을 도난당할 위험이 없고 이 때문에 이용자들은 큰 어려움 없이 에어비엔비에서 여행지의 숙소를 저렴한 가격으로 구하고 있다.

💬 바탕 스토리

원래 에어비엔비의 비즈니스모델은 숙소예약 네트워크가 아닌 단기 거주가 가능한 에어베드(공기를 집어넣어 만드는 침대)를 연구하다가 탄생한 아이템이었다. 2007년 10월 미국 샌프란시스코에서는 때마침 산업디자인 컨퍼런스가 열렸다. 컨퍼런스에 참가하는 인원이 많자 호텔은 포화상태였고 방을 구하기가 어려웠다. 이런 사람들을 위해 집의 거실이나 빈방에 여러 사람이 함께 투숙할 수 있는 공기침대를 설치한 뒤 아침식사를 제공하고 민박비를 받으면 어떨까 하는 것이 에어비엔비의 초기 비즈니스모델이었다.

이러한 대체숙박 사업을 하기 위해 Airbedandbreakfast.com을 오픈했는데 그 후부터는 호텔이나 모텔과 다른 민박업을 연결하는 것에도 사업성이 있다고 판단하게 되었다. 지금의 에어비엔비는 민박업, 게스트하우스, 홈스테이지, 중·장기체류를 원하는 게스트와 호스트를 연결해주는 네트워크로 발전하였고, 이 때문에 에어비엔비의 호스트(숙소 운영자)가 올린 숙박상품은 비어있는 자신의 저택이나 아파트, 개인실, 썩여두기엔 아까운 빈방 등이 올라온다.

CEO : 브라이언 체스키

1981년 8월 29일에 미국에서 태어난 브라이언 체스키(Brian Chesky)는 로드아일랜드디자인학교(RISD)에서 산업디자인을 공부했다. 그의 공동창업자인 조 가비아(Joe Gebbia)와 친구 사이가 된 것도 이 학교를 다닐 때였다.

2008년 절친이었던 두 사람은 샌프란시스코 실리콘밸리로 이동해 직장을 구하러 다녔다. 이들이 무직으로 전전긍긍하고 있을 때 때마침 샌프란시스코에서 미국산업디자인협회의 주최로 산업디자인컨퍼런스가 열렸다. 산업디자인컨퍼런스에 참가하는 수많은 비즈니스맨들이 호텔이 꽉 차자 방을 구하지 못해 발을 동동 굴리는 것을 보았다. 수입

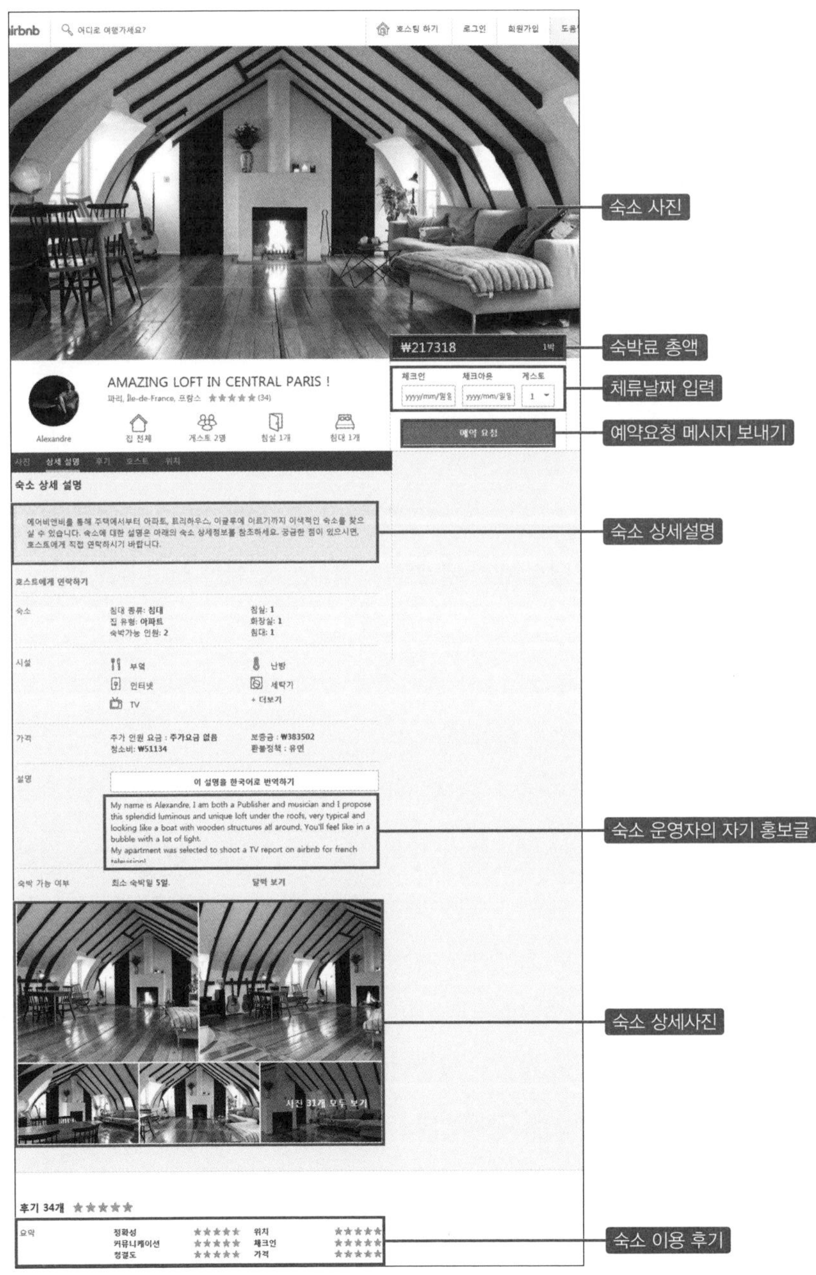

▲ 에어비엔비의 민박 예약창 (www.airbnb.com)

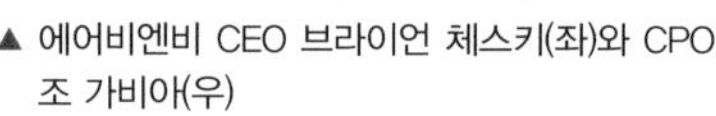

▲ 에어비엔비 CEO 브라이언 체스키(좌)와 CPO 조 가비아(우)

이 절실했던 두 사람은 자신이 살고있는 방에 에어배드를 깔면 손님을 받을 수 있을 것이라고 생각했다. 그들은 즉시 3개의 에어배드를 구매한 뒤 1998년 8월 1일 Airbedandbreakfast.com이라는 웹사이트를 만들고 '공기침대를 제공하고 아침식사를 제공하는 집'이라고 광고를 했다. 물론 당연하게도 장사가 되지 않았다.

때마침 2008년 11월 4일이 미국 제44대 대통령선거일이었다. 이들은 시리얼 장사를 하기로 하고 비상금을 털어 오바마 캐릭터를 인쇄한 시리얼과 오바바의 경쟁상대인 매케인 캐릭터를 인쇄한 시리얼을 만들어 자신의 사이트에서 팔았다. 소장가치가 있는 시리얼이었기 때문에 2개월 동안 800상자를 팔았고 3만 달러를 벌었다. 물론 대통령 선거가 끝난 후에는 시리얼이 팔리지 않았다.

이때 운좋게도 시드머니 투자사인 Y컴비네이터가 그 시리얼 상자를 보고 Airbedandbreakfast.com라는 회사의 사업수완과 잠재성을 눈치챘다. Y컴비네이터는 Airbedandbreakfast.com의 운영자들을 인큐베이션하기로 하고 뉴욕으로 초대하는 동시에 총 6만 달러의 종잣돈을 투자했다. 그 후 Airbedandbreakfast.com은 에어비엔비로 사명을 개명한 뒤 지금의 전 세계 민박네트워크로 탄생한다. 에어비엔비의 대성공으로 공동창업자 브라이언 체스키의 재산가치는 2015년 기준 19억 달러로 평가받고 있고 친구이자 공동창업자인 조 가비아(Joe Gebbia)의 재산가치도 19억 달러로 평가받고 있다.

💰 투자&자금조달 과정

2009년 Y컴비네이터의 종잣돈 투자 이후 2011년까지 에어비엔비에는 총 720만 달러 이상의 벤처자금이 유치되었다. 이 금액은 확인 가능한 금액이고 일부는 확인되지 않은 금액을 투자했다.

이 기간 동안 투자사로는 Y컴비네이터, DST 글로벌솔루션(DST Global Solutions), 제너럴 캐털리스트 파트너(General Catalyst Partners), 그레이록 파트너스(Greylock Partners), 세쿼이아 캐피탈(Sequoia Capital), 안드레센 호로비츠 투자사(Andreessen Horowitz), 유니버시트 벤처투자사(Youniversity Ventures), 에이 그레이드 투자사(A Grade Investments) 등이 있다. 2012년에는 에이 그레이드 투자사의 동업자인 헐리우드 배우 애슈턴 커쳐가 에어비엔비의 고문이 되었다고 발표했다.

2014년에는 TPG 캐피탈이 에어비엔비의 기업가치를 100억 달러로 평가하고 4억 5천만 달러를 투자했다.

👥 고객들

에어비엔비는 2011년경부터 해외의 유사 업체들을 인수하면서 민박예약네트워크를 세계시장으로 넓혔다. 현재는 미국 외 스페인, 독일, 덴마크, 아일랜드, 영국, 이탈리아, 러시아, 프랑스, 브라질, 싱가포르, 호주 등에 지사를 두고 한국어는 물론 세계 각국 언어로 민박예약을 대행하고 있다.

국내에서는 주로 외국인대상 게스트하우스 운영자들이 에어비엔비를 통해 홍보와 예약을 받고 있다.

◉ 현재 위상

에어비엔비의 기업가치는 2015년 기준 최소 200억 달러로 평가받고 있다. 수익모델은 민박이용료의 6~12% 내외이고 신용카드처리수수료는 호스트와 게스트 양쪽에서 3%씩 받고 있다.

독일에서 창업,
세계적으로 뜬 음식배달 앱
딜리버리히어로 Delivery Hero

 독일 

Startup Success Story

❓ 회사 개요

딜리버리히어로(배달영웅)은 2011년 독일 베를린에서 스웨덴인 니콜라스 오스트베르그(Niklas Ostberg)가 공동설립한 온라인 배달음식 처리 회사이다. 2015년 현재 전 세계 30여 개국에서 음식주문을 처리하는데 독일, 영국, 스웨덴, 스위스, 호주, 핀란드, 폴란드, 오스트리아, 덴마크, 한국, 중국 등이다. 딜리버리히어로를 통해 주문받은 음식을 판매하는 업소는 10만 개소 이상, 세계적으로 1,500명의 직원이 근무하고 있다.

딜리버리히어로는 2012년 한국에서 음식배달 앱인 '요기요'를 설립, 한국시장에도 진출했다. 음식배달문화가 약한 세계시장에서는 대개 피자같은 테이크아웃 음식의 배달을 처리하지만 한국에서는 치킨 등의 수많은 음식을 주문 및 배달처리한다.

음식주문자는 PC와 모바일에서 음식을 주문할 수 있고, 식대는 신용카드, 현금, 페이팔(PayPal) 등으로 지불할 수 있다. 딜리버리히어로의 독일본사는 지주회사 형태로 운영중이다.

🎖 성공 아이템

딜리버리히어로는 모바일 혹은 PC주문을 확산시키기 위해 전화주문보다 우대정책을 펼쳤다. 사용자는 요리검색, 거리검색, 지불금액 검색, 리뷰검색, 배달시간 검색 등으로 자신과 가장 가까운 위치에 있는 레스토랑을 선택해 배달음식을 주문할 수 있다. 레스토랑은 주문된 금액에서 일부를 수수료로 지급한다.

🎤 CEO : 니콜라스 오스트베르그

공동창업자이자 CEO인 니콜라스 오스트베르그(Niklas Ostberg)는 독일의 올리버 바인만(Oliver Wyman)이라는 경영컨설팅회사에서 2005년부터 2010년까지 프로젝트 매니저로 근무했다. 당시 그는 퇴근한 뒤 집으로 돌아오면 무언가 먹고 싶어도 요리에 자신이 없었기 때문에 항상 음식을 배달시켜 먹었다. 이때 그는 자연스럽게 자신이 먹고 싶은 음식을 편안하게 골라서 먹는 방법으로는 음식을 배달시키는 것이 가장 좋다는 생각을 했다.

당시 유럽은 인터넷에서 꽃배달 같은 주문처리업이 한참 유행하면서 음식주문 사이트도 서서히 나타나는 시점이었다. 그는 직장을 다니는 내내 음식주문을 처리하는 업체를 구상하였고 음식주문 처리시장의 잠재성이 충분하다고 굳게 믿었다.

2007년 전후 그는 just-eat.com, OnlinePizza.se 등의 회사를 설립한

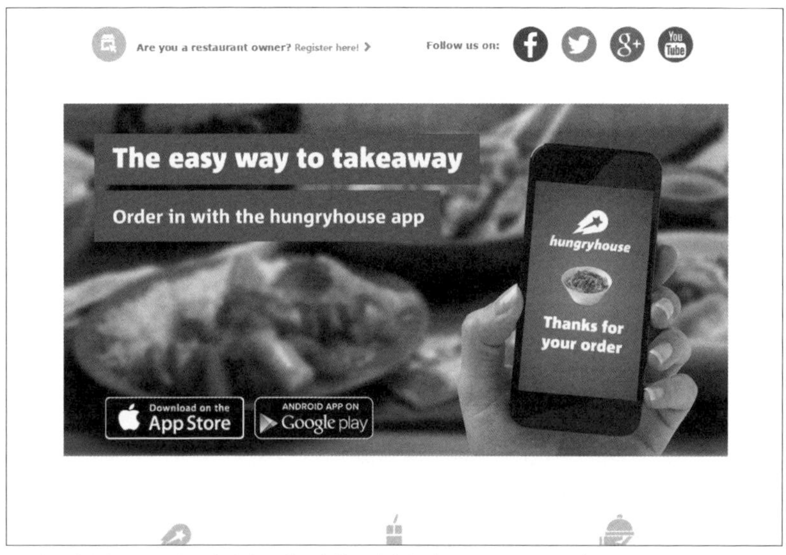

▲ 딜리버리히어로의 영국 자회사 브랜드인 헝그리히어로(hungryhouse.co.uk)

후 온라인에서 피자주문을 받는 회사를 운영했다. 2008년경에는 오스트리아의 온라인 음식주문 사이트인 Mjam GmbH를 설립 운영했다. 2009년에는 폴스카(Polska) 레스토랑 즉 폴란드에서 온라인으로 피자주문을 받는 PizzaPortal.pl을 공동경영했다. 2010년에는 핀란드의 Suomi Oy 레스토랑을 공동경영했다.

2010년 전후로 그는 음식주문 사업을 다른 각도로 해석했다. 당시는 국가별 혹은 브랜드별로 온라인 피자주문회사가 난립하는 상황이었으므로 온라인 피자전쟁에서 승부를 내려면 음식을 통합하는 회사가 최적의 비즈니스모델이었다. 그는 인터넷에서 Lieferheld.de라는 주소로 오픈한 뒤 본격적으로 배달 앱 회사를 시작했는데 'Liefer held'는 '공급하는 영웅'이란 뜻이다. 2011년에는 시드머니 투자사의 보육아래 국가와 음식종류를 구별하지 않고 통합배달하는 주문배달회사 딜리버리히어로를 설립했다.

2011년경부터 그의 브랜드는 러시아, 멕시코, 호주 등으로 영역을 확장하였는데 보통은 그 국가에서 유명한 업체를 인수하거나 창업을 하는 방식으로 확장하였다. 2012년에는 한국과 중국에도 배달 앱 업체를 설립했다.

2014년의 딜리버리히어로는 남미 최대 업체를 인수하였고 마침내 독일에서도 최대 라이벌이었던 Pizza.de를 합병하는 데 성공했다.

💰 투자&자금조달 과정

2011년 11월 홀즈브링크 벤처투자사(Holtzbrinck Ventures), 텐겔만 벤처투자사(Tengelmann Ventures), 카이트 벤처투자사(Kite Ventures), 루넷 투게더 투자사(ru-Net together invested)를 통해 총 400만 유로(50억 원)의 자금을 유치했다.

2012년 4월에는 국제적인 인수합병 사업을 지원하기 위해 기존 투자사들이 2,500만 유로를 투자했다. 2012년 8월에는 카이트 벤처투자사와 크레오스 캐피탈(Kreos Capital)이 4,000만 달러를 투자했다. 또한 페노멘 투자사(Phenomen Ventures)에서 3,000만 달러를 투자했다. 2014년 1월에는 인사이트 벤처 파트너스(Insight Venture Partners)의 주도로 8,800만 달러를, 4월에는 8,400만 달러를 투자받았다. 2014년 겨울에는 스타트업 지주회사인 로켓 인터넷(Rocket Internet)이 총 4억 9,600만 달러를 투자해 딜리버리히어로의 지분 30%를 점유했다.

👥 고객들

해외에서는 피자나 테이크아웃 중국음식을 많이 주문하지만 요즈음
은 레스토랑의 스테이크류를 도시락 형태의 테이크아웃으로 많이 주문
한다.

🕐 현재 위상

전 세계 30여 국가에서 온라인으로 들어오는 배달음식 주문을 처리한
다. 사업가치와 기업 전망은 앞으로도 밝은 편이다.

카피일까, 아닐까? 미투전략으로
승승장구한 푸드판다(Foodpanda)

푸드판다는 딜리버리히어로처럼 배달음식을 주문받은 뒤 주문자와 가장 가까운 음식점에 연락해 처리하는 회사이다. 아시아와 유럽에서는 '푸드판다'라는 브랜드로, 아프리카와 남미에서는 '헬로우푸드'라는 브랜드로 영업한다.

2012년 4월 싱가포르에서 최초의 배달음식 주문을 처리하는 푸드판다 브랜드 업체가 생겼다. 그 뒤 인도, 말레이시아 등지에서도 같은 브랜드의 온라인 배달음식 주문처리업체가 신속하게 설립되었다. 본사는 베를린에 있다지만 각 국가별로 파트너를 섭외해 신속하게 창업하면서 싱가포르를 포함한 남아시아 국가에서 푸드판다 브랜드가 생겨났다. 매우 공격적으로 창업했기 때문에 2015년 기준 4개 대륙 40개 국가에서 푸드판다 혹은 헬로우푸드라는 온라인 배달음식 주문처리업체가 생겼다.

푸드판다는 누군가의 고유 아이디어로 탄생한 회사가 아니라 딜리버리히어로(Eelivery Hero), 그럽허브(GrubHub), 배달통(한국), 배달의민족(한국) 등의 비즈니스모델을 모방하여 탄생한 회사이다. 모방업체인 푸드판다가 급속도로 성장할 수 있었던 이유는 푸드판다 배후에 로켓 인터넷이 있었기 때문이다.

사족이지만, 국내 배달 앱 사업자들은 식당 업주들에게 수수료를 과다하게 떼는 바람에 지탄의 대상이 되고 있다. 수수료율이 3% 정도인 배달 앱이 등장해 영세식당업자들과 상생해야 할 것이다. 예를 들어 오픈테이블처럼 자체 포스시스템과 주문 앱을 보급하면 전화중개비가 절약되기 때문에 기존의 포스(POS)업체가 이 사업에 끼어들어도 해볼만 할 것이다.

30

 회사 개요

1998년 설립된 오픈테이블은 실시간 레스토랑 예약서비스이다. 전세계 3만 1천 개 레스토랑을 사업파트너로 하면서 한달 평균 1,500만 회의 식사예약을 처리하고 있다.

1999년의 오픈테이블은 웹사이트를 플랫폼으로 하여 레스토랑 예약을 처리했다. 시간이 지날수록 레스토랑 예약기능은 물론 제공자(레스토랑 운영자)를 위한 기능이 추가되었다. 예컨대 고객관리, 좌석위치 표관리, POS 관리, 매출보고서 기능이 추가되었다. 예약자는 무료로 사용할 수 있고 공급자인 레스토랑 운영자는 예약에 따라 수수료를 지불한다.

2009년 5월 오픈테이블은 미국 나스닥 시장에 상장되었다. 미국 시장에서만 예약이 가능했던 오픈테이블은 최근 캐나다, 프랑스, 독일, 일본, 멕시코, 영국 등으로 예약영토를 확장하고 있다. 2015년 기준 오픈테이블의 기업가치는 27억 달러이다.

🏅 성공 아이템

오픈테이블의 비즈니스모델은 고객의 레스토랑 예약을 처리하고 레스토랑 업주들에게 수수료를 취하는 방식이다. 초기에는 과다한 수수료를 부과하면서 업주들의 원성이 대단했으므로 업주들을 위한 EBR 솔루션을 개발하면서 역풍을 막았다. EBR 솔루션은 VIP 고객관리, 좌석 할당관리, POS 통합관리, 매출보고서, E메일 홍보를 레스토랑에서 처리할 수 있는 소프트웨어와 단말기, 그리고 인터넷 회선이었다. 오픈테이블은 EBR 솔루션을 월 199달러에 업주들에게 임대한 뒤 오픈테이블 웹사이트를 통해 예약 고객이 발생하면 1인당 1달러의 수수료를 업주들에게서 받았다.

레스토랑을 예약하는 사람들에게는 레스토랑 예약 기능 외 레스토랑 검색 기능, 예약 횟수에 따른 할인포인트를 제공하여 오픈테이블을 계속 사용하도록 유도하였다. 또한 모바일 시대가 시작되자 오픈테이블은 신속하게 아이폰, 안드로이드폰, 블랙베리폰, 팜용 앱을 발표했다. 이런 점들이 경쟁업체들의 난립을 막았고 성공의 발판이 되었다.

🎙 창업자 : 척 템플턴

척 템플턴(Chuck Templeton)은 3년 동안 미군 레인저부대에서 저격수로 복무한 뒤 캘리포니아 폴리테크닉주립대학에서 공부하고 샌프란시스코의 반도체 회사에 입사했다.

1998년 6월 어느날 밤, 행복한 신혼생활을 즐기던 척 템플턴 부부에게 시카고에 살고 있는 장인 가족이 별안간 찾아온다는 소식이 전해졌다. 템플턴의 아내는 늦은 밤 긴급하게 레스토랑을 예약하기 위해 전화

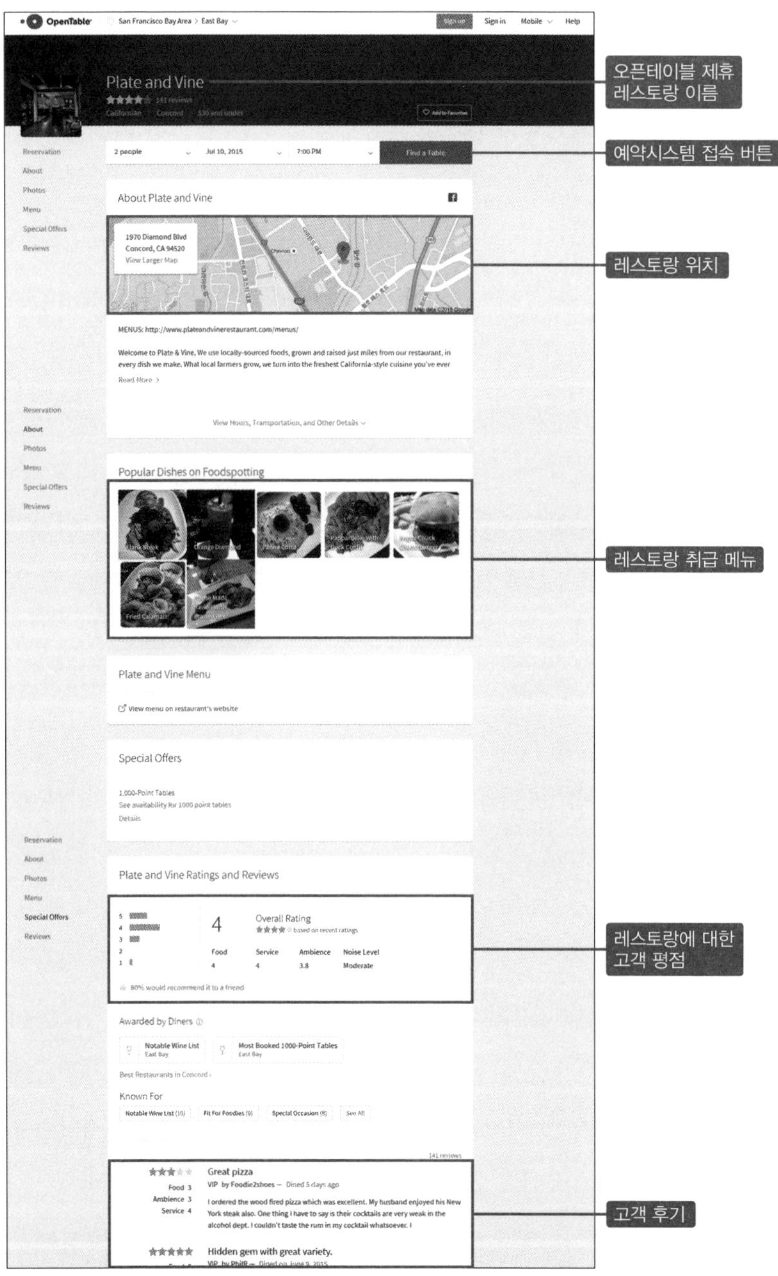

▲ 오픈테이블의 레스토랑 예약화면

를 걸었는데 음성메시지를 남기고 답변이 오는 데 무려 3시간 30분이나 걸렸다. 아내가 레스토랑 예약을 하기 위해 전전긍긍하던 모습을 본 템플턴은 인터넷에 레스토랑 예약플랫폼이 있으면 더 편리할 것이라는 생각을 떠올렸다.

그는 결혼하기 전부터 줄곧 반도체회사를 다니고 있었기 때문에 회사를 설립하려면 직장을 그만 두어야 했다. 기왕 사업을 시작할 생각이면 빨리 시작하자는 생각으로 1998년 7월 1일 오픈테이블을 설립했다. 그때 템플턴의 나이는 29살이었고 신혼생활은 2개월째였다.

템플턴은 회사설립 뒤 샌프란시스코 시내를 돌아다니며 시장조사를 했다. 그런데 알고보니 레스토랑 매장에는 컴퓨터라는 것이 구비되어 있지 않았다. 간혹 노트북이 있는 레스토랑이 있었지만 노트북에는 예약관리나 재고관리 같은 프로그램이 깔려있지 않았다. 템플턴은 고급 레스토랑마다 예약관리용 단말기가 있을 것이고 거기다가 인터넷만 연결하면 예약망이 구현될 것이라고 속단했던 것이었다.

크게 낙담한 템플턴은 예약시스템의 설계를 원초적인 문제에서부터 재접근해야만 했다. 일단 회사도 그만 둔 상태라서 돌아갈 길은 없었다. 게다가 신혼이었으니까 부인 앞에서 남편으로서의 면목을 세워야 했다.

플랫폼에 대한 기본 설계를 마무리한 템플턴은 예약플랫폼을 사용할 레스토랑을 모집했다. 그러자 상위 20개의 레스토랑에서 예약플랫폼이 만들어지면 사용하겠다는 의사를 밝혀왔다. 생각보다 많은 레스토랑에서 호의적인 반응을 보이자 템플턴은 성공을 자신했다. 사실 예약플랫폼은 그다지 첨단기술이 필요한 것이 아니었다.

이때부터 사업은 긴박하게 전개되었다. 신혼생활이었지만 템플턴은 사업을 성공시키기 위해 정신없이 일했다. 거의 매일이 전쟁같은 나날이었다. 매일 15시간씩 직원들과 일을 했으므로 아내의 얼굴을 까먹을 지경이었다.

그가 예약플랫폼에 온라인 카드결제 기능을 구현하기 위해 브레인트리의 CEO 브라이언 존슨을 찾아간 것도 이 무렵이었다. 당시 브라이언 존슨은 VAN 단말기 설치업을 하고 있었다.

마침내 그가 개발한 단말기는 샌프란시스코와 시카고의 레스토랑에 보급되기 시작하였다. 초창기에는 기술적인 오류가 심심치 않게 발생했지만 연착륙에 성공했다. 게다가 온라인을 이용한 레스토랑 예약은 당시에 경쟁업체가 없었다. 템플턴은 창업 후 2년 동안 3,600만 달러의 투자금을 유치하면서 사세를 급격히 넓혔다.

2001년의 오픈테이블은 미국 전역을 커버하며 온라인 레스토랑예약을 처리했지만 내부적으론 적자진행형 사업이 지속되고 있었다. 지출은

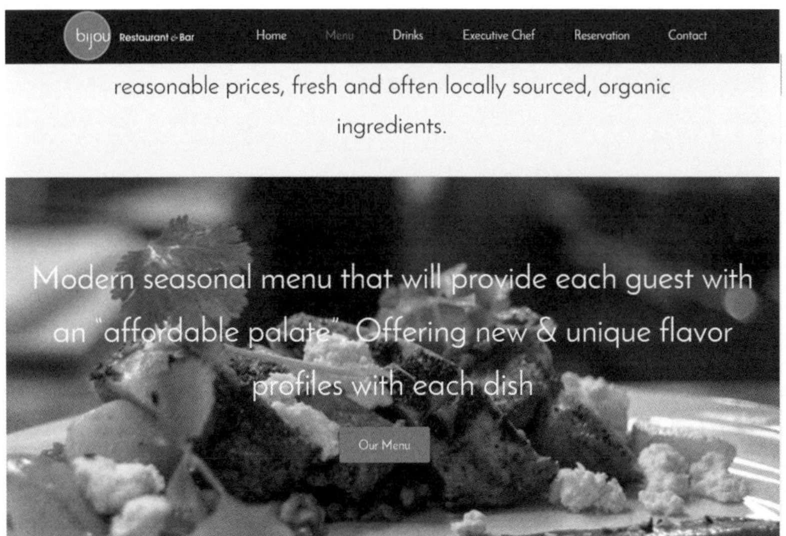

▲ 레스토랑 예약 기능은 오픈테이블에서도 사용할 수 있지만 파트너 레스토랑의 홈페이지에서도 사용할 수 있다.

매달 100만 달러였지만 매출은 고작 10만 달러였다. 수익을 올리지 못하자 결국 이사회가 소집되었다. 회사의 금전 흐름을 분석한 이사회는 회사가 방만하게 운영되는 상태라고 진단했다. 이사회는 전문경영인 체제로 갈 것을 권고했고 이 때문에 템플턴은 경영진에서 물러났다.

새 CEO는 회사의 적자를 개선하기 위해 직원들의 복리후생비를 알뜰하게 없앴다. 미국 전역을 커버하는 전략은 인건비 지출을 줄이기 위해 중단했다. 그 대신 4개의 중요한 주를 선택해 사업역량을 집중하기로 했다. 단말기와 소프트웨어는 레스토랑 업주들이 쉽게 익힐 수 있도록 수정되었다. 세일즈맨들은 레스토랑을 맨투맨으로 찾아다니며 새 버전의 예약시스템을 팔았다.

2004년으로 해가 바뀌었다. 이사회에서 특별한 임무가 없는 템플턴은 자신의 지분을 추가 매각한 뒤 오픈테이블에서 완전히 손을 끊었다.

회사를 떠난 템플턴은 OhSoWe라는 회사를 설립한 뒤 친환경, 녹색, 무료공유를 표방하며 공유경제 커뮤니티를 운영했지만 성공하지 못했다. 템플턴은 온라인 배달음식주문회사 그럽허브(GrubHub)의 이사로 일하다가 벤처투자사 임팩트 엔진(Impact Engine)의 이사로 전직했다.

오픈테이블은 그 후 한 두 차례 전문경영인을 교체한 뒤 운영을 계속했다. 회사의 체질은 눈에 띄게 개선되었고 적자는 흑자로 전환했다. 2009년에는 오픈테이블의 주식이 나스닥에 상장되었다. 오픈테이블 지분을 여전히 가지고 있던 템플턴은 평생을 놀아도 될만한 부유한 중산층이 되었지만 텃밭에서 오이를 키우고 이웃들을 초대해 식사를 하는 등 공유경제생활을 실천하였다.

2014년 6월, 세계 온라인여행사 2위인 프라이스라인 그룹(Priceline Group)이 오픈테이블 주식을 전일종가에 40% 이상의 프리미엄을 부쳐

26억 달러어치를 매집했다. 이로 인해 오픈테이블은 프라이스라인의 자
회사가 되었다.

투자&자금조달 과정

오픈테이블은 1998~2000년에 여러 투자사를 통해 3,600만 달러의
자금을 유치했다. 2009년에는 회사가 나스닥에 상장되어 투자자들이 대
박을 터트렸다. 2014년에는 프라이스라인 그룹의 자회사가 되었다.

현재 위상

2013년 기준 오픈테이블의 직원수는 700명, 연매출은 1억 9천만 달
러, 영업이익은 4,600만 달러이다.

? 회사 개요

홈페이지에 설치해 사용하는 예약관리솔루션 북프레쉬의 옛 이름은 아워타운(HourTown)이었다. 아워타운은 페이팔 결제시스템과 연동되는 예약관리솔루션으로 중형기업의 PC에 설치해 사용했다. 대부분의 예약관리솔루션이 큰 회사를 타깃으로 개발된 것과 다르게 아워타운은 호텔, 레스토랑, 항공사 등 중형기업을 위해 만들어졌다는 점에서 언론의 주목을 받았다.

2009년 아워타운은 웹호스팅 회사와 파트너십을 맺고 고객이 온라인 상에서 예약을 할 수 있도록 소프트웨어를 리뉴얼하기로 했다. 제품이름도 아워타운에서 북프레쉬로 변경하였다.

2009년 후반기, 북프레쉬는 소프트웨어와 위젯을 정식 출시했다. 이 소프트웨어는 업주의 홈페이지에 설치할 수 있을 뿐 아니라 심지어는 업주의 페이스북에도 설치할 수 있었다. 북프레쉬는 최대 3인까지만 예약받을 수 있는 트라이얼 버전과 월 19.95달러를 내면 무제한으로 사용할 수 있는 유료버전으로 발표되었다.

북프레쉬는 발표 즉시 소매업자들의 관심을 받으면서 큰 인기를 끌었다. 스파, 미용실, 사진관 업주는 물론 배관공들까지 온라인으로 예약을 받기 위해 북프레쉬를 설치했다.

성공 아이템

북프레쉬에는 업주 혹은 직원의 업무관리를 위한 일정관리 기능이 내장되어 있고 이것은 구글 캘린더 등과 연동되었다. 달력 형태로 생긴 일정관리 기능은 업주/직원의 달력이 분리되어 있어 업주 혹은 직원의 업무시간을 월/주단위로 관리할 수 있었다.

업주의 홈페이지나 페이스북에 북프레쉬를 설치하면 홈페이지에 접

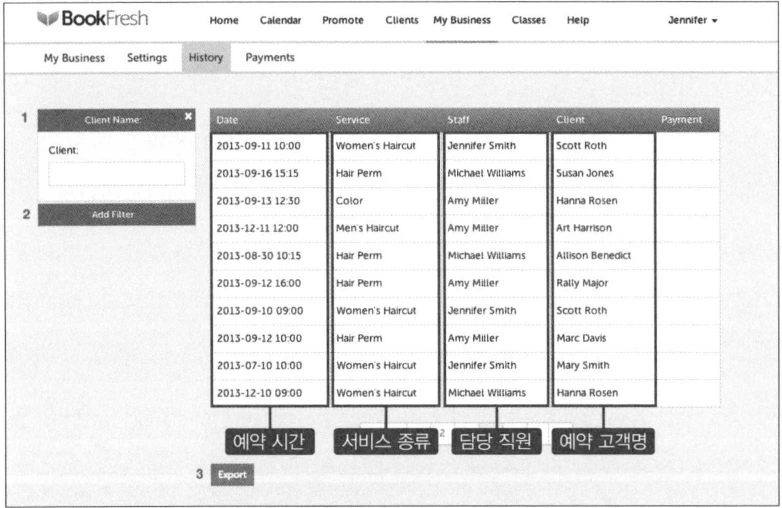

	Date	Service	Staff	Client	Payment
	2013-09-11 10:00	Women's Haircut	Jennifer Smith	Scott Roth	
	2013-09-16 15:15	Hair Perm	Michael Williams	Susan Jones	
	2013-09-13 12:30	Color	Amy Miller	Hanna Rosen	
	2013-12-11 12:00	Men's Haircut	Amy Miller	Art Harrison	
	2013-08-30 10:15	Hair Perm	Michael Williams	Allison Benedict	
	2013-09-12 16:00	Hair Perm	Amy Miller	Rally Major	
	2013-09-10 09:00	Women's Haircut	Jennifer Smith	Scott Roth	
	2013-09-12 10:00	Hair Perm	Amy Miller	Marc Davis	
	2013-07-10 10:00	Women's Haircut	Jennifer Smith	Mary Smith	
	2013-12-10 09:00	Women's Haircut	Michael Williams	Hanna Rosen	

▲ 헤어숍 업주가 인터넷에서 예약 내역을 확인하는 모습

속한 고객들이 온라인상에서 예약을 할 수 있다. 업주는 예약을 받을 수 없는 시간을 설정할 수 있었기 때문에 그 외 시간으로 고객의 예약을 유도할 수도 있었다. 고객이 예약을 하면 E메일 혹은 모바일폰으로 푸쉬알림을 받을 수 있었다. 또한 북프레쉬는 온라인 결제기능을 지원하여 고객이 온라인에서 예약과 결제를 동시에 할 수 있었다. 북프레쉬가 지원하는 업종 카테고리는 약 100개였는데, 병원 업종부터 배관공 업종까지 예약고객이 있는 업종은 총망라되어 있었다.

CEO : 라이언 도나휴

미국 오리건주의 루이스앤클락칼리지(Lewis and Clark College)를 졸업한 라이언 도나휴(Ryan Donahue)은 2000년 1월 페이팔의 30번째 직원으로 입사한 뒤 5년 동안 근무했다. 그가 한 업무는 페이팔플랫폼 개발과 제품디자인이었다.

2005년 페이팔에서 퇴사한 도나휴는 1년 4개월 동안 코인브릿지(Coinbridge)에서 온라인결제시스템 분야의 컨설턴트로 일했다. 2006년 6월이 되자 도나휴는 북프레쉬를 설립한 뒤 여러가지 사업을 하다가 아워타운의 개발에 착수했다. 아워타운 개발에는 몇 명의 엔젤투자자가 참여하면서 총 100만 달러의 자금이 유치되었다.

2008년이 되자 도나휴는 아워타운의 공식 버전을 발표했다. 아워타운은 발표 직후부터 뉴욕타임즈와 CCN 등의 중앙 언론의 주목을 받았다. 2009년 실리콘밸리의 벤처투자가 론 콘웨이(Ron Conway)가 50만 달러(5억 원)을 투자하면서 아워타운의 리뉴얼이 시작되었다.

중형기업 대상의 예약관리소프트웨어는 판매루트가 한정될 수 밖에 없었다. 이 때문에 온라인 예약기능이 필요한 소형매장 업주를 타깃으로 예약소프트웨어를 리뉴얼하기로 한 것이다. 이를테면 스파, 미용실, 사진관, 개인병원, 변호사, 마사지실, 사진스튜디오, 배관공들이 예약을 받고 일하는 업종이므로 이들이 온라인이나 모바일로 예약을 받을 수 있도록 소프트웨어를 개량하기로 한 것이다.

2009년 후반기가 되자 아워타운의 리뉴얼 모델인 북프레쉬가 성공적으로 출시되었다. 북프레쉬는 초반부터 몇십만 명의 소매업자들이 트라이얼 버전을 다운로드하면서 큰 인기를 끌었다. 2012년에는 북프레쉬 유료버전을 사용하는 사업주가 8만 명이나 되었다. 유료버전은 월 20달러의 이용료를 내는 버전이므로 2012년 한 해 동안 1,920만 달러의 매출이 발생했다.

2014년 모바일결제업체 스퀘어가 북프레쉬의 예약소프트웨어를 자사시스템에 합치기 위해 북프레쉬를 인수했다. 스퀘어는 북프레쉬를 인수하는 이유를 다음와 같이 설명했다.

"북프레쉬는 오픈테이블이 할 수 없는 일을 해 낸 업체입니다."

💰 투자&자금조달 과정

창업자 도나휴는 아워타운을 개발할 때 총 100만 달러의 자금을 유치하였고, 아워타운을 북프레쉬로 리뉴얼할 때는 5개 엔젤투자가를 통해 총 50만 달러를 유치했다. 2014년 스퀘어의 북프레쉬 인수금액은 알려지지 않고 있는데 인수금액은 최소 1억 달러 이상이었을 것으로 보인다.

⏱ 현재 위상

북프레쉬의 온라인 예약관리 소프트웨어는 스퀘어 브랜드와 합쳐진 후 대폭 리뉴얼을 하였는데 가장 많이 변한 부분은 디자인 부분이었다. 물론 월사용료도 대폭 올랐다.

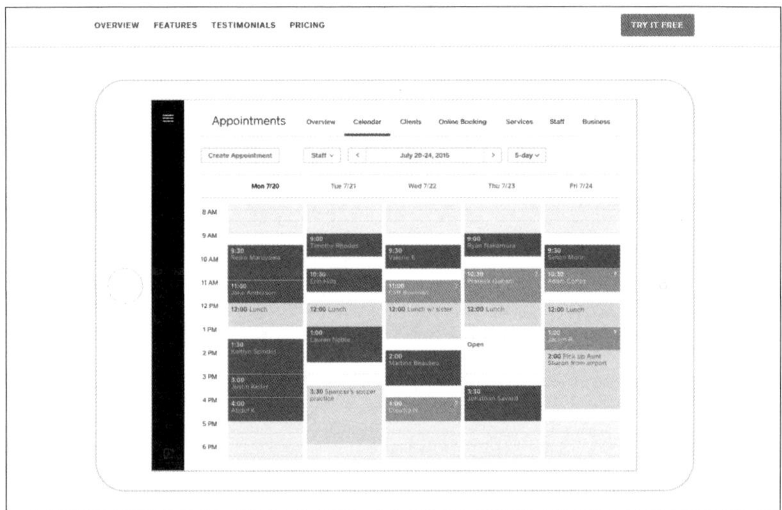

▲ 월 19달러짜리 예약관리소프트웨어가 스퀘어 브랜드로 출시하면서 윈도우 10보다 비싼 월 30~90달러짜리 소프트웨어가 되었다.

메타검색을 사용하는 호텔방 가격비교 사이트
카약 Kayak.com

❓ 회사 개요

카약은 전 세계 호텔, 항공, 렌터카 정보를 검색해 예약 서비스를 제공하는 업체이다. 카약은 특히 호텔이나 여행상품 디스카운트 예약으로 유명하다.

카약의 CEO인 스티브 하프너(Steve Hafner)는 1999년에 보스턴컨설팅 그룹(BCG)에서 프로젝트 팀장으로 근무하고 있었다. 어느 날 회사설립을 준비하고 있는 부부 기업가가 그를 찾아왔다. 부부는 당시 인기 있었던 익스피디아(Expedia) 호텔항공예약회사와 경쟁할 수 있는 업체를 창업하고 싶으니 경쟁력 있는 비즈니스모델을 만들어 달라고 요청했다. 스티브 하트너는 그들 부부의 창업을 돕기로 하고 아예 그 회사에 합류했다. 그리고는 비즈니스모델개발, 광고영업, 마케팅 사례를 만들면서 부부와 함께 2000년 1월 오비츠(Orbitz) 인터넷 여행예약업체를 공동설립했다.

회사설립 후 4년 동안 근무를 하다 보니까 한 가지 비즈니스모델이 자신의 생각과 계속 상충되었다. 오비츠는 예약이 아닌 검색을 할 때도 이용료를 받았던 것이었다. 결국 그 문제로 이견이 생긴 스티브 하프너는 오비츠에서 떨어져 나왔다. 그 후 스티브는 한 달 뒤 자신의 회사를 공동설립했는데 그것이 지금의 카약이다.

이후 미국의 인터넷 호텔항공 예약서비스는 익스피디아, 오비츠, 카약의 3파전이 되었다.

🏅 성공 아이템

익스피디아, 오비츠, 카약 등 이들 세 업체는 똑같아 보이지만 나름대로 특화되어 있다. 익스피디아는 일반적인 호텔예약, 오비츠는 항공권 예약, 카약은 온라인여행사를 연계한 저렴한 호텔검색이나 재고항권권 예약에 강점을 보이고 있다. 이 때문에 카약은 디스카운트 호텔이나 항공권 검색에 좋다고 알려져 있다.

카약의 검색엔진은 메타검색 방식이기 때문에 저가 호텔방과 저가 항공권 정보를 모두 합산해서 고객들에게 보여준다. 쉽게 말해 온라인여행사나 항공회사가 확보한 재고상품과 디스카운트 상품을 통합해 보여주기 때문에 호텔방 가격비교와 항공권 가격비교에 유리하다. 카약은 고객의 계약을 직접 받지 않는다. 저가정보 위주로 찾아준 뒤 예약은 해당 정보를 제공한 업체에 푸시하는 방법으로 성사시키고 푸시에 대한 수수료를 수익원으로 한다.

카약은 한국어를 포함해 세계 20개국 언어로 서비스되고 있다. 카약에 접속하면 방안에 앉아 국제적으로 어느 지역의 어떤 호텔과 항공권

▲ 카약의 한국어 홈페이지에서 아르헨티나 호텔을 검색한 모습 (www.kayak.co.kr)

이 저렴한 뒤 검색할 수 있고 예약할 수도 있다.

공동창업자 겸 CEO : 스티브 하프너

노스웨스턴대학과 경영대학원에서 공부한 스티브 하프너(Steve Hafner)는 1991년 Marketing Corp of America에 입사해 평직원으로 직장 생활을 시작했다.

1997년에 그는 이전 직장에서 나온 뒤 보스턴 컨설팅 그룹에 입사해 4년 동안 경력을 쌓으며 나중에는 프로젝트 팀장이 되었다. 앞서 말한 것처럼 1999년에 부부 기업가를 만나 오비츠를 공동설립한 후 2000년 1월부터 오비츠의 전문이사가 되어 3년 동안 회사를 운영했다. 2003년 12월 오비츠를 그만둔 그는 2004년 1월에 자신의 회사 카약을 공동설립했다.

　그는 인터넷 회사란 광고지출이 당연한 것이라고 믿는 사람이었기 때문에 회사를 알리기 위해 많은 광고를 했다. 또한 한 회사가 커지려면(특히 인터넷 기업이라면) 제휴 파트너사를 많이 만들어야 한다고 생각했다. 그는 맨 처음 AOL을 제휴사로 만든 뒤 그 이후 1만여 개 회사와 제휴관계를 맺으면서 회사의 이름을 알려갔다. 이미 충분한 고객을 가지고 있는 제휴사들의 고객이 자신의 회사 고객으로 유입된다는 것을 알고 있었기 때문이었다.

　사이트가 견인을 받자 그는 홍보비를 줄이고 제품개발비로 올인했는데 그렇게 할 수 있었던 이유는 창업을 할 때부터 바로 거금의 자금을 유치할 수 있었기 때문이었다. 그는 창업 첫 해인 2014년에만 두 차례에 걸쳐 1,550만 달러를 유치했다.

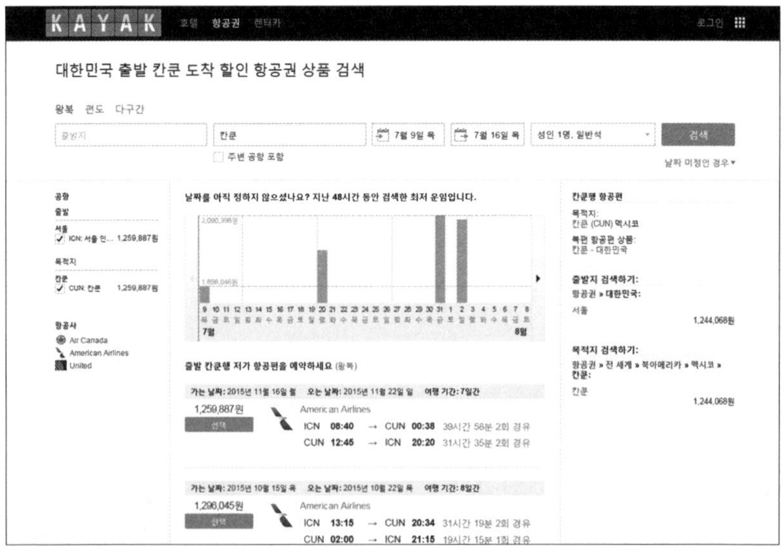

▲ 카약의 항공권 예약창은 지난 48시간동안 수집해 놓은 최저가 항공정보를 보여주고 예약할 수 있도록 해준다.

그 후 카약은 호텔 디스카운트 예약의 선두 주자가 되면서 지명도를 높여갔다. 2012년 7월에는 마침내 미국 나스닥에 상장되었다. 그리고 11월에는 프라이스라인 그룹인 카약의 지분 18억 달러어치를 매입하면서 카약의 경영권은 프라이스라인 그룹으로 넘어갔다.

2013년 5월에 프라이스라인 그룹은 카약의 잔여지분과 유동주식을 전부 매입하는 데 21억 달러를 사용했다. 프라이스라인 그룹에 완전히 흡수합병된 카약은 나스닥에서도 이름을 내렸다.

💰 투자&자금조달 과정

2004년 1월, 카약은 회사를 설립한 뒤 바로 시리즈A 자금조달라운드에서 850만 달러를 유치했다. 투자에 참여한 업체는 AOL과 제너럴 카탈리스트 파트너(General Catalyst Partners)였다.

2004년 12월, 시리즈B 자금조달라운드에서 카약은 제너럴 카탈리스트 파트너와 세쿼이아 캐피탈(Sequoia Capital)을 통해 700만 달러를 유치했다. 2006년 5월, 시리즈C 자금조달라운드에서 카약은 엑셀 파트너스(Accel Partners)를 통해 1,150만 달러를 유치했다. 2007년 12월, 시리즈D 자금조달라운드에서 카약은 9개 투자사를 통해 총 1억 9,600만 달러를 유치했다.

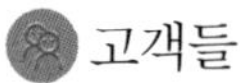 고객들

카약의 고객은 전 세계에 있다. 저가 호텔이나 저가 항공권을 예약하려는 사람들이 카약의 고객이다.

현재 위상

2012년의 카약은 7,500만 달러를 광고비로 쏟아 부으면서 이용자 수를 급속히 확대했다. 카약의 광고에는 TV, 옥외광고가 총동원되었다. 그럼에도 카약은 2012년에 1,880만 달러의 당기순이익을 냈다.

현재 카약은 전 세계 20개국 언어로 서비스되고 있는데 모바일 사용자들의 이용이 급속도로 늘고 있다.

핀테크 · 자산운용
스타트업의 거인들

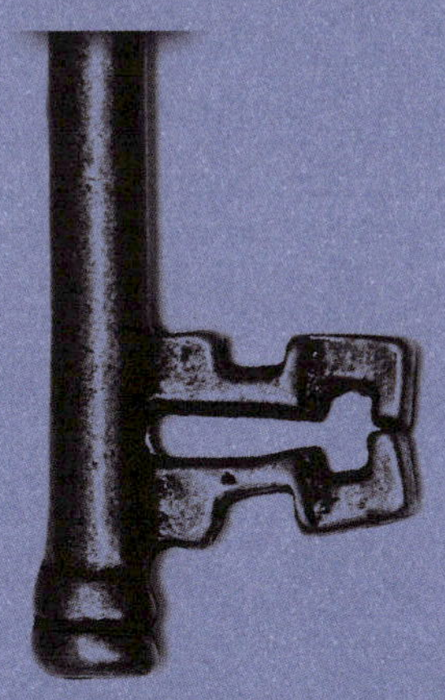

P2P 이체 앱이자
분할결제 모바일 앱
이븐리Evenly

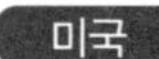

❓ 회사 개요

이븐리는 2012년 6월 이븐리 앱(Evenly App)의 모태가 되는 프로젝트를 진행하게 된다.

훗날 발표한 이븐리 앱은 모바일결제 앱이지만 p2p 방식이어서 여러 가지 독특한 기능을 제공한다. 예를 들어 친구들과 레스토랑에서 식사를 한 뒤 식대를 지불하다 보면 사람 수만큼 각각 나누어 지불하기 마련이다. 식대를 현금으로 지불한다면 돈을 나누어 지불할 수 있지만 카드로 지불할 경우에는 나누어 지불하는 것이 어렵다. 이때 이븐리 앱 같은 분할지불 앱(Bill-Splitting App)을 사용하면 이븐리 앱을 사용하는 친구들끼리 지불할 돈을 공유한 뒤 분할지불할 수 있다. 2015년 현재는 대부분의 지불 앱이 분할지불 기능을 제공하지만 이 업체가 사업을 시작한 2012년에는 분할지불 앱이 흔하지 않았다.

이븐리는 2012년 사업을 구상하였고 2013년에 앱을 발표, 2013년 12

월에 분할지불 앱의 효율성을 인정받아 스퀘어사에 인수되었다. 스퀘어에 인수된 이브리 팀은 스퀘어의 앱 개발팀으로 자리를 옮겼고 이브리 앱은 2014년 초 서비스를 종료하였다.

🥇 성공 아이템

이브리 앱은 P2P 방식의 모바일지불 앱이므로 개인 간 돈을 전송하는 기능을 기본 탑재하였다. 예컨대 잔고가 부족한 경우 친구에게 메시지를 보내 돈을 빌릴 수 있는데 친구가 이브리 앱이나 페이스북, E메일 사용자라면 돈을 전송할 수 있다.

또한 레스토랑 등에서 식대를 지불하거나 소매점에서 어떤 물건을 구매할 때는 이브리 사용자끼리 지불할 돈을 공유해서 분할지불할 수 있다.

🗨 바탕 스토리

이브리의 공동창업자인 자크 에이브람스(Zach Abrams)와 숀 유(Sean Yu)는 듀크대 학생이었다. 2012년 가을 이들은 대학캠퍼스에서 학교와의 소셜커머스를 연구하다가 결제방식을 향상시키는 방법을 연구하고 자신들이 구상한 결제방식을 대학 본부에 제안, 학교의 기존 결제방식에 추가해주기를 요청하였다. 당시 이들이 연구한 결제방식은 돈을 전송하는 방식을 연구한 다른 팀과 달리 돈을 수집해 결제하는 방식이었다. 이 결제방식은 아이비(Ivy)라는 이름이 붙었고 이들의 노력으로 아이비 모바일 결제방식은 듀크대학과 뉴욕의과대에서 채택되었다. 학교에서 이 결제방식을 채택한 첫 1개월 동안 듀크대학에서만 10만 달러가 아이비 결제방식을 통해 전송되었다. 자크와 숀은 아이비 결제방식의 사업성을 눈치채고 더 많은 전자상거래에서 아이비 결제방식이 채택되도록 하기 위해 시스템 구축에 들어갔다.

아이비라는 이름은 원래 아이비 리그(미국의 8개 명문대) 전용으로 사용하는 결제방식이 될 것이라는 희망 하에 지어진 이름이었다. 하지만 이젠 더 많은 전자상거래 업체에서 이 결제방식을 채택시켜야 했으므로 제품명을 버려야 했다. 결국 이들은 2013년 3월 아이비(Ivy)라는 이름을 버리고 이븐리(Evenly)라는 이름을 채택하였다.

이들의 궁극적인 목적은 음식점이나 공연장 등에서 돈이 부족해 곤란을 겪을 때 다른 장소에 있는 친구가 E메일 등으로 쏘아주는 돈으로 지불하는 것이었다. 즉 언제 어디서든 돈이 부족해 고민하지 말라는 것이다.

🎙 공동창업자 : 자크 에이브람스, 숀 유

듀크대에서 경제학과 역사학을 공부했던 자크 에이브람스(Zach Abrams)는 듀크대 시절 학생들과 대학에 포커스를 맞추어 모바일결제플랫폼인 이븐리를 공동창업했다. 2013년 이븐리가 스퀘어사에 인수된 후로는 스퀘어사에서 프로덕트 매니저로 근무하고 있다.

듀크대에서 컴퓨터공학, 수학, 경제학을 공부했던 숀 유(Sean Yu)는 중국계 미국인으로 소프트웨어 엔지니어이다. 아이폰 OS 개발자로서 아이폰 OS의 새 기능을 개발한 바 있고 듀크대 시절 모바일결제플랫폼인 이븐리를 공동창업 및 개발하였다. 2013년 이븐리가 스퀘어에 인수된 후로는 스퀘어사에서 소프트웨어 엔지니어로 근무하고 있다.

투자&자금조달 과정

2013년 스퀘어사가 이븐리를 통째로 인수하였지만 스퀘어의 인수금액은 비밀에 붙여졌다. 이븐리 팀원 5명은 스퀘어 직원으로 합류하였다.

고객들

대학 내에서 학생들이나 그룹이 돈을 모아 결제할 수 있는 방법을 연구하다가 탄생한 기능이기 때문에 초창기에는 아이비리그 대학생들이 많이 사용했다. 또한 돈이 부족한 친구에게 돈을 전송해 지불할 수 있으므로 갑자기 여윳돈이 없는 사람들이 사용한다. 돈을 공유하여 지불할 수 있다는 점에서 더치페이처럼 친구들끼리 돈을 분할결제할 때에도 사용한다.

현재 위상

이븐리 앱은 스퀘어에 인수된 후 스퀘어 모바일결제 앱의 새로운 캐쉬 기능으로 통합되었다.

P2P 분할결제
모바일 앱의 또 다른 승자
벤모 Venmo

미국　venmo

? 회사 개요

벤모 역시 이븐리 모바일결제 앱처럼 대학생인 두 친구의 아이디어에서 출발했다. 2009년 펜실베이니아 학생이었던 앤드류 코티나(Andrew Kortina)는 어느날 룸메이트 이크람 매그돈 이스마엘(Iqram Magdon-Ismail)과 필라델피아를 갔는데 이스마엘이 집에 지갑을 두고 왔기 때문에 돈이 없었다. 이들은 지갑을 가지러 집으로 돌아가는 번거로움을 피할 방법을 모색하다가 핸드폰으로 돈을 서로에게 보내는 방법을 연구했는데 그것이 벤모의 아이디어가 된다. 이후 곧바로 벤모의 프로토타입이 만들어졌다.

프로토타입은 핸드폰에서 SMS 문자메시지 방식으로 돈을 전송하도록 만들어졌고, 이것이 훗날 스마트폰에서 사용하는 벤모 모바일 앱으로 발전하였다. 벤모 모바일 앱은 사용자가 자신의 은행계좌를 연결한 뒤 벤모 사용자끼리 문자 메시지 방식으로 돈을 주고 받도록 설계되었다. 벤모 앱은 출시 후 미국의 대학생들을 중심으로 폭발적인 인기를 얻었다.

벤모는 2012년 브레인트리(Braintree)에 인수되었고, 브레인트리는 2013년 페이팔에 인수되었다. 페이팔은 브레인트리를 인수한 뒤에도 벤모를 페이팔 브랜드에 집어넣지 않고 벤모 브랜드를 계속 유지하고 있다.

🥇 성공 아이템

벤모는 이븐리 앱과 마찬가지로 P2P 방식의 모바일지불 앱이다. 개인 간 돈을 전송하는 기능이 탑재되어 있다. 돈이 없는 대학생들이 친구들의 돈을 임시로 빌려 지불하려는 용도였다. 벤모는 초창기부터 부족한 돈을 갹출해 지불하는 RentPayment 방식에서 아이디어를 잡았기 때문에 이용료라는 것이 없었고, 사용자가 기하급수적으로 늘어날수록 유지가 힘들었다. 그러나 폭발적인 인기로 인해 브레인트리에 팔리는 데 성공했다.

💬 바탕 스토리

2009년 앤드류 코티나와 이스마엘은 자신들의 프로젝트를 진행하면서 필라델피아를 찾은 적이 있다. 필라델피아에서 이스마엘은 뉴욕의 집에 자신의 지갑을 두고 온 것을 알았다. 코티나는 이스마엘에게서 나중에 돈을 받기로 하고 이스마엘의 밥값이며 숙박비를 지불해줬다. 돈이야 페이팔을 통해 돌려받을 수 있었다. 그런데 그때는 페이팔이 모바일 전송기능을 제공하지 않았을 때여서 페이팔을 통해 돈을 돌려받으려면 PC를 사용해야만 했다. 이들은 자신의 핸드폰을 물끄러미 쳐다보았다. 혹시 핸드폰으로 돈을 주고 받는 방법은 없을까 생각하면서 말이다.

2012년 8월 벤모는 뉴욕에 사무실을 차린 뒤 벤모 앱을 출시했고 이후 선풍적으로 인기를 끌었다. 그리고는 출시 5개월 만에 회사 전체가 브레인트리(Braintree)에 인수되었다.

🎙 공동창업자 겸 CFO : 앤드류 코티나

앤드류 코티나(Andrew Kortina)는 펜실베이니아 대학에서 영문학과 철학을 공부했다. 펜실베이니아 대학 기숙사는 신입생이 들어오면 랜덤으로 방을 할당했다. 이때 앤드류의 방에 할당된 신입생이 나중에 벤모의 공동창업자가 될 이스마엘이었다. 코티나는 대학에서 영문학과 철학을 공부했지만 컴퓨터도 잘 다루었다. 그는 URL 주소를 축약 서비스하는 Bit.ly와 플래시게임 제작사 OMGPop 등에서 일한 적이 있었다. 코티나는 현재 벤모 사업부의 CFO(최고재무책임자)이자 스타트업 기업에 종잣돈을 투자하는 엔젤투자가로도 활동중이다.

🎙 공동창업자 : 이크람 매그돈 이스마엘

이크람 매그돈 이스마엘은 펜실베이니아 대학 컴퓨터공학과를 졸업했다. 학교 기숙사의 선배가 코티나였다. 현재 그는 벤모에서 간부급으로 근무하고 있는데 한때는 벤모 이사회 의장을 역임했다. 그는 앤드류처럼 스타트업 기업에 투자를 하는 엔젤투자가로 활동중이다.

💰 투자&자금조달 과정

벤모 앱이 출시된 5개월 뒤인 2012년 12월, 브레인트리가 벤모 앱과 팀을 총 2,620만 달러(262억 원)에 인수했다. 벤모를 인수했던 브레인트리는 1년 뒤인 2013년에 페이팔에 총 8억 달러에 인수되었다.

🕐 현재 위상

벤모는 페이팔에 인수된 뒤에도 벤모 브랜드로 모바일결제 앱 서비스를 하고 있다. 2014년, 벤모를 통해 이체된 금액은 24억 달러에 달했다. 미국의 30대 이하 젊은이들, 대학생들이 벤모를 통해 자기 몫의 술값을 갹출해 내거나 식대를 냈다.

현재 페이팔의 벤모 사업부에는 100여 명의 직원이 근무하고 있다. 인턴사원은 10여 명이다.

❓ 회사 개요

브레인트리는 2007년 설립된 신용카드 결제대행업체이다. 초기에는 아주 작은 VAN사로 창업하였다. VAN사란 소매점에 카드단말기를 설치해주고 카드결제요금의 일부를 수수료로 받는 오프라인 결제대행업체이다. VAN사로 창업한 브레인트리는 나중에 전자지불 결제대행(PG)업체로 변신에 성공한다. PG란 우리나라로 치면 이니시스, KCP, 모빌리언스처럼 온라인 결제대행을 하는 업체를 말한다.

2012년에 브레인트리는 신용카드가맹점이 손쉽게 가맹할 수 있도록 가입절차를 간소화했다. 2013년 1월에는 자사에서 인수한 벤모를 개량한 뒤 '벤모터치'라는 브랜드로 런칭했다. '벤모터치'는 소비자가 모바일에서 원터치로 대금을 결제할 수 있도록 개량되었다. 2013년 8월에는 이베이 같은 마켓플레이스에서 판매한 대금이 서비스제공자와 판매자에게 정해진 비율만큼 분할 지급되도록 분할지급(Splitting payments) 플랫폼을 런칭했다.

브레인트리는 2013년 9월에 페이팔의 자회사가 되었지만 브레인트리 브랜드로 PG사업을 계속 하고 있다. 2013년 10월 페이팔은 벤모 터치를 영국시장에 런칭했다.

🏅 성공 아이템

신용카드 사용자들이 PC나 모바일에서 결제할 수 있도록 플랫폼을 개발하고, 그에 준하는 데이터보안시스템을 구축한 뒤 신용카드로 온라인에서 물품을 구매할 수 있도록 대행한다.

🎙 CEO : 브라이언 존슨

브라이언 존슨(Bryan Johnson)은 1977년 8월 22일 미국 유타주에서 태어났다. 부모님이 일찍 이혼했기 때문에 그는 계부와 어머니 밑에서 자랐다. 몰몬교의 본산인 유타주의 몰몬교도답게 그는 19살이 되자 예수 그리스도 후기성도교회에서 몰몬교 선교사가 되었다. 그리고는 에콰도르로 떠나 2년 동안 선교활동을 했다. 거기서 그는 에콰도르 시골의 비참한 생활상을 목격하고 크게 깨닫게 된다.

에콰도르에서 돌아온 존슨은 아주 멋진 계획을 세웠는데 그것은 30살이 되기 전 자신의 은퇴자금을 만들어 보자는 계획이었다. 존슨은 그 목적을 달성하기 위해 무조건 사업을 하기로 결심했다.

존은 예수그리스도 후기성도교회가 운영하는 브리검영대학 국제학과에 입학했다. 1학년때 그는 학비도 벌고 저축도 할 겸 휴대폰판매업을 창업했다. 이때 그는 여러 대리점에 전화를 걸어 판매수수료가 가장 후한 대리점을 고르는 꾀를 내었다. 그런 뒤 그는 그 대리점에서 휴대폰을 다량으로 확보한 뒤 대학생 3~4명을 고용해 판매를 시작했다. 그의 목표는 1대당 200달러의 수익을 남기는 것이었는데 예상보다 더 많이 팔아 자신에게 사업감각이 있음을 알았다. 그는 점점 시시한 사업이 아닌 멋진 사업을 하겠다는 욕심이 생겼다.

존슨은 때마침 불고 있는 인터넷전화와 화상전화 소프트웨어에서 아이템을 얻고 그 두 가지가 결합된 서비스 개발을 생각했다. 때마침 운좋게도 엔젤투자자와 연이 닿았다. 그는 3명의 공동창업자와 함께 Inquist라는 회사를 설립한 뒤 20억 원을 투자받은 상태에서 사업을 시작했다. 하지만 곧이어 9 · 11 테러사건이 벌어지면서 벤처투자시장이 순식간에 얼어붙었다. 더 이상 돈을 조달할 수 없는 상태였고 개발자금은 바닥난 상태였다. 그는 결국 사업을 접어야만 했다.

두 달 뒤, 그는 형제와 함께 70억 원대의 부동산을 개발하는 사업을 창업했다. 자신이 잘 모르는 첨단 IT사업에 도전하다가 실패했으므로 이번엔 굴뚝산업에 도전해보고 싶었다. 때마침 이번에도 부동산 개발에 투자하겠다는 투자자와 인연이 닿았기 때문에 그는 대학을 다니는 동시에 부동산개발 사업에도 뛰어들었다.

2003년에는 결혼을 했는데 이때 그는 전기세나 각종 공과금을 내기에도 돈이 부족한 상태였다. 남의 돈으로 부동산 개발을 하는 것이지만 개발과정을 관리하는 회사 창립자였으므로 자기 돈도 들어가야 했다. 게다가 대학은 물론 결혼생활도 유지해야 했다.

결국 존슨은 파트타임으로 신용카드결제 처리업체의 단말기 영업사원을 하기 시작했다. 판매수수료율은 100%였으므로 무조건 소매점 업주를 자기 회사로 끌어오면 되었다. 귀찮은 것이 있다면 거리 이쪽에서 저쪽 끝까지 걸어다니면서 점포를 일일이 방문해 판매해야 한다는 점이었다.

단 1개월 만에 그는 파트타임으로 일하면서도 1만 5천 달러의 매출을 올렸는데 판매수수료율이 100%였으므로 매출 전부가 그의 수입이었다. 이것은 전국에 있는 400명의 세일즈맨 중에서 최고의 기록이었다.

존슨이 가까운 미래에 브레인트리를 창업할 생각을 하게 된 것은 그가 신용카드가맹점 영업사원을 하면서 신용카드결제처리업이 어떻게 돌아가는지 파악했기 때문이었다.

2년 동안 계속했던 부동산개발 사업은 투자자들의 투자가 예정보다 20억 원 초과되면서 실패로 끝났다. 수익은커녕 적자가 발생하자 돈을 대었던 투자자들은 존슨 두 형제와 건설업자들을 몽둥이로 쥐어패듯 쫓아냈다. 10원 한 장 못건지고 2년 동안 헛고생했다는 것은 두 형제와 가족들에게 엄청난 시련과 고통을 주었다. 그러나 존슨의 신용카드단말기 판매 아르바이트는 잘 되고 있었다. 존슨은 지푸라기라도 잡는 심정으로 세일즈 일에 더욱 몰입하였고 최소한 세일즈 직종만큼은 점점 자신감이 붙고 있었다.

존슨은 한때 전업 세일즈맨을 할 생각도 했지만 아무래도 경영학에 대한 안목을 더 키워보고 싶다는 생각도 들었다. 2003년 브리검영대학을 졸업한 존슨은 본격적으로 경영학을 공부하기 위해 시카고대학 경영대학원(Booth School)에 진학했다. 시카고로 이사간 뒤에도 근 1년 동안 신용카드단말기 세일즈맨을 하면서 대학원을 다녔다.

1년쯤 지나자 세일즈에 지친 존슨은 크게 낙담하며 시어스백화점의 관리직으로 취직했다. 그런데 직장생활은 아예 처음부터 적성에 맞지 않았다. 그는 직장생활 내내 회사에 얽매이지 않고 할 수 있는 다른 일은 없을까 고민하였다. 그가 가장 잘 아는 분야는 신용카드결제처리회사였고 그에겐 월 최소 2천 달러의 생활비가 필요한 상황이었다. 그는 마침내 신용카드결제처리회사와 관련된 그 무언가를 창업하기로 하고 시어스에서 퇴사했다.

존슨은 곧바로 10일 일정으로 고향 유타로 날아갔다. 존슨은 소매점 주인들인 자신의 옛 고객 10명을 찾아가 자신이 신용카드결제처리업체(VAN)를 창업하면 자신의 고객이 될 수 있겠느냐고 물었다. 10명 중 6명의 고객이 그렇게 하겠다고 대답했다. 답은 바로 나온 것이나 마찬가지였다. 고객 1인당 1천 달러의 수익이 발생하므로 6명의 고객이 생기면 월 6천 달러의 돈이 들어온다는 뜻이었다. 존슨은 그 순간 너무도 행복해 눈시울이 뜨거워졌다.

2007년으로 해가 바뀐 얼마 뒤 존슨은 브레인트리라는 VAN 회사를 창업했다. 신용카드단말기를 세일즈하던 그가 이제는 신용카드단말기를 판매하고 결제를 처리하는 회사를 창업한 것이었다. 때마침 존슨은 시카고대학의 사업계획서 경진대회의 우승자가 되어 2만 5,000달러의 상금을 받았다. 그 해에는 시카고대학원 경영학석사(MBA) 학위도 취득했다.

VAN 회사를 차린 1~2년 뒤 사업은 꾸준히 잘되고 있었다. 그러던 어느날 오픈테이블(OpenTable)이라는 레스토랑 예약대행 회사에서 연락이 왔다. 오픈테이블은 인터넷상에서 레스토랑 예약을 실시간으로 받는 것이 사업모델이므로 신용카드 결제 전과정이 카드단말기가 아닌 인터넷상에서 처리되어야 하는 업체였다.

"매우 특별한 기술이 필요한데…. 인터넷에서 신용카드 예약이나 결

제가 가능하도록 솔루션을 개발하실
수 있습니까?"

　존슨은 두 눈이 휘둥그레진채 무조
건 할 수 있다고 대답했다. 그 솔루션은
존슨 자신이 봐도 전혀 모르는 하이테
크 분야였지만 상관 없었다. 존슨은 이
미 오프라인의 VAN 시장은 충분히 터
득한 사업자였다. 결제시장이 이미 인
터넷으로 옮겨가는 시대라는 것 역시
알았지만 인터넷에서 신용카드가 어떻
게 결제되고 처리되는지는 자세히 알
지 못했다. 오프라인에서만 결제처리

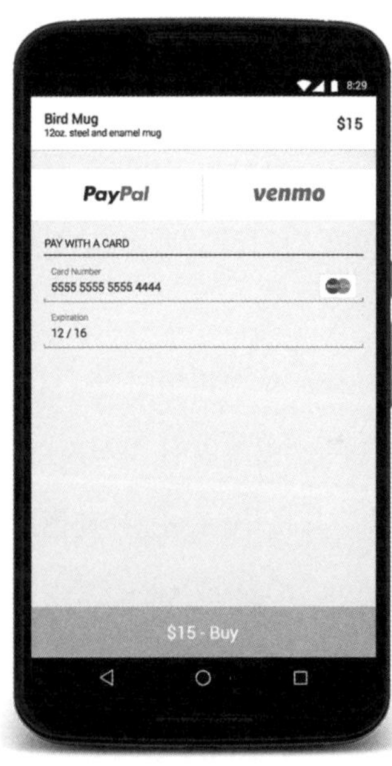

▲ 브레인트리 결제도구

업을 하던 존슨에게, 너무도 운좋게도 온라인 결제시장인 PG 시장에 뛰
어들 수 있는 행운이 날아온 것이었다.

　그 날이 바로 브레인트리라는 쥐꼬리만한 VAN 회사가 떼돈을 버는
PG 회사로 발돋음하는 계기가 되는 날이었다.

💰 투자&자금조달 과정

　2010년, 오랜 시간동안의 개발과정 끝에 브레인트리의 온라인결제
플랫폼이 완성되었고 이 해에 런칭했다.

　2011년 6월, 브레인트리는 엑셀 파트너스(Accel Partners)를 통해 3,400
만 달러의 자금을 유치했다. 이 한 해 동안 브레인트리는 30억 달러의
카드결제금액을 대행했고 결재대행 수수료는 1,000만 달러에 달했다.

2012년 8월, 브레인트리는 NEA(New Enterprise Associates)의 주도하에 3,500만 달러의 자금을 유치했다. 2013년 9월, 브레인트리는 그 해 9월까지 120억 달러의 카드결제금액을 대행했고, 그중 모바일결제대행은 40억 달러라고 발표했다. 그 며칠 뒤, 페이팔이 브레인트리를 8억 달러에 인수했다.

창업자 브라이언 존슨은 2014년 자신이 설립한 벤처투자회사 OS 펀드를 운영하면서 자서전도 발표했다. 또한 아웃도어광이라고 알려져 있듯 킬리만자로 같은 높은 산을 즐겨 찾는다. 이제 겨우 37살, 한참 일을 해야 할 나이인데도 그는 자신의 계획대로 은퇴자금을 바벨탑처럼 쌓아놓은 상태가 되었다.

현재 위상

페이팔의 자회사가 된 브레인트리는 계속 같은 브랜드로 온라인 및 오프라인결제대행업을 하고 있다.

스타트업 기업에 투자해 지배하는
로켓 인터넷 Rocket Internet SE

❓ 회사 개요

로켓 인터넷은 2007년 독일 베를린에서 잠비어 3형제(알렉산더, 마크, 올리버)와 그들의 회사 EFF(European Founders Fund) 등에 의해 설립되었다.

로켓 인터넷의 비즈니스모델은 장래가 유망한 스타트업 회사를 발굴한 뒤 대량의 자본을 투입해 지분을 확보하고 그 회사를 지배하는 것에 있다. 쉽게 말해 지주회사(홀딩회사) 성격을 가지고 있으므로 일단 편입시킨 스타트업 기업의 경영권을 쥐락펴락 할 수 있다. 현재 이 회사가 지배한 스타트업 기업은 전 세계 60개 회사인데 지배하고 있는 회사의 직원 수만도 2만 5천 명에 달한다.

2014년 7월 로켓 인터넷은 회사의 형태를 개인기업(GmbH)에서 법인기업(AG) 체제로 변경한 뒤 독일 주식시장에 상장되었다. 그 후 로켓 인터넷은 회사의 형태를 독일 법인기업에서 유럽연합 법인기업(SE)으로 변경하였다.

유럽의 스타트업 기업에 영향력을 발휘하는 로켓 인터넷은 지배한 회사의 실적이 나쁘면 경영진을 단칼에 교체하는 것으로 유명하다. 뿐만 아니라 경쟁사가 있을 경우 복제를 해서라도 경쟁사를 이기도록 자회사를 압박하는 것으로도 유명하다.

로켓 인터넷은 유럽뿐 아니라 미국과 중국의 스타트 기업에도 손을 뻗치고 있다. 2015년 현재 로켓 인터넷의 주식가치는 약 80억 유로이다.

🥇 성공 아이템

가능성 있는 스타트업 기업을 미리 선점하기 위해 신속하게 선제 투자하여 지분을 확보한 뒤, 스타트업 회사가 수익을 내도록 철저하게 컨트롤하는 것이 사업모델이다. 수익이 나지 않으면 모방을 해서라도 수익을 내게 하므로 안팎으로 비판을 심하게 받는 편이다. 스타트업 기업들을 인수해 보육을 하되 인수한 뒤부터는 수익을 낼 수 있도록 냉혹하게 관리한다.

🎤 공동창업자 : 잠비어 3형제

잠비어 3형제는 독일에서 꽤 알려진 유태인계 변호사 집안에서 태어났다. 아버지의 고객으로는 하인리히 뵐과 같은 문학가나 독일 대통령이 포함되어 있었다.

1972년에 태어난 큰형 올리버 잠비어(Oliver Samwer)는 독일의 WHU Business School에서 경영학을 전공했는데 그는 이 대학에서 장학금을 받았다. 1974년생인 둘째 마크 잠비어(Marc Samwer)는 쾰른대학에서 법학 석사학위를 받았다. 1975년생인 막내 알렉산더 잠비어(Alexander Samwer)는 영국 옥스퍼드대학을 졸업한 뒤 미국 하버드대학에서 MBA 과정을 거쳤다.

올리버는 1992년 잠깐 동안 투자은행에서 인턴생활을 경험했다. 1995년에는 우연히 미국 실리콘밸리를 구경하러 갔는데 그 이후에는 꽤 빈번하게 실리콘밸리를 찾아갔다. 1996년 대학을 잠시 중단한 올리버는 볼리비아에서 무역회사를 차렸는데 남미 여러 국가에 판매할 목적으로 펠트신발을 제조하는 회사였다. 1998년 대학을 졸업한 올리버는 크리스마스 가족모임 때 형제들과 함께 이베이를 복제해 독일에도 만들어보자고 농담 삼아 말했다. 그런데 농담이 진담이 되었다. 1999년 3월 이들 3형제는 실제로 이베이를 복제해 Alando라는 인터넷 옥션 회사를 창업했다. 대여섯 명이 개발작업을 해야 했으므로 돈이 없었는데 다행이 큰형의 학창시절 교수가 종잣돈을 댔다. Alando는 오픈한 지 얼마 되지 않아 주목을 받았고 설립 후 100일 만에 미국 이베이에 4,300만 달러에 매각되었다.

"내 인생에서 가장 큰 행운인 것 같지만 사실은 가장 큰 실수였습니다. 너무 빨리 팔았던 것입니다."

그로부터 1년 뒤인 2000년, 이들 3형제는 Alando를 매각한 돈을 투자해 이번에는 Jamba!라는 휴대폰벨소리 서비스업체를 창업했다. Jamba!는 창업 후 꾸준하게 인기를 얻으면서 사업영역을 휴대폰게임, 휴대폰온라인데이트, 휴대폰온라인보험판매 등으로 확대했고 이 때문에 단 몇 년 만에 유럽 최대의 휴대폰콘텐츠 서비스업체가 되었다. 이들 3형제는 Jamba!마저 창업 4년 뒤인 2004년에 VeriSign에 2억 7,000만 달러에 매각했다.

단 5년 동안 2개의 업체를 거금을 받고 매각하면서 잠비어 3형제는 독일의 1세대 IT기업가 중 가장 성공한 인물들로 손꼽혔고 이 때문에 독일의 IT지방생 사이에서는 우상이 되었다. 3형제는 그렇게 만든 돈으로 시드머니 투자회사인 EFF를 설립했다. EFF는 독일과 유럽은 물론 페이스북에도 투자를 하는 등 매년 일정하게 투자사업을 진행하고 있다.

2007년 이들 3형제는 자신들의 이름으로 로켓 인터넷을 설립했다. 이들 자신이 이베이를 복제하면서 성공했듯, 로켓 인터넷에서 인수한 회사들은 실적을 올리기 위해 다른 회사의 유명 서비스를 종종 복제한다. 이 때문에 사람들은 올리버를 가장 공격적인 사업가라고 평가한다.

투자&자금조달 과정

3형제의 자본으로 사업을 시작한 후 독일 주식시장에 상장되었다. 현재 로켓 인터넷의 지분은 글로벌파운더스캐피탈이 30% 이상을 가지고 있는 제1주주인데 이 투자회사 역시 잠비어 형제 중 마크가 공동운영한다.

현재 위상

현재 로켓 인터넷의 CEO는 잠비어 형제 중 제일 큰 형인 올리버가 맡고 있다.

생체인식 · 바이오 · 웨어러블
스타트업의 거인들

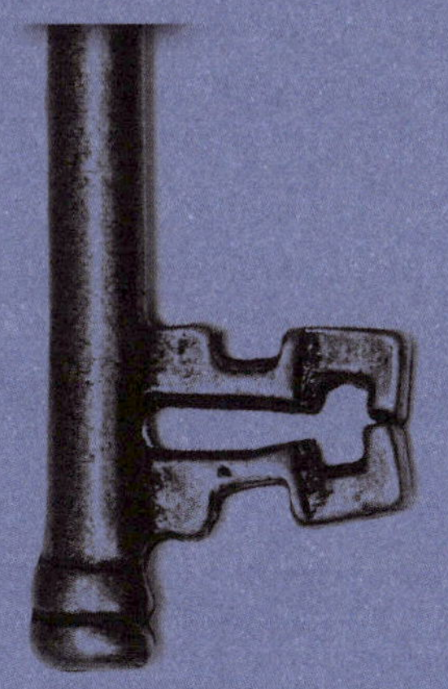

? 회사 개요

페이스닷컴은 2009년 이스라엘 텔아비브에서 설립된 얼굴검출, 인식, 검색 플랫폼을 개발하는 기술기업으로 SNS와 모바일에서 업로드된 사진에서 사람얼굴을 찾아내고 인식하는 기술을 연구한다. 이 업체가 자체 개발한 응용 프로그램과 Face.com API 서비스는 월간 수십억 장의 사진을 스캔한 뒤 태그 정보를 삽입한다.

페이스북은 이 회사를 인수하려고 시도했으나 처음에는 실패했다. 페이스북에는 이미 페이스북에서 친구 사진을 찾은 다음 그 사진에 태그를 할 수 있는 기능이 있었기 때문에 페이스닷컴의 얼굴검출 기술에 눈독을 들였다. 2012년이 되자 페이스북은 마침내 페이스닷컴을 통째로 인수하는 데 성공하였다.

🗨 바탕 스토리

페이스닷컴은 2009년 이스라엘 텔아비브에서 길 허쉬(Gil Hirsch) 외 3인이 공동으로 설립하였고 약 10명의 상근직원을 두고 얼굴검출 기술연구 및 얼굴검색 기술이 적용될 플랫폼을 개발했다.

2010년 3월, 페이스닷컴은 다른 개발자들이 사진상의 얼굴검출 등의 자신의 앱 개발에 사용할 수 있도록 face.com API를 무료 공개하고 관련된 데이터베이스, 플랫폼, 관련기술도 무료 개방하였다. 이 몇 년 동안 페이스북에는 유사한 앱인 Photo Finder, Photo Tagger, Klik 앱 등이 있었는데 이들 앱에는 사실상 페이스닷컴이 무료 공개한 API 기술이 들어가 있었다고 한다.

2011년 2월, 무료 공개한 face.com API 프로그램을 사용하는 개발자들이 1만 명에 육박하면서 시간당 5만 장의 얼굴을 스캔하는 기록을 세웠다. 이 때문에 2011년 2월 기준, face.com API와 페이스북 응용 프로그램, 응용 앱 등에서 총 180억 개의 얼굴을 찾아냈다.

미국의 암허스트 대학은 자체 연구에서 face.com API의 알고리즘을 사용하면 얼굴비교 인식률이 90%라고 말한 바 있다.

🏅 성공 아이템

인터넷에서 공개된 사진에서 사람의 얼굴을 인식해 데이터베이스를 만들고 얼굴검색을 할 수 있다는 점에서 획기적인 아이디어였다.

🎙 창업자 겸 CEO : 길 허쉬

길 허쉬(Gil Hirsch)는 지금 현재 Garagegeeks(주차장의 괴짜들)의 공동 창업자로서 새로운 아이디어 발굴과 엔젤투자가 일을 하고 있다. 그는 젊은 IT개발자들을 만날 때마다 항상 이렇게 조언한다고 한다.

"Launch first, think later."(냉큼 창업해라. 생각은 나중에 하고)

💰 투자&자금조달 과정

회사설립 초기인 2009년 2월 페이스닷컴은 이스라엘의 시드머니 투자사인 로듐 투자사(Rhodium invests)를 통해 100만 달러의 벤처자금을 유치했다. 이 자금 외 공동창업자들이 마련한 돈은 약 400만 달러였으므로 페이스닷컴의 총창업 자금은 약 500만 달러(50억 원)로 추정된다.

2010년 9월, 페이스닷컴은 다시 로듐 투자사와 러시아의 검색엔진기업인 얀덱스(Yandex)를 통해 430만 달러의 자금을 유치했다. 2011년 1월, 페이스북은 페이스닷컴을 인수하기 위해 수천만 달러를 제안했으나 페이스닷컴이 거절했다. 이듬해인 2012년 6월, 페이스북은 마침내 5,500~6,000만 달러에 페이스닷컴을 인수하는 데 성공하였다.

🕐 현재 위상

2012년 6월 18일 페이스북이 페이스닷컴을 인수한 그로부터 1개월 뒤, 페이스북은 개발자들에게 무료 공개하고 있었던 face.com API의 공개를 중단했고 face.com 홈페이지와 Klik mobile 앱도 폐쇄시켰다. 그 이유에 대해 페이스북은 노코멘트로 일관하고 있지만 페이스북이 새롭게

구상중인 독립형 카메라 앱에 페이스닷컴의 얼굴검출 기능이 채택될 것
이라는 이야기가 떠돌았다.

이 점에 대해서는 페이스닷컴 CEO 길 허쉬가 "자신의 팀이 페이스북
에 합류하면 페이스북의 모바일팀에서 모종의 일을 할 것"이라고 자신
의 블로그에 이미 남긴 바 있다. 길 허쉬는 자신의 기술이 전문가가 아닌
일반인들 사이에서 더 유용하게 사용될 것임을 확신하고 있었다.

클라우드 기반
비주얼검색 기반 쇼핑몰
비주얼그래프 VisualGraph

❓ 회사 개요

중국계 미국인 2명이 공동설립한 비주얼그래프는 이미지인식과 영상인식 및 이미지검색 서비스를 개발하는 스타트업 회사이다. 이들이 개발하는 기술은 객체인식기술, 이미지검색기능 등으로 나눌 수 있다. 객체인식기술은 이미지에서 얼굴, 사람을 검출하거나 자동차, 패션(가방, 신발), 개체, 몸체, 질감인식이 있고 이미지검색 기능은 예를 들어 특정 가방 사진을 선택한 뒤 사진 속 가방과 비슷한 가방이 있는 사진을 인터넷에서 검색하는 기능이다.

사업목적은 쇼핑몰에서 응용할 수 있는 비주얼검색엔진이었지만 비주얼그래프가 개발하는 기술은 상업목적과 공공목적 양방향에서 사용할 수 있다. 상업목적으로는 인터넷의 사진들을 검색해 인기제품을 찾아내는 방법이나 특정 사진에 있는 개체윤곽을 인식해 그 윤곽과 비슷한 개체가 있는 사진들을 검색할 때 사용한다. 공공목적으로는 구글의 별자리 검색 서비스와 비슷하게 다양한 방법으로 응용이 가능하다. 사실 창업자 두 사람은 구글에서 6년 동안 이미지인식기술을 개발한 사람들이다.

비주얼그래프는 설립 1년 뒤인 2014년 핀터레스트에 피인수된 뒤 핀터레스트 산하의 '비주얼 디스커버리 부서'가 되어 이미지인식 연구를 계속했다. 그리고 1년 뒤인 2015년 중반 핀터레스트를 통해 이미지검색 기능의 프로토타입을 발표했다.

🏅 성공 아이템

인터넷에서 이미지검출, 영상검출, 이미지검색 기능은 지금도 턱없이 부족한 미개분야이지만 이미 구글은 VisualRank와 ImagesGoogle Image Swirl googlelabs 등에서 다양한 방법의 이미지검색 기능을 연구 중이다. 그런데 구글의 VisualRank 개발팀 수석연구원이 구글에서 퇴사한 뒤 설립한 회사가 비주얼그래프였고, 비주얼그래프는 핀터레스트로 인수된 후 핀터레스트 산하 비주얼 디스커버리 팀이 되었다.

그리고 2015년 5월 28일에 핀터레스트의 비주얼 디스커버리 팀은 다음과 같은 이미지검출 및 검색기술의 프로토타입을 발표했다.

▲ 핀터레스트에서 2015년 중반에 발표한 이미지 검색기능의 프로토타입. 왼쪽 사진에서 가방을 클릭하면 클릭한 부분의 개체윤곽을 검출한 뒤 그 개체와 비슷한 개체가 있는 사진들을 검색하는 기술이다. 이 기술이 실용화되면 어떤 식으로든 돈이 되는데 핀터레스트는 이 기술을 2015년 후반기에 자사 서비스에 넣을 수도 있다고 말했다. (자료 : 핀터레스트 블로그 엔지니어링뉴스)

🎙 공동창업자 : 캐빈 징

중국계인 캐빈 징(Kevin Jing)은 1999~2004년까지 조지아공대에서 공부하면서 학석박사과정을 마쳤다.

2004년에 캐빈 징은 구글 리서치엔지니어로 6개월간 인턴생활을 한 뒤 유엔평화봉사단의 소프트웨어엔지니어로 4개월간 더 인턴생활을 했다.

2006년에 캐빈은 구글의 정식사원으로 입사한 뒤 7년간 구글의 이미지검색기술을 개발하면서 나중에는 수석연구원이 되었다. 캐빈은 구글에 다니면서 스탠포드대 MS&E(산업공학) 과정을 이수했다. 2012년 가을 캐빈은 도쿄대 방문교수로 4개월간 학생들을 가르친 뒤 그 해 12월에 미국으로 돌아와 비주얼그래프를 공동설립했다.

고객들

캐빈 징은 클라우드를 기반으로 한 비주얼검색이 가능한 쇼핑몰 플랫폼 개발에 관심을 가졌다. 쇼핑몰에 비주얼검색 기능이 등장하면 사용자와 광고주 양쪽에 엄청난 반응을 일으키게 된다. 쇼핑몰에서 불특정의 어떤 신발 사진을 선택한 뒤 검색하면 그 신발과 비슷한 모양의 제품들을 찾아낼 수 있기 때문이다. 따라서 소셜커머스와 같은 온라인 쇼핑몰이 1차적인 주요 고객이라 할 수 있다.

현재 위상

2013년 12월, 비주얼그래프는 핀터레스트에 인수되면서 핀터레스트 산하 비주얼 디스커버리 부서가 되었다. 회사와 함께 핀터레스트에 합류한 캐빈 징은 그 후 비주얼 디스커버리 부서의 책임자로 일하고 있다.

의협심 강한 10대 소녀가 '피'의 여왕이 되다

테라노스 Theranos

미국　theran•s

Startup Success Story

❓ 회사 개요

2003년에 설립된 테라노스는 미국 캘리포니아의 실리콘밸리 북단 팔로알토에 본사가 있다. 이 회사는 창업 후 혈액검사를 간소하게 진단하는 방법을 연구하면서 나노테이너(Nanotainer)라는 휴대용 혈액키트(마이크로 샘플 테스트)를 개발하였다.

창업자 엘리자베스 홈즈(Elizabeth Holmes)는 스탠포드대학 화학공학과를 중퇴한 후 소프트웨어 회사를 창업한 적이 있으므로 바이오 산업과 소프트웨어를 연계하는 방법을 누구보다 잘 알고 있었다.

그녀가 개발한 나노테이너는 기존의 커다란 주사기로 피를 뽑는 방식 대신 마이크로유체기술을 이용한 알약 크기의 혈액추출키트였다. 이 키트로 손가락 끝을 찔러 혈액을 수집한 뒤 저온박스에 넣어 테라노스 웰빙센터의 실험실로 보낸다. 그런 뒤 혈핵검사장치에 카트리지 형태로 삽입하면 진단결과가 나오면서 검사병명을 확인하는 시스템이었다. 이

진단시스템은 완전 자동화되어 있었다. 단지 혈액키트를 운반할 때 저온 상태만 유지하면 될 뿐이었다. 과거와 달리 혈액검사 방법을 한층 간결하게 하였고 검사진행과정은 풀타임 자동화시켰다.

나노테이너의 크기는 알약캡슐보다 조금 크다. 그것으로 채취한 혈액은 최대 30회의 서로 다른 혈액검사를 할 수 있었다. 만일 수집한 혈액으로 다섯 가지의 검사를 하려면 대략 5만 원이 드는데 이는 미국의 일반 병원에서 검사하는 것보다 80% 이상 저렴한 비용이었다. 이 때문에 테라노스의 대변인은 "의료보험에 가입하지 못한 사람들도 혈액검사를 할 수 있을 정도로 저렴한 비용이며, 의료계의 혁신이 시작되었다"고 말했다.

저렴한 가격의 이점 때문에 테라노스의 사업 모델은 증상이 발생한 뒤 시작되는 병원의 혈액검사와는 사뭇 다르다. 병에 걸리는 것을 예방할 목적으로, 혹은 조기치료를 목적으로, 이런 사람들이 미리 저렴한 가격으로 혈액검사를 할 수 있도록 하자는 것이 테라노스의 사업모델이자 웰빙 시대의 패러다임이라는 것이다.

이러한 비즈니스모델은 당연히 큰 방향을 일으켰다. 테라노스의 기업 가치는 자고 일어날 때마다 폭등하였다. 그 결과 테라노스를 창업한 엘리자베스 홈즈는 회사 창업 후 단 12년 만에 46억 달러의 재산을 모은 세계적인 부자 반열에 올랐다.

바탕 스토리

21세기에 접어들자 인류의 병을 고치는 의학기술은 고도로 발전하였다. 또한 지구상에 존재하는 물질들의 화학성분은 99%에 가깝게 완벽히 규명되었다. 지금은 혈액검사 하나만으로도 병명을 알아내고 혹은 발생하게 될 병을 미리 발견할 수 있는 시대인 것이다. 건강한 라이프스타일을 꿈꾼다면 주기적으로 혈액검사를 하는 것이 좋다고 한다.

🥇 성공 아이템

병원에 가지 않아도 혈액검사를 할 수 있도록 혈액검사의 절차를 간소화시켰다. 가난한 사람들도 혈액검사를 할 수 있도록 합리적인 가격으로 혈액검사 서비스를 제공한다. 병원과 비슷하다는 무거운 인상을 피하기 위해 '테라노스 웰빙센터'라는 이름으로 운영한다. 테라노스 웰빙센터는 실험실과 보건소, 혹은 병원분위기를 탈피하고 웰빙, 요가. 건강을 포인트로 이미지메이킹을 하고 있다.

🎤 CEO : 엘리자베스 홈즈

엘리자베스 홈즈(Elizabeth Holmes)는 1984년 2월 3일 워싱턴 DC에서 태어났다. 그녀의 아버지는 제3세계 원조를 관할하는 국제개발처(USAID) 공무원이었고 그녀의 어머니는 의회위원회의 직원이었다. 엘리자베스의 조상들은 대부분 중산층 이상의 생활을 했는데 그중 한 사람은 이스트(효모) 제조회사의 창업자였다.

엘리자베스의 할아버지는 1차 세계대전에 참전한 의사이자 과학자이고 신시내티의대 학장이었다. 엘리자베스는 어렸을 때부터 할아버지의 전기를 읽으면서 병원과 약품에 관심이 많았지만 주사기를 무서워했다.

9살 때의 엘리자베스는 아버지의 직장을 따라 휴스턴으로 이사한 뒤 휴스턴의 엘리트사립학교인 세인트존스쿨을 다녔다. 10대 때 그녀는 아버지가 중국으로 직장을 옮기자 중국에 대해 관심을 가지기 시작했다. 엘리자베스는 오빠와 함께 중국어를 열심히 공부하였고 한 때 중국에서 1년 정도 살기도 했다.

2002년에 세인트존스쿨을 졸업한 엘리자베스는 스탠포드대 화학공학과에 진학을 했다. 그녀는 1학년 때 3천 달러의 장학금을 받았지만 그것을 자신의 지도교수 연구에 기증하였다.

대학 1학년 여름학기 때, 엘리자베스는 유년시절에 익힌 중국어 덕분에 싱가포르의 게놈연구소 인턴이 되었다. 싱가포르의 게놈연구소는 사스 코로나바이러스를 미리 포착하는 새로운 방법을 연구하고 있었다. 이곳에서의 인턴 생활은 그녀에게 혈액에 대한 관심을 높인 계기가 되었다.

이후 엘리자베스는 스탠포드대로 돌아온 뒤 특허출원을 위해 논문을

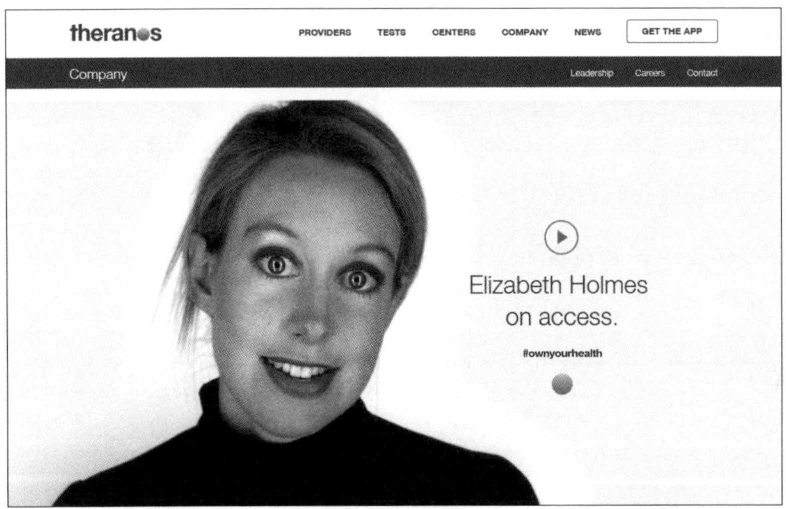

▲ 12년 만에 46억 달러를 번 테라노스의 31살 CEO 엘리자베스 홈즈(자료 : 테라노스 홈페이지)

썼는데 논문의 내용은 환자진단 및 약물전달이 용이한 새로운 의료기기에 관한 것이었다. 이 논문은 그로부터 3년 뒤인 2005년에 특허로 출원되었다. 아무튼 엘리자베스는 자신의 이름으로 무언가를 개발하거나 연구하면서 100건 이상의 특허를 출원하였는데 그중 20%는 미국에서, 나머지 80%는 해외에서 출원되었다.

2003년 가을, 대학 2학년이자 19살이었던 엘리자베스는 자신의 지도교수에게 회사 설립을 제안했다. 그녀는 자신이 특허출원을 하려는 것들을 실제 만들고 연구하면서 사업화시킬 계획을 세워놓은 상태였다. 지도교수의 격려 속에 그녀는 부모님이 자신의 대학교육을 위해 저축한 돈을 투자해 캘리포니아의 팔로알토에 'Real-Time Cures(실시간 치료)'라는 회사를 설립했다.

회사를 설립하고 보니까 사람들이 Cures(치료)라는 말을 매우 싫어한다는 것을 알았다. 엘리자베스는 결국 사명을 테라노스로 변경하였는데 테라노스는 공룡이름이 아니라 테라피(Therapy)와 진단(Diagnosis)의 합성어였다.

회사를 설립한 그 해 학기말, 엘리자베스는 스탠포드대를 중퇴하기로 결정했다. 그리고 그녀는 자신의 회사 테라노스를 위해 풀타임으로 전력질주하였고 그녀의 지도교수이자 명망 높은 화학자인 채닝 로버트슨은 테라노스의 이사진으로 합류하였다.

채닝 로버트슨 교수는 건강을 위해 담배를 규제해야 한다고 세계보건기구(WHO)에 요청한 최초의 인물 중 하나다. 담배와 관련한 법정다툼이 벌어지면 항상 반대편에서 담배회사를 공략한 사람이므로 미국 담배회사들이 매우 싫어하는 인물이다.

💰 투자&자금조달 과정

창업 초기 몇 개월 동안의 테라노스는 자금상태가 그리 좋지 않았다. 엘리자베스는 부모님이 저축했던 대학학자금과 벤처투자사를 통해 마련한 브릿지론(급히 마련한 단기자금)으로 테라노스를 근근히 꾸려나갔다. 그러다가 2004~2005년에 두 번의 자금조달라운드를 열었는데 이때 엘리자베스는 총 1,600만 달러를 유치하는 데 성공하였다.

2006년에는 2,850만 달러를 유치했고, 2010년에는 익명의 투자가가 테라노스에 4,000만 달러를 투자하였다. 또한 드레이퍼 피셔 저벳슨(Draper Fisher Jurvetson) 투자사, ATA벤처, Tako벤처, 컨티넨탈 프로퍼티 부동산개발회사(Continental Properties Inc), 래리 엘리슨(오라클 CEO) 등이 투자하면서 총 7,000만 달러를 유치했다.

테라노스의 기술성과 사업유망성이 소문으로 퍼지자 앞다투어 투자가 이루어졌는데 그 뒤부터는 누가 얼마를 투자했는지 테라노스에서 공개하지 않고 있다. 미국 언론은 지난 10년간 테라노스가 유치한 자금이 4억 달러가 넘는다고 추정했다.

👥 고객들

테라노스는 웰빙센터 사업을 2014년부터 시작했지만 체인점약국을 통한 사업은 오래 전부터 하고 있었다. 테라노스는 혈액검사를 누구나 원할 때 편하게 할 수 있도록 미국의 도시마다 '테라노스 웰빙센터'를 세우고 있는데 2015년 기준 아리조나에 60여 곳, 캘리포니아에 1곳의 웰빙센터가 생겼다. 흡사 체인점을 만들 듯 웰딩센터를 세우는 중인데 현재까지 뽑은 상근직원도 500명을 넘어섰다.

theranos MD CONNECT PROVIDERS TESTS CENTERS COMPANY LOGIN SIGN UP

Test Menu ⬇

Search by name or cpt...

ALT1	Alanine Aminotransferase (ALT)	$3.64
ALB1	Albumin	$3.40
ALP1	Alkaline Phosphatase (ALP)	$3.56
AAG1	Alpha-1-Acid Glycoprotein	$10.36
AAT1	Alpha-1-Antitrypsin, Total	$9.24
AFP1	Alpha-Fetoprotein (AFP), Maternal	$11.53
AFP2	Alpha-Fetoprotein (AFP), Oncology	$11.53
AMM1	Ammonia	$10.02
AMP1	Amphetamines	$10.00
AMY1	Amylase	$4.46
AND1	Androstenedione	$20.12
BH1p	Anemia Assessment	$27.93
AMH1	Anti- Mullerian Hormone (AMH)	$8.90
ABD1	Antibody Detection, RBC	$25.75
ANA1	Antinuclear Antibodies, Screen (ANA)	$8.31
APO3	Apolipoprotein (apo A-1, apo B)	$21.30
APO1	Apolipoprotein A -1(apo A-1)	$10.65
APO2	Apolipoprotein B(apo B)	$10.65
AST1	Aspartate Aminotransferase (AST)	$3.56
WBC2	Automated Differential WBC Count	$4.45

▲ 테라노스 홈페이지에서 고객들에게 공개하고 있는 혈액검사 메뉴와 가격표 (www.theranos.com)

테라노스는 웰빙센터에서 할 수 있는 혈액검사 메뉴를 약 200가지로 세분화해 놓았다. 혈액검사로 알 수 있는 병은 1천 가지가 넘으므로 테라노스 역시 혈액검사 메뉴를 1천 가지로 늘릴 계획이라고 한다. 예를 들어 당뇨가 의심되면 당뇨관련 혈액검사를 하여 당뇨병 조짐을 미리 찾아내고 예방하자는 것이다.

테라노스의 200가지 검사 항목에는 평균 10달러의 가격이 붙어있는데 이 가격표를 테라노스 홈페이지에 공개해 투명성을 높였다. 불임검사는 미국 병원에서 2천 달러의 비용이 들지만 테라노스 혈액진단을 하면 단 35달러에 포착할 수 있었다. 테라노스의 모든 혈액검사는 검사 후 4시간 안에 모바일로 통보된다. 테라노스의 비즈니스모델은 병에 걸린

후 뒤늦게 병명을 파악할 목적으로 혈액검사를 하는 것이 아니라, 1년에 1~2회 주기적으로 혈액검사를 하여 병의 조짐을 미리 예방하자는 것이었다. 라이프스타일을 바꾸면 어떤 병이건 예방할 수 있다는 것이 31살 CEO 엘리자베스 홈즈의 생각이었다.

현재 위상

테라노스의 이사진과 자문위원회에는 미국 정계에서 영향력 있는 사람들이 포진되어 있다. 한국인들도 익히 알만한 헨리 키신저, 윌리엄 페리, 조지 슐츠같은 인물들이 테라노스의 자문위원으로 도배되어 있다. 그리고 테라노스는 미국 주식시장에 상장되지 않은 개인회사임에도 CEO 엘리자베스 홈즈의 재산가치는 46억 달러로 평가받고 있다. 포브스지는 그녀를 미국에서 111번째 부자라고 보도했다.

대학을 포기하고 그 학비로 창업한 회사가 12년 만에 의료계에 혁신을 몰고오고 그 자신을 페이스북이나 구글 소유주 같은 거물로 만들었다.

미국의 혈액검사시장 규모

소프트웨어 스타트업 거인들의 성공 이야기 63

　미국은 연간 70억 회의 혈액검사가 이루어진다. 미국의 병원에서 하는 혈액검사 비용은 1회 평균 5~10만 원이므로 연간 수백조 원의 시장이다. 불행히도 미국은 혈액검사장비 종류가 많고 검사방법도 서로 달라서 호환성이 많이 떨어진다고 한다.

　테라노스는 혈액검사장비를 통합시켰을 뿐 아니라 혈액검사비도 1회 평균 1~2만 원으로 묶어 놓았다. 이제 계산해보자. 만일 테라노스가 미국혈액검사시장의 30%를 장악하면 테라노스의 연매출은 20~40조 원이 된다.

　참고로 2014년도의 페이스북 연매출은 12조 원, 구글 연매출은 50조 원, 애플 연매출은 180조 원, 삼성전자 연매출은 200조 원이다. 만일 테라노스가 미국시장에서 성공적으로 연착륙한다면 향후에는 얼마만큼 커질지 아무도 장담하지 못한다. 물론 테라노스가 그만큼 커질 것이라고는 생각하지 않지만, 구글급 회사로 성장할 확률은 있어 보인다.

목소리 인식 암호 인증토큰을 개발하는 슬릭로그인 SlickLogin

❓ 회사 개요

슬릭로그인(SlickLogin)은 2013년 이스라엘에서 설립된 사운드 기반 암호 로그인 인증토큰을 개발하는 업체이다. 이 업체는 사용자의 목소리를 고유의 성문으로 저장한 뒤 로그인 인증으로 사용하는 시스템을 개발하고 있다.

이 업체가 개발하는 성문인식 시스템과 인증토큰은 2013년에 베타버전이 발표된 바 있다. 로그인 인증은 노트북이나 스마트폰에서 로그인 버튼을 클릭한 뒤 스마트폰에 자신의 목소리를 말하는 것으로 인증할 수 있다. 만일 노트북 사용자라면 노트북 옆에 스마트폰이 놓여있으면 된다. 이를 위해 슬릭로그인은 스마트폰과 노트북의 송수신 프로토콜인 와이파이(WiFi), 블루투스(Bluetooth), NFC, QR코드, GPS 등을 사용해 사람의 목소리에서 사람의 귀에는 들리지 않는 성문을 암호화시키고 이를 로그인 인증토큰으로 사용한다. 이 성문 인증토큰은 원하는 사이트에 이식할 수 있다.

2014년 2월 구글이 슬릭로그인과 인적자원을 인수하면서 현재의 슬릭로그인은 구글용 로그인 성문 인증토큰과 구글 모바일결제와 관련된 성문 인증토큰을 개발하고 있다. 아직은 구글에서 실용화된 기록이 없지만 조만간 구글용의 성문 인증토큰이 출시될 것으로 보인다.

🥇 성공 아이템

슬릭로그인의 성문인증 암호토큰은 사용자의 성문을 이용해 인간의 귀에 들리지 않는 고유한 암호를 생성시킨 뒤 이를 로그인 인증토큰으로 사용한다. 이 암호 인증토큰은 PC와 스마트폰 양쪽에서 사용할 수 있으며, 마이크가 없는 PC 사용자는 PC 옆에 스마트폰이 있으면 로그인 인증시 사용할 수 있다. 스마트폰의 슬릭로그인 앱은 사용자의 음성을 픽업한 뒤 슬릭로그인 서버에 신호를 보내고 PC의 스피커가 사운드를 재생하는 방식으로 인증한다. 기존의 키보드 암호에 사용자의 음성인증이 추가됨으로써 두 배 이상의 강력한 보안기능을 가지게 된다.

🎙 CEO : 오르 젤릭

오르 젤릭(Or Zelig)은 이스라엘의 군사보안관련 시리얼 기업가이다. 그는 입영하기 전인 2005년에 네스기술(Ness Technologies)에서 시스템 관리 업무를 하였다.

오르 젤릭은 2007년에 이스라엘 군대에 입영, 이스라엘방위군(IDF)에서 소프트웨어 개발자로 복무하다가 2009년 이스라엘방위군(IDF)의 소프트웨어 프로젝트 매니저로 승진하였다. 군복무를 마친 그는 2012년 텔아비브에서 리버스 엔지니어링 개발사인 레테오스(Retheos)를 공동설립하였다. 2013년에는 군복무 기간중 다녔던 이스라엘의 명문대학 허즐리야 학제연구센터(IDC Herzliya)를 졸업했다.

오르 젤릭은 2013년 6월 지금의 회사인 슬릭로그인을 공동설립한 뒤 CEO가 되었고, 회사가 구글에 인수된 뒤부터는 슬릭로그인 팀의 제품관리책임자로 일하고 있다.

▲ CEO 오르 젤릭

투자&자금조달 과정

2013년 9월에 업웨스트연구소(UpWest Labs)를 통해 2만 달러의 종잣돈을 유치했다. 뒤이어 2014년 2월에 슬릭로그인은 구글에 알려지지 않은 금액으로 인수되었다.

현재 위상

슬릭로그인을 인수한 구글은 향후 구글 로그인 화면과 구글 전자지갑 등에 슬릭로그인 기술로 만들어진 성문인증 보안토큰을 탑재할 것이라고 한다. 구글 사용자는 기존의 키보드 로그인 기능과 성문 인증토큰을 추가할 경우 최대 2단계의 강력한 인증을 통해 구글을 사용할 수 있다. 구글은 성문 인증기능을 무료제공할 예정인데 특히 구글 전자지갑에서 강력한 2중보안책이 될 것으로 보인다.

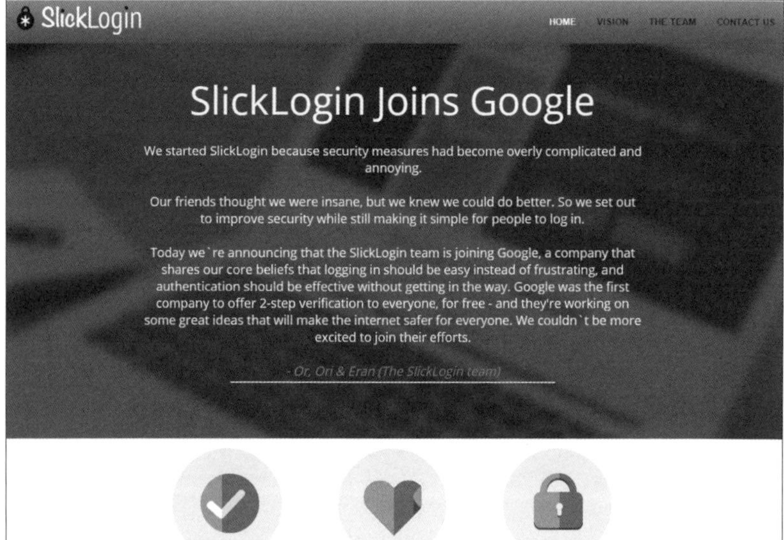

▲ 슬릭로그인 홈페이지 (www.slicklogin.com)

실무형 웨어러블 소프트웨어를 개발하는 APX 연구소APX Labs

❓ 회사 개요

2010년에 설립된 APX 연구소는 미국방부에서 개발하던 터미네이터 비전(군작전용 스마트안경)의 소프트웨어를 개발납품한 업체이지만 회사의 이름이 널리 알려진 것은 구글 글라스와 콜라보레이션을 한 이후부터이다.

APX 연구소는 공장, 창고, 의료계, 발전소, 유정, 야외 등 모든 산업 환경에 적용 가능한 실무형 웨어러블 소프트웨어를 개발한다. 이 업체의 목적은 산업 환경에서 착용하는 웨어러블 기기를 통합하는 기술을 개발하는 것에 있다. 이들이 개발하는 소프트웨어는 콘베이어벨트 작업장, 자동차 조립장, 우편물 분리 작업장, 조선소 작업장, 기업체의 서비스센터 등에서 활용할 수 있다.

이들의 첫 상용제품은 스카이라이트(Skylight)라고 불리는 기업용 스마트안경을 통합시키는 소프트웨어 플랫폼이다. 스카이라이트는 작업장에서 비디오영상과 메시지를 수신할 수 있다. 작업자는 작업시작명령을 받거나 작업정보를 검색하고 영상통화 기능을 사용하거나, 작업장을 캡쳐하고 작업장 경고메시지를 수신할 수 있다. 스카이라이트의 핸드프리는 작업장 콘솔의 책임자와 상호소통할 수 있다. 더불어 처음 입사한 교육생의 실습현장에서도 사용할 수 있다.

이들의 목적은 시장에 출시되는 수많은 웨어러블 장치들, 스마트안경이나 스마트시계, 그리고 웨어러블 운용사의 시스템을 하나의 소프트웨어로 연결해 업무의 생산성을 높이는 데에 있다.

🏅 성공 아이템

스카이라이트 소프트웨어는 영상재생, 영상레코딩 기능을 제공한다. 야외 작업자는 자신의 스마트안경을 통해 어제 작업장을 동영상으로 재생해 오늘 작업장과 비교하거나 공작기계의 도면을 검색하고 찾아낼 수 있다. 미숙련 작업자는 도면을 검토해 작업의 방향을 변경할 수 있다. 또한 수리작업 중 수리옵션을 찾아 어떤 식의 수리가 더욱 좋을지 판단할수 있다.

공장에서 현재의 수율을 확인하는 것도 가능하다. 수율이 하락한 경우에는 수율을 높이도록 공장 시스템을 조정할 수 있다. 전화와 메시지수신 기능도 있는데 마이크를 사용할 수 있으므로 언제라도 주문이나 작업 명령을 내릴 수 있다. QR코드를 인식해 제품을 파악할 수도 있다.

스카이라이트 소프트웨어는 클라우드 기반으로 사용하거나 또는 사내 시스템에 설치해 사용할 수 있다. 스카이라이트를 사용하면 회사 내에서 운용중인 스마트 안경, 스마트 시계, 센서, 시스템, 데이터들을 모

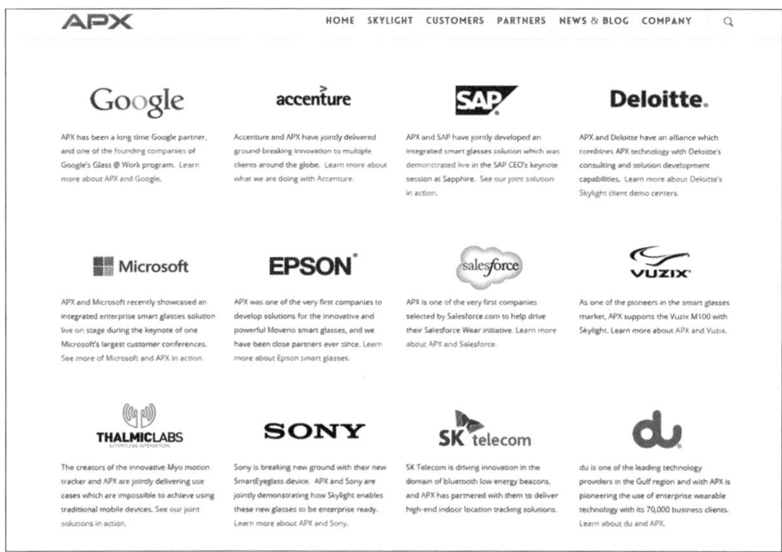

▲ APX 연구소의 고객사 리스트

두 통합 연결할 수 있다.

🎙 공동창업자 겸 CEO : 브라이언 발라드

브라이언 발라드(Brian Ballard)는 카네기멜론대학에서 전기, 컴퓨터공학을 공부한 뒤 메릴랜드대학에서 MBA를 수료했다. 그는 기술정책 및 의사결정을 할 때 필요한 자료를 만들기도 했는데 기술정책에 대한 분석, 시뮬레이션, 모델링, 테스트, 평가, 자문을 할 때는 국가 정책을 우선으로 하였다.

그는 2007년 설립된 Mav6이라는 국방ㆍ군대ㆍ우주과학 회사에서 최고기술책임자(CTO)로 일했다. Mav6는 국방에서 사용하는 정보, 보안,

▲ APX 연구소의 주요 경영자들 (자료 : APX Labs 홈페이지)

악인탐지, 정찰목적 등의 솔루션, 시뮬레이션 시스템을 개발하고, 그에 수반되는 네트워킹 기술, 임베디드 소프트웨어 같은 것을 만드는 방위 산업업체이다. 그는 그 이전에도 국가와 관련된 기술정책 연구를 하였으므로 국방안보 관련분야에서는 거의 10년 이상의 경력을 쌓았다.

브라이언 발라드는 2010년에 APX 연구소를 공동설립한 뒤 CEO가 되었다.

이 회사가 맨 처음으로 개발한 것은 터미네이터 비전(Terminator Vision)이라고 불리는 미군작전용 스마트안경을 구동시키는 소포트웨어였다. 이 소프트웨어는 사람들을 식별할 뿐 아니라 실시간 사령부와 정보를 주고받을 수 있도록 만들어졌다.

참고로, APX 연구소의 CTO는 한국계의 제이 김(Jay Kim)인데 브라이언 발라드와 마찬가지로 Mav6 출신이다. Mav6에서 안보와 관련된 각종 시뮬레이션 프로그램을 개발했다.

💰 투자&자금조달 과정

APX 연구소는 회사설립 후 4년이 지난 뒤인 2014년 5월 시리즈 A 자금조달라운드에서 뉴 엔터프라이즈 어소시에이트(New Enterprise

Associates)와 워크벤치(Work-Bench)를 통해 1,560만 달러의 자금을 유치했다. 2015년 6월, 시리즈B 자금조달라운드에서는 6개 투자사를 통해 1천만 달러를 유치했다.

고객들

APX 연구소의 상용제품은 스카이라이트 소프트웨어 하나밖에 없다. 이 소프트웨어는 기업 현장에서 사용하는 각종 웨어러블 디바이스를 통합 컨트롤할 목적으로 사용한다. 이 때문에 APX 연구소의 고객들은 웨어러블 디바이스를 업무에서 많이 사용하는, 세계적으로 유명한 거대기업들이 많다.

현재 위상

APX 연구소는 워싱턴매거진이 뽑은 2015년 미국 100대 첨단 테크기업 중 하나이다.

독특한 기술력으로 대박을 낸
스타트업의 거인들

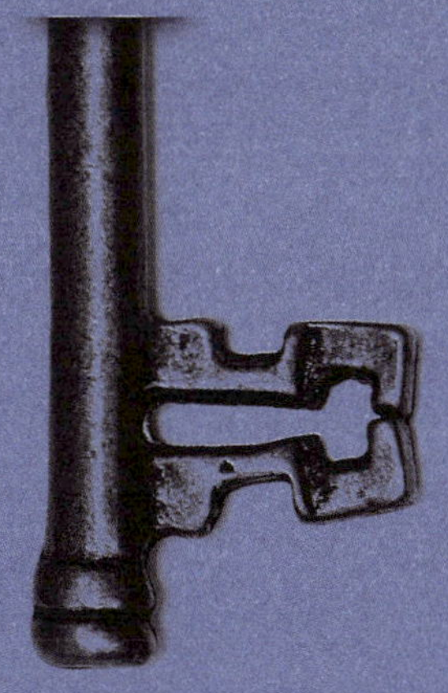

모바일 데이터사용량 분석 및 데이터압축 앱 오나보Onavo

? 회사 개요

이스라엘 텔아비브에 위치한 오나보(Onavo)는 모바일용 데이터사용량을 분석하고 관리하는 앱을 개발한다. 이들이 개발한 오나보 앱을 설치하면 사용자들은 자신의 모바일데이터 사용량 통계를 파악할 수 있다. 예를 들면 일별, 주별, 월별 3G도 데이터 사용량 등을 알 수 있게 해 줄 뿐 아니라 데이터 보호 앱을 사용할 수 있다.

오나보는 자사 앱 사용자들의 통계를 내어 소비자들이 즐겨 사용하는 게임, SNS, 금융, 엔터테이먼트 등의 동향을 파악한 뒤 기업들에게 서비스할 뿐 아니라 기업체를 위해 배터리 소모를 적게 하는 최적화 방법을 연구하고 있다.

오나보에서 배포하는 앱은 오나보 인사이트(Onavo Insights) 외에 4개의 앱이 있다. 그러나 각 앱 기능이 합쳐지면서 2015년에는 오나보 익스텐드(Onavo Extend), 오나보 카운트(Onavo Count), 오나보 프로텍트(Onavo

Protect)라는 앱만 배포하고 있다. 오나보 앱은 모바일폰을 데이터요금제로 사용하는 사람들이 데이터관리를 위해 즐겨 사용한다.

2013년 10월 페이스북은 비공개 금액으로 오나보를 매입해 자회사로 합류시켰다.

🏅 성공 아이템

오나보 익스텐드 앱은 데이터요금제를 사용하는 사람들이 월간 지출하는 금액을 넘지 않도록 모바일데이터를 효율적으로 관리하는 앱이다. 이 앱은 설치 후부터 백그라운드로 동작하면서 사용자가 송수신하는 데이터를 오나보 서버의 압축기술을 사용해 전달하면서 데이터 사용량을 절약해준다. 사용자의 설정해 따라 이미지와 텍스트의 품질, 3G 및 LTE 등 모든 데이터의 절감량을 설정할 수 있다. 이 앱은 사용자의 디바이스가 Wi-Fi와 연결되면 자동으로 백드라운 실행을 멈춘다. 결

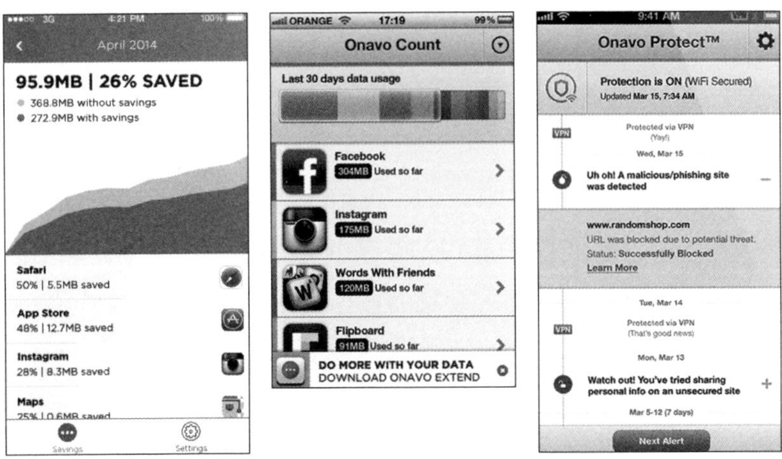

▲ 왼쪽에서부터 오나보 익스텐드 앱, 카운트 앱, 프로텍트 앱 (자료 : 오나보 홈페이지)

과적으로 이 앱을 사용하면 데이터 플랜을 두 배로 확장하는 효과가 발생할 수도 있다.

오나보 카운트 앱은 스마트폰이나 태블릿에 설치한 각종 어플의 월간 사용한 데이터량을 파악하는 앱이다. 월간 데이터 사용량을 파악한 뒤 원하는 어플을 클릭하면 해당 어플의 주간 데이터 사용량을 파악할 수 있다. 오나보 프로텍트 앱은 보완 기능을 위해 사용하며 피싱경고, 유해 사이트 차단, 안전하지 않은 웹 사이트 정보공유 등의 기능을 제공한다.

오나보 익스텐드 앱을 설치하면 다음과 같이 사용자의 데이터가 오나보 서버를 경유하면서 데이터 압축이라는 기술적 과정을 거치게 된다. 결국 월 1G 요금제를 사용하는 사용자라면 1G 이상의 데이터를 1G 요금제로 사용하는 효과가 발생한다.

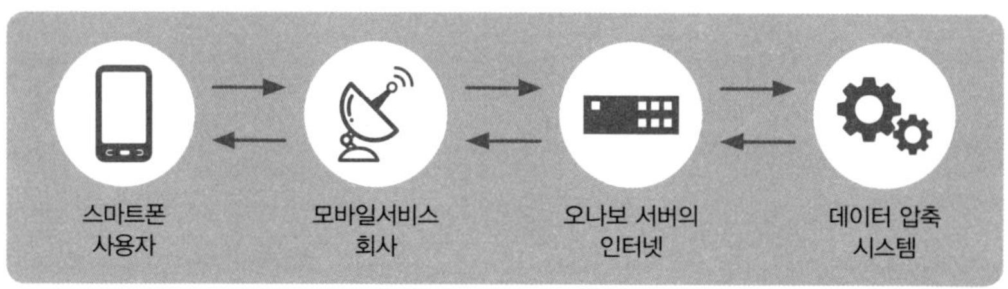

CTO : 로이 티거

오나보의 공동창업자이자 CEO인 로이 티거(Roi Tiger)는 이스라엘의 허즐리야 학제연구센터(IDC Herzliya)를 졸업했다. 허즐리야 학제연구센터는 미국의 아이비리그나 한국의 카이스트쯤에 해당하는 이스라엘의 신흥 명문대학이다. 대학 입학 전인 16살 때부터 이것저것 창업했던 로이 티거는 대학을 다니면서도 각종 개발자 일을 하다가 2007년에 모바일 단말기 제조업체 MODU에 입사한 뒤 보안기술팀에서 10명의 개발자를 이끌었다.

로이 티거가 오나보를 설립한 결정적인 계기는 2009년에 있었던 친구의 일화 때문이었다. 로이의 친구가 때마침 스페인으로 휴가를 떠났는데 친구가 휴가에서 돌아왔을 때는 1천 달러의 모바일폰 로밍요금 청구서가 날아왔다. 모바일폰의 로밍요금이 엄청나게 나오는 것을 목격한 로이 티거는 친구와 함께 로밍요금을 절감할 기술을 연구하다가 그것을 사업화하기로 결심했다. 사업성이 있다고 판단한 로이 티거는 2009년 11월 회사를 그만두고 곧바로 오나보라는 회사를 친구와 함께 설립했다. 로이 티거는 설립한 회사의 개발팀 책임자가 되었는데 그때 그의 나이는 27살이었다.

오나보는 아마존에서 100대의 서버를 빌려 오나버 서버를 만들었다. 오나보 앱을 사용하는 사람들은 오나보 서버로 리드렉션되어 작은 크기로 변환된 데이터를 받도록 기술적으로 구현했다. 따라서 오나보 앱 사용자들은 데이터 송수신에서 최소 30%, 최대 80%를 절감하는 효과를 얻을 수 있다. 오나보 앱은 아이폰용과 안드로이드용 앱으로 발표되었고 서서히 인기를 끌다가 15개국에서 수백만 명이 다운로드한 앱이 되었다.

오나보에서 최고기술경영자(CTO)로 4년 동안 근무한 로이 티거는 2013년에 오나보가 페이스북의 자회사로 편입된 후부터 페이스북 엔지니어링팀 중역으로 일하고 있다.

💰 투자&자금조달 과정

2011년 5월 오나보는 자금유치 A라운드에서 이스라엘의 마그마 벤처 파트너스(Magma Venture Partners), 미국의 세쿼이아 캐피탈(Sequoia Capital)를 통해 300만 달러의 자금을 유치했다.

2012년 1월에 있었던 자금유치 B라운드에서 오나보는 세쿼이아 캐피탈(Sequoia Capital), 모토롤라 모빌리티 벤처(Motorola Mobility Ventures) 외 홍콩 호라이즌 벤처(Horizons Ventures)를 통해 1천만 달러의 자금을 유치했다. 오나보가 페이스북에 인수되기 전까지 유치한 자금은 총 1,300만 달러이다.

🕐 현재 위상

2013년 10월, 페이스북이 오나보를 1억 5천만 달러에 인수하면서 오나보는 페이스북의 자회사가 되었다. 오나보는 지금도 자사 브랜드의 오나보 통해 무료배포하고 있다.

가난한 나라에서 페이스북을 사용하게 만든 스냅투 Snaptu

이스라엘 

❓ 회사 개요

가난한 국가에서 인터넷을 사용하게 하는 기술을 개발하는 스냅투는 2010년에 모바일폰 앱이 아닌 일반 피처폰용 앱을 발표했다. 이들이 발표한 스냅투 앱은 인터넷 접속이 가능한 일반 피처폰에서 트위터, ESPN, 플리커, 연합뉴스, 날씨정보, 블로그, 각종 신문사 등을 접속해 사용할 수 있도록 가상 모바일폰 환경을 제공하는 앱이었다. 스냅투와 비슷한 기술을 가진 회사는 2004년에 설립된 이스라엘의 모브리카(Moblica)인데 실은 모브리카가 나중에 스냅투라는 회사로 바뀐 것이다.

일반 피처폰에서 모바일폰 환경을 만든 뒤 인터넷 서비스를 사용하게 했던 스냅투 앱은 궁극적으로 네트워크가 열악한 국가와 핸드폰 사용자들에게 인기를 얻으면서 2011년에 전 세계 7,800만 명 이상이 다운로드 할 정도로 인기를 얻었다.

2011년 1월 페이스북은 스냅투와 파트너십을 맺고 일반 피처폰에서 페이스북을 접속할 수 있는 기능을 스냅투에 내장했다. 이때의 개발로 일반 피처폰 모델의 80%가 페이스북에 원활하게 접속할 수 있었다. 공동개발에 성공한 페이스북은 최빈국 국민들을 페이스북 유저로 늘리기 위한 전략으로 그 해 3월에 스냅투를 통째로 인수했다. 스냅투는 페이스북이 이스라엘에서 최초로 인수한 이스라엘계 회사였다.

그 후 페이스북은 2011년 12월에 스냅투 앱 서비스를 완전히 종료하고 그 대신 'Facebook for Every Phone'이라는 앱을 발표, 일반 피처폰에서 페이스북에 접속할 수 있도록 했다. 2013년에 페이스북은 피처폰으로 페이스북에 접속하는 인구가 1억 명을 돌파했다고 발표했다.

성공 아이템

스냅투는 인터넷 서비스 연결이 가능한 일반 핸드폰에서 유명 웹사이트를 빨리 액세스한 뒤 스마트폰과 비슷한 가상환경에서 인터넷을 사용하게 할 목적으로 개발된 플랫폼이다. 스냅투 플랫폼에는 30개 이상의 웹주소 및 페이스북, 트위터, 링크드인, 블로그, 뉴스, 날씨 사이트를 등록할 수 있다.

스냅투 앱은 무료이기 때문에 비즈니스모델이 무엇인지 확연하게 드러나지 않는다. 그러나 스냅투에게는 빅아이템이 있었다. 링크드인 같은 큰 회사들이 일반 핸드폰에서도 자사 서비스에 용이하게 접속하도록 스냅투에 개발비를 투척하게끔 유도하는 것이었다.

▲ 스냅투의 기술이 들어간 페이스북 라이트 앱은 2G 네트워크를 사용하는 최빈국에서 페이스북 접속을 원활하게 해준다.

CEO : 랜 마카비

통신, 인터넷 전문가인 랜 마카비(Ran Makavy)는 1세대 모바일 메신저 개발회사인 팔로우왑(Followap)과 방화벽솔루션개발사인 체크포인트 소프트웨어에서 근무했다. 특히 팔로우왑에서 만든 메신저는 와츠앱이나 카카오톡 같은 메신저의 효시라고 부를 만한 것이었다.

그는 2004년에 스냅투의 전신인 모브리카(Moblica)를 창업한 뒤 스냅투로 사명을 변경하고 스냅투 앱을 발표했다. 2011년에 페이스북이 스냅투를 인수하자 랜 마카비는 페이스북 제품관리이사로 자리를 이동했다. 스냅투 개발진들은 이스라엘 언론에 페이스북의 인수 소식을 알릴 사이도 없었다. 스냅투 직원 22명 중 12명이 페이스북 본사로 이동을 했는데 그 후 인수소식이 전해진 것이다.

그후 랜 마카비가 이끄는 팀은 페이스북의 사용장애를 분석하거나 병

목현상을 처리하는 동시에 최빈국 국민들이 페이스북을 원활히 사용할 수 있는 앱을 개발하고 있다.

랜 마카비가 페이스북과 파트너십을 체결하는 과정은 굉장히 어려운 난관이었다. 2010년은 바야흐로 피처폰이 지고 모바일폰 시대로 접어들던 시기였다. 페이스북은 피처폰으로 페이스북에 접속해야 할 까닭을 이해하지 못했으므로 랜 마카비가 보낸 사업제안서(E메일)를 아예 묵살했다. 랜 마카비는 알고 있었지만 페이스북은 모르고 있었다.

"인도나 인도네시아 시장은 당시에 피처폰 사용자들이 많았습니다. 그런 나라의 피처폰 사용자들을 페이스북 유저로 만들려면 어떻게 해야 할까요? 그런데 페이스북은 우리의 제안서를 전적으로 묵살했습니다."

그런데 어느날 페이스북 팀이 인도 시장을 다녀왔다. 페이스북은 스냅투라는 앱에 대한 소문을 듣고 있었으므로 인도에 피처폰 사용자들이 얼마나 많은지 육안으로 답사를 해야 했다.

페이스북은 인도의 엄청난 인구가 아직도 피처폰을 사용하고 있다는 사실에 깜짝 놀라고 말았다. 이제 페이스북이 랜 마카비에게 연락을 해야 할 차례였다. 이렇게 해서 페이스북과 스냅투는 파트너십을 맺고 스냅투 앱에 페이스북을 실행하는 기능을 삽입했다. 가난한 나라에 페이스북을 보급하겠다는 전략은 스냅투 기술 때문에 시동을 건 셈이다.

투자&자금조달 과정

스냅투는 2010년 6월에 카멜 벤처사(Carmel Ventures)와 세쿼이아 캐피탈(Sequoia Capital)을 통해 600만 달러를 유치했다.

◉ 현재 위상

2015년 현재 랜 마카비는 페이스북 이사로 근무하는 동시에 엔젤투자가로 활동하고 있다. 그는 지금도 개발팀을 이끌면서 가난한 국가나 2G 네트워크 국가에서 페이스북을 원활히 사용할 수 있도록 '페이스북 라이트' 같은 앱을 개발하고 있다.

직업 매칭알고리즘을 사용하는 플랫폼 브라이트닷컴 Bright.com

미국

❓ 회사 개요

브라이트닷컴은 데이터분석회사인 브라이트 미디어(Brightn Media)가 개발한 구직자와 채용주의 적합한 매칭을 위한 구인구직 플랫폼이다. 데이터를 합리적으로 사용하여 보다 효율적으로 노동시장에 적용할 목적으로 매칭 플랫폼의 개발이 시작되었다.

이들은 18개월 동안 860만 명의 구직자, 280만 장의 이력서, 210만 개의 직업 종류, 수백 명의 고용주를 탐문하며 이력서와 직업의 종류를 철저하게 조사했다. 브라이트닷컴의 과학팀에는 심지어 천문학자, 물리학자, 지질학자, 핵물리학자, 심리학자, 신경전문가까지 참여했다. 브라이트닷컴 개발팀은 3명의 박사와 15명의 엔지니어로 구성되어 있었다.

2012년 6월에 이들은 '브라이트 스코어'라는 점수표를 사용한 채용주와 구직자 매칭알고리즘의 개발에 성공했지만 알고리즘이 완벽하게 동작하기까지는 1년 이상의 보강작업이 더 필요했다.

브라이트 스코어는 구직자의 적합성을 판별하고, 구직자가 하게 될 직책에 맞는 후보를 평가할 수 있도록 0~100 사이의 범위 점수가 매겨진다. 점수가 높을수록 적합성이 높은 구직자가 되므로 채용주들은 한층 편하게 업무적합성이 높은 구직자를 채용할 수 있었다.

① 성공 아이템

구직자는 Bright.com에 접속해 자신의 프로필(이력서)을 사이트 규칙에 맞게 작성한다. SNS를 사용하는 구직자인 경우 자신의 SNS 계정도 등록할 수 있다. 입력 즉시 브라이트닷컴의 알고리즘이 구직자의 학력, 경력, 기술, 사는 곳, SNS 계정을 자동진단한 뒤 구직자에 대한 데이터를 추출한다.

구직자가 키워드 검색 등으로 원하는 직업 혹은 업체를 찾으면 구직자에게 매칭된 적합한 업체목록이 적합도 순서로 검색된다. 제약회사의 세일즈 경력이 있는 구직자라면 세일즈맨을 충원하려는 제약사나 의료기기 판매업체가 매칭되어 나타난다.

매칭된 업체 목록에는 브라이트 점수가 표시되어 있다. 브라이트 점수란 구직자의 프로필을 근거로 과학적으로 산출한 적합성을 말한다. 브라이트 점수는 구직자와 직업의 적합성에 따라 99이거나 98일수도 있고 91일 수도 있다. 구직자에게 적합한 직업일수록 점수가 높고, 구직자와 매칭 적합성이 떨어지는 직업은 낮은 점수로 표시된다. 즉, 브라이트 점수가 높을수록 구직자의 이력과 소유기술에 적합한 직업, 직급, 업체가 된다.

채용주는 채용공고를 사이트에 등록한 상태이므로 로그인을 하면 채용하고자 하는 직종이나 직급에 매칭된 구직지원자 목록을 확인할 수 있다. 구직자에게는 각각 브라이트 점수가 있지만 채용주가 바로 확인할 수는 없다. 구직자의 브라이트 점수를 확인하려면 채용주는 이 사이트의 유료회원으로 가입해야 한다.

구직경쟁자가 많으면 채용주는 브라이트 점수 순서로 구직자를 상위 10명이나 20명으로 추려낼 수 있다. 당연히 브라이트 점수가 높은 구직자가 그 직종, 채용주가 뽑으려는 업무에 가장 적합한 인물이다. 채용주는 구직자의 이름을 클릭한 뒤 프로필을 자세히 확인하고 마음에 들면 채용 의사를 밝히는 메시지를 보낼 수 있다. 프로필이 마음에 들지 않으면 브라이트 점수가 한단계 낮은 그 아래쪽 구직자를 선택하면 된다. 브라이트닷컴의 서비스 이용료는 구직자들에겐 무료이지만 채용주에겐 유료이다.

때때로 직원 10명을 충원하기 위해 광고를 했는데 300명이 지원하는 경우도 있다. 그런 경우 채용주는 300명의 지원자들에게 브라이트닷컴을 통해 이력서를 제출하라고 단서를 달 수 있다. 채용주는 접수마감날 브라이트닷컴에 로그인한 뒤 브라이트 점수 상위 10명을 추려내어 고용하면 된다. 채용주 입장에서는 이력서 300통을 읽지 않고도 가장 적합한 직원 10명을 단 10분 만에 추려낼 수 있다.

2011년에 브라이트닷컴은 서비스를 시작했다. 이때 이들의 매칭알고리즘은 완벽하게 완성된 상태는 아니었다. 2012년 5월의 브라이트닷컴은 100여 업체들이 브라이트닷컴의 매칭시스템으로 직원을 채용했다고 발표했다. 또한 그들은 브라이트닷컴의 매칭알고리즘을 업계표준으로 만들기 위해 그 이상의 높은 수준으로 보완하고 있다고 밝혔다.

2013년 9월, 브라이트닷컴은 35명의 직원을 두고 있었다. 이미 2013

년 3월에 400만 명 이상의 구직자가 브라이트닷컴에 프로필을 등록했고 그 해 3월부터는 매일 평균 2만 명이 회원가입을 하고 있다고 밝혔다.

브라이트닷컴의 CEO인 스티브 굿맨은 브라이트닷컴의 매칭알고리즘이 한층 성숙되어가고 있다고 강조했다. 자사의 매칭알고리즘은 구직자의 사는 곳과 과거 경력을 분석해 펩시콜라 출신 구직자를 펩시콜라 채용주뿐 아니라 가까운 지역의 코카콜라 채용주에게도 연결하는, 스스로의 기계학습으로 인공지능형알고리즘으로 진화하고 있다고 밝혔다. 아울러 아마존, 웰스파고은행, 삼성전자 같은 대기업들도 자사 서비스를 사용하고 있다고 밝혔다. 한번에 대규모 매칭이 가능한 자사 플랫폼이야말로 현대고용시장에 딱 맞는 인재채용플랫폼이라는 뜻이었다.

🎙 공동창업자 : 스티브 굿맨

브라이트닷컴의 공동창업자이자 CEO인 스티브 굿맨(Steve Goodman)은 실리콘밸리에서 연쇄적으로 창업한 뒤 성공한 시리얼 기업가로 유명하다.

그는 1992년 앤더슨 컨설팅에서 프로그래머로 직장생활을 시작했다. 엔더슨 컨설팅에서 퇴사한 그는 1996년에 기업대상 온라인 비즈니스 훈련 시뮬레이션업체인 러닝 프로덕션(Learning Productions)을 설립한 뒤 6년간 경영하다가 다른 회사에 매각했다.

2003년에는 데이터보호회사인 라소 로직(Lasso Logic)을 설립 운영하다가 4년 뒤 델컴퓨터에 매각했다. 2007년에는 IT네트워크관리소프트웨어 업체인 패킷트랩(PacketTrap)을 설립 운영하다가 3년 뒤 델컴퓨터에 매각했다. 마침내 2011년에는 브라이트닷컴을 공동설립한 뒤 마찬가지로 CEO로 3년간 재직하다가 링크드인에 매각했다.

🪙 투자&자금조달 과정

2012년 6월 시리즈A 자금조달라운드에서 알려지지 않은 투자사가 브라이트닷컴에 600만 달러를 투자했다.

2013년 9월 시리즈B 자금조달라운드에서 토바 캐피탈(Toba Capital)과 패스포드 캐피탈(Passport Capital)이 브라이트닷컴에 1,400만 달러를 투자했다. 2014년 2월에는 링크드인이 브라이트닷컴을 통째로 인수했다. 인수대금은 1억 2천만 달러였는데 73%의 주식과 27%으로 현금으로 지불되었다. 브라이트닷컴의 임직원들은 링크드인에 합류했다.

🕑 현재 위상

링크드인은 브라이트닷컴 서비스를 2014년 1분기에 종료시켰다. 이후 브라이트닷컴의 매칭알고리즘은 링크드인에 일부 이식된 것으로 추정된다.

브라이트닷컴의 CEO였던 스티브 굿맨은 2014년 6월부터 스타트업 기업 인큐베이션업체이자 벤처투자회사인 토바 캐피탈(Toba Capital)을 공동경영하고 있다.

앱스토어의 앱을 검색하는
촘프 Chomp

? 회사 개요

촘프는 Chomp.com에서 개발한 앱 검색을 위한 앱이다. 2009월 1월에 앱을 무료 배포한 후 2개월 만에 30만 명이 다운로드하는 기록을 세웠다. 초기의 촘프는 애플 앱스토어에 무료공개되었고 아이폰 앱 검색에만 사용할 수 있었다.

촘프는 2010년에 5천만 개 이상의 추천 앱 정보를 제공하면서 기록적인 성공을 거두었다. 이를 기반으로 촘프는 2011년에 안드로이드용 앱을 발표했다.

사실 촘프에는 특별한 기능이 없었다. 단순히 키워드만 입력해도 추천하는 앱이 검색되는 방식이었다. 검색된 앱에는 'Get it', '좋아요', '좋아요 취소', '리뷰보기', '추가옵션보기' 버튼이 달려있고 연관 검색어가 표시되어 있었다.

촘프 2.0 버전에서는 앱의 유형에 따라 검색할 수 있는 기능이 추가되었다. 예를 들어, '콘서트', '천문학'이라는 키워드로 검색하면 비슷한 유형의 앱이 검색되었다. 새로 추가된 추천 기능은 유료 앱과 무료 앱을 구분해 추천하였다. 검색 속도는 1.0 버전에 비해 훨씬 빨라졌고 디자인도 업그레이드되었다. 아이폰 OS4 기기 사용자들은 멀티태스킹으로 촘프를 사용할 수 있도록 지원되었다.

촘프는 2012년 2월에 애플에 인수되면서 앱 배포를 중단했다. 애플의 인수가격은 알려지지 않았지만 최종 가격이 5,000만 달러였을 것이라는 소문이 떠돌았다.

🏅 성공 아이템

촘프는 앱스토어에 접속하지 않고 여러 플랫폼에서 아이폰 혹은 안드로이드용 앱의 검색이 가능하도록 하는 앱 검색엔진이었다.

촘프는 2011년 9월 'Chomp Search Ads'를 발표했는데 이는 앱 제작사들이 어떤 단어를 키워드로 설정하면 촘프 검색엔진에서 해당 앱이 노출되도록 하는 광고시스템이었다. 광고는 입찰가에 따라 노출회수에 차등을 두었다.

🎙 CEO : 벤 퀴랜

1982년 3월 8일 호주 시드니에서 태어난 벤 퀴랜(Ben Keighran)은 13살 때 C++ 언어를 독학으로 배운 뒤 게시판 서비스를 만들었는데 이용자가 폭주하여 집 전화가 불통되는 일이 발생했다. 그는 향후 핸드폰(모바일) 시장이 커질 것이라고 예상하고 핸드폰 기술에 관심을 연구하기 시작했다.

2002년, 19살의 벤 퀴랜은 블루펄스(Bluepulse)라는 회사를 설립했다. 이 회사는 심비안 같은 핸드폰에서 사용할 수 있는 문자메신저 스타일의 SNS를 개발하는 것이 목표였다. 그는 JAVA를 사용해 블루펄스 플랫폼을 만드는 데 성공했다. 블루펄스 SNS가 한참 인기 있었던 2006년의 벤 퀴랜은 650만 달러의 자금 유치하는 데 성공했다. 블루펄스는 당시 모바일용 자바응용프램 중에서 가장 인기있는 프로그램이었기 때문에 월 2mm이 다운로드되기도 했다(mm : Mobile to Mobile의 약자로 이동전화에서 이동전화로 건 발신량 측정단위를 말한다).

자금에 여유가 생긴 벤 퀴랜은 자신의 회사를 시드니에서 샌프란시스코의 산마테오에 있는 옛 유튜브 사무실로 옮겼다. 2007년의 벤 퀴랜은 블루펄스 SNS를 포켓 PC 같은 디바이스에서 사용할 수 있도록 개량하면서 블루펄스 SNS는 세계 160개국에서 사용하는 인기 서비스가 되었다. 그 해에 벤 퀴랜은 비즈니스위크지가 뽑은 '25세 미만 미국의 톱 기업가'에 자신의 이름을 올렸다.

2006~2010년의 벤 퀴랜은 소셜검색엔진인 아드바크(Aardvark)의 자문위원으로 일했다. 아드바크는 일종의 지식검색 스타일의 검색엔진으로 누군가가 질문을 올리면 누군가가 답변하는 방식의 소셜엔진이었다. 이 검색엔진은 2010년에 구글에 매각되었다.

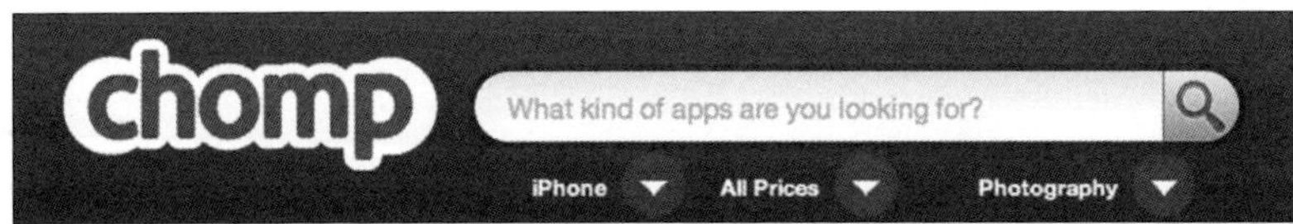

▲ PC에서도 사용할 수 있었던 촘프 앱 검색엔진

2009년 벤 퀴랜은 촘프를 공동설립한 뒤 촘프의 CEO가 되었다가 2012년 2월에 애플이 촘프를 인수하면서 큰 돈을 벌었다.

투자&자금조달 과정

2009년 11월, SV엔젤을 비롯한 3개 투자자가 총 56만 5,000달러의 종잣돈을 촘프에 투자했다.

2011년 3월에 촘프는 시리즈A 자금조달라운드에서 블루런 벤처(BlueRun Ventures)를 포함한 4개 투자사를 통해 500만 달러를 유치했다.

현재 위상

촘프는 2012년에 애플에 인수된 후 애플 앱스토어의 검색엔진에 합쳐진 것으로 보인다.

촘프의 CEO였던 벤 퀴랜은 이따금씩 유명 경제지에 글을 기고하면서 엔젤투자가로 활동하고 있다. 또한 아주 작은 스타트업 기업들을 보육하는 회사인 '500스타트업(500Startups)'의 멘토로서 스타트업 회사들을 도와주고 있다.

빅테이터 · 광고 · 마케팅솔루션 스타트업의 거인들

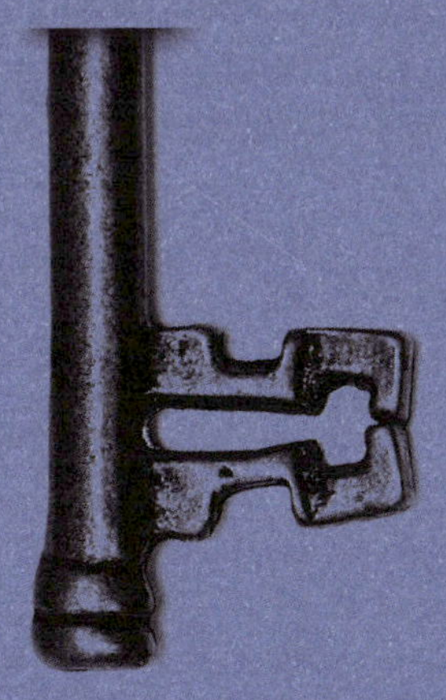

아이언펄 IronPearl

❓ 회사 개요

2012년 캘리포니아 팔로알토에는 인터넷 기업이 고객(회원가입)을 확장할 수 있는 기업용 소프트웨어, 이른바 그로스 해킹(Growth hacking)이 접목된 '아이언펄 그로스 2.0'이라는 통계분석소프트웨어를 개발하는 아이언펄(IronPearl)이 있었다. 아이언펄은 이 기업용 소프트웨어를 개발한 직후 단 몇 개월만에 페이팔에 인수되어 그 누구도 알 수 없는 회사가 되었지만 창업자 스탠 추노프스키(Stan Chudnovsky)는 실리콘밸리에서 꽤나 잘 나가는 시리얼 사업가이자 그로스 해커로 유명하다.

아이언펄 그로스 2.0은 고객의 동선분석, 예측 모델링을 기존의 웹로그 분석 소프트웨어와 다르게 사회문화적 요소까지 데이터로 삼아 예측 모델링을 하는 혁신적인 통계분석 프로그램이었다. 이 분석 프로그램은 사세확장 및 판매촉진을 위한 개선점을 면밀하게 포착했다. 빅테이터가 있다해도 데이터 사이의 연관관계를 찾아내지 못하면 아무것도 할 수 없기 때문에 성장세가 둔화된 기업에서 사이트의 회원가입율을 높이거나 제품에 대한 소문을 확산시킬 목적으로 사용하였다.

2013년 4월 성장세가 점점 둔화되던 페이팔은 특별하게 사세를 확장시킬 목적으로 아이언펄을 인수하였고 아이언펄의 CEO인 스탠 추노프스키를 페이팔의 부사장에 앉혔다. 페이팔의 부사장이 된 스탠 추노프스키는 자신의 소프트웨어를 사용해 페이팔의 사용자들을 증가시키는 데 한몫했다. 단 몇 개월만에 800만 명의 신규회원이 생긴 것이다. 2014년에는 페이팔에서 퇴사한 뒤 이용자 확장이 절실했던 페이스북 메신저 사업부 부사장으로 옮겨갔다.

🏅 성공 아이템

대략 2010년을 기준으로 인터넷은 비슷한 유형의 사업을 하는 업체들로 인해 포화상태에 진입하고 있었다. 인터넷 사용자가 늘어난 것이야 그렇다치고, 기하급수로 늘어나는 SNS, 쇼핑몰, 포털사이트, 뉴스공급업체 때문에 인터넷에서는 모두가 마케팅을 해야 살아남는다는 자조 섞인 말까지 나왔다. 당연히 판매촉진을 해도 비슷한 제품을 판매하는 업체들의 난립으로 광고비는 예전보다 두 배 세 배 들어갔다. 돈 들이지 않고 마케팅을 잘하는 방법은 없을까? 그런 의문에서 탄생한 것이 그로스 해킹(Growth hacking)이라는 마케팅 기법이었다.

인터넷에서 마케팅을 하려면 고객들의 웹로그, 선호하는 것들(자주 클릭하거나 구입하는 물건들), E메일 수신율, 자주 가는 SNS 등 고객의 동향을 추적하기 위해 수많은 분석 프로그램을 사용해야 한다. 흔히 E메일, 구매경로, 공유링크, 랜딩페이지, Open Graph 프로토콜, SNS 등 고객이

들어올 때나 나갈 때 경유하는 사이트 등 고객의 액션을 추적하는 것이 분석 소프트웨어다. 고객의 이동경로, 클릭한 버튼, 이용시간대 등을 잘 분석하면 그 고객에게 맞춤서비스를 하여 고객이 계속 사이트를 이용하게 하거나, 바이럴이 되어 회원 가입을 늘릴 수 있다. 그러한 작업을 하도록 예측 모델링을 잘 하는 소프트웨어가 바로 아이언펄이 개발한 통계분석 소프트웨어였다.

그럼 그로스 해커란 무엇일까? 그로스 해커란 사세확장, 즉 인터넷 기업의 회원가입율을 높이는 방법을 찾기 위해 연구하고, 찾아낸 방법을 실제 적용하기 위해 코딩까지 하는 사람이나 팀을 뜻한다.

만일 1,000명의 고객에게 신제품 드론의 출시를 홍보메일로 보냈다고 가정해보자. 며칠 뒤 데이터로 뽑으면 이메일을 클릭하지 않는 고객과 이메일을 클릭한 고객을 알 수 있다. 이때 A라는 고객은 매일 7시에 클릭하는 경우가 많았다. 그럴 경우 그 고객에게만큼은 그 시간대에 E메일을 보내는 것이 자사의 E메일 수신율을 높일 수 있는 가장 좋은 방법이다. 통계분석 프로그램이 분석한 데이터의 연관관계를 재빠르게 포착하여 각 고객별로 맞춤서비스를 적용하면 고객의 만족감이 높아진다. 이렇듯 고객의 만족도를 향상시킬 방법을 찾아낸 뒤 바로 개선시키는 것이 그로스 해커가 하는 작업이다.

1,000명의 고객 중 100명이 어떤 사이트에 접속한 뒤 자사 사이트로 들어온다는 데이터가 있다면, 광고비 없이 그 사이트에 자사 사이트를 노출시킬 방법이 있을까?

국내 신문사 게시판에 '페이스북' 버튼과 '카카오' 버튼이 생기고 있다. 평소 SNS에 관심 없는 A 씨도 그 버튼을 자주 보니까 눈에 익숙해지고 어쩐지 그 버튼을 눌러보게 된다. 버튼을 누른 뒤 댓글을 달려고 했더니 회원에 가입해야만 가능하다. '페이스북' 버튼과 '카카오' 버튼이 신문사 사이트를 통해 회원가입을 받는 것이다.

신문사 게시판과 일반 웹사이트에 SNS 버튼이 등장할 수 있는 것은 오픈그래프(Open Graph)라는 기술 때문이다. 신문사는 SNS에 자신의 존재를 알리고, SNS는 신문사 댓글란을 통해 회원가입을 받는 등 서로가 윈윈하자는 전략에서 탄생한 기술이다. SNS와 일반 사이트가 연동하면서 서로 유대하는 것이다(사실은 신규회원 확보가 목적이지만). 바로 이처럼 광고비 없이 회원수를 늘리는 획기적인 방법을 연구하여 만든 사람들이 그로스 해커다.

그는 남자, 여자, 소녀 사진을 번갈아가며 회원가입창에 걸어놓고 회원의 가입추세를 분석했다. 소녀 사진을 걸어놓았을 때 회원가입율이 가장 높았다. 통계상 분명 그렇지만 머리가 쥐나듯 통계프로그램을 돌려봐야만 짐작할 수 있는 내용이다. 어쩌면 그날 비가 왔기 때문에, 혹은 야구경기를 안 해서 회원가입율이 높게 나왔다고 오판하기도 할 것이다. 그런데 단번에 '아, 소녀 사진을 걸어놓으니까 회원가입율이 높아졌군?' 이렇게 즉각적으로 통계자료가 말하고자 하는 연관관계를 파악하고 개선점을 즉시 실행하는 사람들이 그로스 해커다.

그런데, 아이언펄이 개발한 통계분석 소트웨어는 다른 통계분석 소프트웨어와는 달라도 많이 달랐던 모양이다. 데이터의 연관관계를 잘 분석해 올바르게 개선해야 할 점을 비교적 정확하게 찾아준다는 것이다. 이 때문에 아이언펄 통계분석 프로그램은 '사세확장 및 고객유지를 위해 사용하는 소프트웨어'로 알려지기 시작했다. 그 때문일까? 소프트웨어 발표 1년도 안되어 아이언펄 CEO는 회원수를 늘리라는 특명 하에 페이팔의 부사장으로 스카웃되었다. 그 8개월 뒤에는 페이스북의 회원수

늘리기 작전에 스카웃됐다. 페이스북 메신저는 정말이지 인기 없는 메신저라는 것을 독자들도 잘 알 것이다.

CEO : 스탠 추노프스키

모스크바 출신인 스탠 추노프스키(Stan Chudnovsky)는 미소 냉전이 종식되던 해인 1989년 모스크바대학을 졸업했다. 그는 심리학과 컴퓨터공학을 복수전공한 뒤 학위를 받았다.

자신의 괴상한 아이디어를 사업화하는 데는 실리콘밸리가 최적이라는 생각에 추노프스키는 1994년에 수중에 단돈 20달러를 쥔 채 미국 샌프란시스코에 도착했다. 그는 프로그래머와 IT 컨설턴트 일을 하면서 샌프란시스코의 대학을 다녔고 이번에는 수학을 전공했다.

1999년 추노프스키는 Tickle Inc라는 커뮤니티 사이트의 공동창업자로서 사이트를 개발하고 6년간 사이트의 수익을 창출하기 위해 밤낮으로 노력했다. 인기사이트가 된 Tickle Inc는 2004년에 몬스터사에 1억 달러에 매각되었다. Tickle Inc 시절의 추노프스키는 커뮤니티 회원을 많이 확보하면 그 회원들이 더 많은 회원을 선물해 준다는 사실을 깨달았다.

2007년이 되자 추노프스키는 어떤 투자자를 만나 우가랩(Ooga Labs)을 공동 설립했다. 우가랩은 기술기업에 투자를 하면서 기술기업이 제대로 성장하도록 보육하는 시드머니 투자회사였다.

우가랩이 소셜게임 개발사인 원더힐(WonderHill)에 투자를 하면서 추노프스키는 원더힐의 공동창업자 비슷한 위치에 서게 된다. 원더힐이 개발한 게임은 반응이 좋았다. 우가햅은 원더힐을 캄바(Kabam)라는 모바일게임사에 좋은 가격에 넘겼다.

우가랩은 요리사, 경찰, 간호사 같은 전문직업인들의 커뮤니티인 어피니티랩(Affinitylabs)에도 투자했다. 크게 성공한 어피니티랩은 훗날 몬스터사에 매각되었다. 이 무렵 우가랩은, 생산성과는 전혀 관련이 없는 굿리드(GoodReads)에도 투자를 했는데 굿리드는 미국의 독서커뮤니티였다. 물론 지금이야 굿리드가 출판문화분야에 매우 영향력 있는 도서커뮤니티가 되었지만 당시만 해도 누가 애서가들이 모이는 사이트가 돈이 된다고 종잣돈을 투자하겠는가?(다행히 우리나라에도 고서의 디지털화를 위해 몇십억 원을 기증한 사람이 있다).

이런 투자패턴을 볼 때 추노프스키는 커뮤니티 사이트의 가치가 아니라, 그 사이트에 모이는 사람 수가 나중에 재산가치가 된 다는 것을 알고 있었다(굿리드는 초창기 자금조달라운드에서 6곳의 엔젤투자사를 통해 750만 달러를 유치했는데 우가랩 공동경영자인 추노프스키는 우가랩 이름으로 투자한 뒤, 자신의 이름으로도 굿리드에 투자했다.)

추노프스키를 아는 사람들은 그가 뛰어난 엔지니어는 아니라고 말한다. 추노프스키가 뛰어난 점은 인간과 인간을 연결하는 방법을 잘 안다는 것이었다. 그에게는 바이럴을 할 줄 아는 노하우가 있다는 것이다. 추노프스키는 말했다.

"예전에 커뮤니티 사업을 할 때, 나는 제약이 없으면 없을수록 좋다는 것을 깨달았습니다. 제약이 없을수록 사람들은 더 쉽게 모이기 때문입니다."

현재 위상

2012년 말, 추노프스키는 아이언펄을 설립한 뒤 틈새시장을 노리고 기업용 방문자 추적도구이자 마케팅 도구를 개발하였다. 2013년 사세 확장이 필요했던 페이팔은 아이언펄을 통째로 인수한 뒤 아이언펄 CEO이자 인터넷 트렌드를 읽는 감각이 뛰어난 추노프스키를 페이팔 부사장 자리에 앉혔다. 추노프스키의 임무는 단 하나, 페이팔의 이용자수를 확장시키는 것이었다. 그는 페이팔에서 9개월간 근무하면서 눈에 띄게 이용자수를 확장시켰다.

2014년 페이스북은 페이스북 메신저의 사용자 확장이 필요했기 때문에 추노프스키를 스카웃해 페이스북 메신저 사업팀의 부사장으로 앉혔다.

클라우드 기반 광고플랫폼을 서비스하는 에메다이트, 시센스

노르웨이 

❓ 회사 개요

에메다이트(Emediate)는 2001년에 덴마크에서 설립된 광고게재플랫폼 개발업체였으나 현재는 노르웨이의 온라인 광고플랫폼회사 시센스(Cxense)에 인수되어 시센스 브랜드로 이전 에메다이트의 광고플랫폼이 판매되고 있다.

에메다이트가 개발한 디스플레이광고 플랫폼과 수익최적화제품은 시센스 디스플레이광고와 시센스 SSP로 이름이 바뀌어 있다. 이들 광고플랫폼은 중대형사이트나 기업, 인터넷 신문사, 쇼핑몰 운영주에게 판매되고 있다.

시센스 디스플레이광고(구 에메다이트 Ad)는 웹사이트에서 볼 수 있는 이미지노출형 광고플랫폼이다. 다중플랫폼을 지원해 정지사진, 동영상, 모바일로 쏘아줄 수 있을 뿐 아니라 A/B테스팅, 고객예측, 필터링, 다국어를 지원하고 보고서 출력기능을 운영주에게 제공한다.

시센스 SSP(구 에메다이트 SSP)는 웹사이트의 광고 중 판매되지 않는 재고품 광고를 자동화방법으로 관리하여 판매수율을 높이는 도구이다. CPM광고의 노출을 자동최적화하여 광고노출당 판매수율을 높여주도록 설계되어 있다. 이로 인해 운영주는 재고관리를 적절하게 유지하면서 운영부담을 줄일 수 있다. 이 상품을 구매한 운영주는 판매이익의 일정분을 시센스에 지불하면 된다.

성공 아이템

앞의 에메다이트를 인수한 시센스는 노르웨이에서 2010년에 설립된 온라인광고, 모바일광고, 웹분석 전문업체이다. 원래 시센스는 빅데이터 분석업체로 출발한 것으로 보이는데 온라인 광고회사들을 연거푸 인수

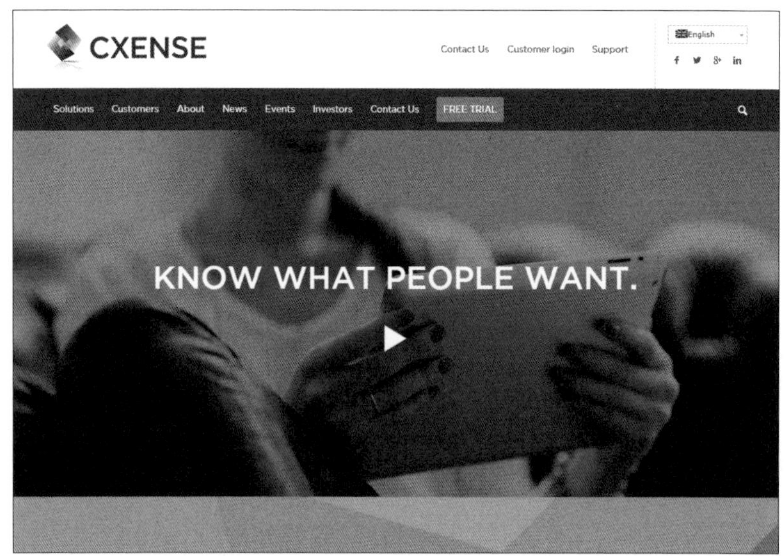

▲ 에메다이트를 인수한 온라인광고회사 시센스 (www.cxense.com)

하면서 지금의 빅데이터 분석과 광고플랫폼 서비스회사가 되었다.

주요 제품으로는 에메다이트 기술로 만들어진 광고플랫폼 외에 사이트접속자 트래픽을 분석하는 시센스 인사이트, 사이트접속자의 관심사와 액션을 분석하는 시센스 DMP, 사이트접속자의 회원/비회원 여부, 성향을 분석한 뒤 성향에 맞게 콘텐츠를 노출시키는 시센스 콘텐츠, 모바일이나 모바일 앱에 게재하는 기타 여러가지 광고상품, 3D 광고플랫폼, CPA 광고플랫폼, CPC 광고플랫폼, 광고수율을 최적화하는 툴인 맥시파이어(Maxifier)를 서비스한다. 맥시파이어는 시센스가 2015년에 인수한 광고수율 최적화를 위한 빅데이터분석 툴이다.

🎙 창업자 : 존 레르비크

존 마르쿠스 레르비크(John Markus Lervik)는 1969년 8월 17일 노르웨이에서 태어났다. 일반인들에겐 잘 알려지지 않았지만 검색엔진 개발에 관심있는 개발자들에게는 매우 유명한 인물이다.

1997년에 노르웨이과학기술대(NTNU) 파트너 연구소 중에는 노르웨이연구위원회가 오슬로대학에 투자설립한 iAD라는 연구소가 있었다. iAD 연구소는 차세대 검색기술을 개발할 목적으로 설립되었다. iAD의 호스트기관은 FAST연구센터였는데 FAST의 책임자는 노르웨이과학기술대 겸임교수인 비요른 올스타 교수였다. 존 레르비크는 FAST의 1호 연구원으로 비요른 올스타 교수의 지도 하에 박사학위를 취득하면서 차세대 검색기술 개발을 시작했다. FAST는 나중에 'Fast Search & Transfer'라는 회사로 변경되었고 오슬로대학의 iAD연구소와 협연으로 연구하였다.

Fast Search & Transfer가 회사로서의 모습을 갖추자 비요른 올스타 교수는 CEO, 존 레르비크는 CTO가 되어 라이코스 등의 유명 업체들과 전략적 파트너십을 맺고 1999년 FAST 브랜드의 검색엔진을 상용화했다.

2001년에 존 레르비크는 Fast Search & Transfer의 CEO가 되었다. FAST가 만든 검색엔진은 매우 뛰어났기 때문에 기업용 검색엔진으로 인기를 얻으면서 이베이, 마이크로소프트, IBM 등 수많은 업체에서 채택하였고 이 때문에 Fast Search & Transfer은 '2002년 딜로이트 테크놀로지 패스트 500(가장 빠르게 성장한 기술기업 500 리스트)'에서 3위를 차지했다.

2003년부터 Fast Search & Transfer은 아예 기업검색시장을 노리기로 하고 엔터프라이즈 검색플랫폼 개발에 들어갔다.

2005~2008년 사이의 Fast Search & Transfer는 오토노미(Autonomy)와 구글에 이어 3위에 해당하는 검색엔진 개발사로 기술력을 인정받았다. 2008년 마이크로소프트는 날로 처지는 검색기술력 때문에 결국 3위 업체인 Fast Search & Transfer를 12억 달러에 인수하였다. 이 때문에 2009년 마이크로소프트의 검색기술력은 단번에 구글을 제치고 오토노미와 비슷한 급으로 상승했다.

한편 존 레르비크는 Fast Search & Transfe가 마이크로소프트에 인수되면서 마이크로소프트의 노르웨이 자회사가 되자 마이크로소프트의 노르웨이사업부 총책임자로 옮겨갔다. 그러나 2006년에 일련의 회계부정이 있었음이 경찰 조사로 밝혀지면서 마이크로소프트는 존 레르비크에게 사퇴를 권고했다. 2009년 1월 존 레르비크가 물러난 자리는 그의 옛 교수 비요른 올스타로 대체되었다.

마이크로소프트에서 물러난 존 레르비크는 이듬해인 2010년 2월에 시센스를 설립하고 CEO가 되었다. 시센스는 빅데이터 검색, 분석 기술을 개발하기 위해 설립되었지만 차례로 여러 온라인광고사를 인수하면서 지금은 빅데이터 실시간분석 서비스와 온라인, 모바일 광고를 서비스하고 있다.

고객들

시센스는 자사의 제품을 대부분 임대방식의 SaaS로 제공하므로 클라우드 기반으로 동작한다. 시세스의 광고솔루션을 이용하는 운영주는 서비스를 이용한 만큼, 혹은 판매수익의 일정분을 사용료로 납부한다. 시세스의 광고솔루션 서비스를 사용하는 고객은 이코노미스트, 니혼 TV, 라쿠텐, 월스트리트저널, 메트로 등이 있다. 마땅한 광고플랫폼이 없는 인터넷 신문사들이 시센스 서비스를 사용한다.

현재 위상

시센스는 노르웨이 본사 외에 런던, 도쿄, 마드리드, 뉴욕, 싱가포르 등 전 세계 10여 개 지사를 가지고 있다.

존 레르비크는 과거 Fast Search & Transfe 재직 때 저지른 회계부정 때문에 몇 년간 법정다툼을 벌이고 있었다. 2014년 2월 노르웨이 법원은 존 레르비크에게 회계부정 및 시장교란죄를 확정하고 징역 2년을 선고했는데 1년은 무조건이라는 단서를 달았다. 이는 어떤 일이 있어도 감옥살이 1년은 수행해야 한다는 뜻이었다. 존 레르비크는 증거와 판결에 이의를 제기하면서 항소하겠다고 밝혔다.

빅데이터를 분석해 추천하는 데이터과학
코세이 Kosei

❓ 회사 개요

코세이는 소셜 이용자들을 빅데이터로 분석해 '추천'하는 기술을 연구한다. 이미 코세이는 이용자들의 관계도를 검색하여 3천만 개의 제품 사이에 연결된 4억 개의 관계도를 빅데이터로 만들었다. 이 데이터는 소셜에서의 제품검색, 관심 있는 페이지, 광고클릭예측, 상품의 성장예측, 기계학습 시스템을 구축할 수 있는 기반 데이터가 된다. 시스템은 이미 만들어지는 과정에 있고 빅데이터를 다루고 있는 기계처럼 코세이의 엔진도 학습을 할 것이다.

모든 광고분석엔진이 그렇겠지만 코세이의 분석엔진은 고객의 관계도를 중점적으로 분석하고 있다. 웹로그 분석 위주의 다른 업체와 달리 코세이의 전략은 더 빈틈이 없다. 코세이의 전략은 고객이 이전에 본 제품, 고객이 구매한 제품, 고객의 친구가 구매한 제품을 찾아내어 고객과 고객, 고객과 제품의 관계도를 거미줄처럼 파악해 상업성질의 데이터를 축척하는 것에 주안점을 두고 있다. 상업성질의 데이터는 소셜을 사용하는 사람과 그 사람의 친구가 무엇을 구매할 것인지 추천한다. 이런 방법은 웹에서의 타깃팅 광고의 적중률을 높이는 가장 훌륭한 방법 중 하나일 수 있다.

2015년 1월, 코세이는 핀터레스트에 인수되었다. 인수가격은 비공개에 붙여졌다.

🥇 성공 아이템

코세이는 'Proximal Labs'이라는 빅데이터 분석 소프트웨어 개발사를 운영하다가 이 회사를 좋은 가격에 매각한 사람이 창업했다. 코세이가 핀터레스트에 인수된 것은 코세이의 빅데이터 분석력이 신뢰할 수 있는 수준이기 때문이기도 하지만 핀터레스트의 서비스 구조에 그대로 이식할 수 있기 때문이다. 핀터레스트는 사진기반 소셜이기 때문에 사용자들마다 사진을 수집하고 수집한 사진을 친구들과 공유한다. '핀'이란 핀터레스트 사용자들이 수집한 사진이나 이미지를 뜻한다. 핀터레스트는 다음과 같이 동작한다.

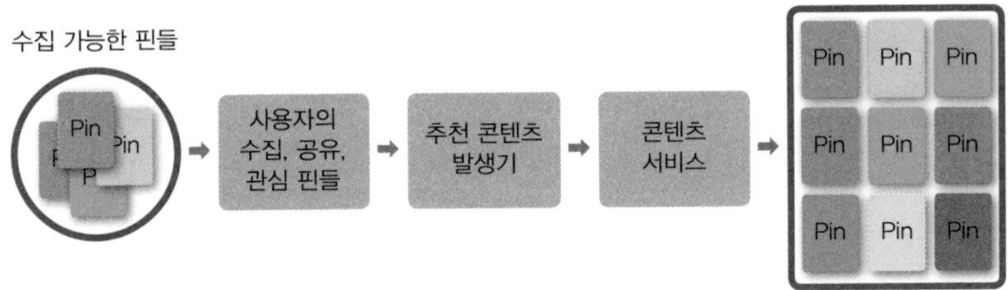

코세이가 핀터레스트에 합류함으로써 핀터레스트는 자사에 딱 맞는 적중률 높은 광고플랫폼을 개발할 수 있었다.

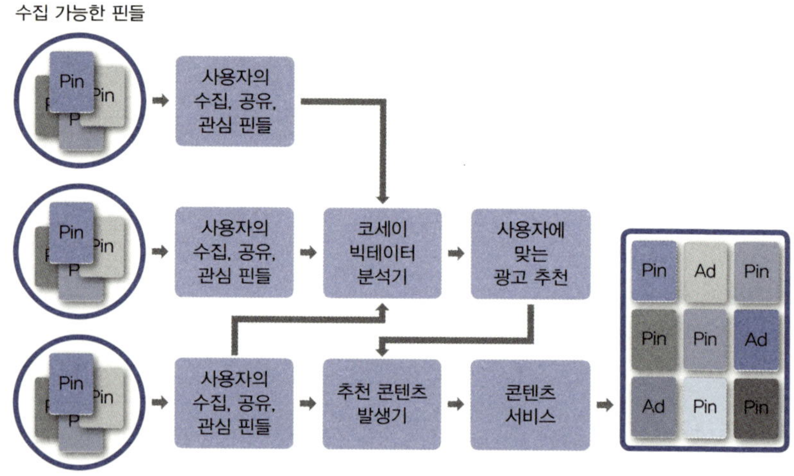

🎙 창업자 : 랜스 리들

세인트루이스의 프린시피아대학에서 공부한 랜스 리델(Lance Riedel)은 1993년 핸드온(Hands-On) 회사에서 인터랙티브 소프트웨어 개발자로 직장생활을 시작했다.

1997년부터는 2년 동안 후지쯔 미국지사에서 근무하며 온라인쿠폰 시스템을 개발한 뒤 1999년 Verity, Inc라는 기업검색엔진 회사의 수석 엔지니어로 근무했다. 2004년에는 검색광고회사로 유명한 오버추어(Overture)의 수석 엔진니어로 근무했는데 이 회사가 야후에 인수되면서 야후의 직원이 되었고 이후 2009년까지 야후에서 야후광고시스템의 핵심기술을 개발하는 팀을 이끌었다. 야후에서의 그는 키워드검색부터,

광고분석시스템, 하둡엔진 등 여러가지 검색기술을 개발하거나 개선시키면서 온라인 광고기술 관련 7가지의 특허를 공동으로 출원했다. 2009년에는 Flipagram에 입사, 1년동안 과학부분책임자로 근무하면서 위치기반 앱을 개발했다.

2010년에는 처음으로 자신의 회사인 프록시말 랩(Proximal Labs)을 공동설립한 뒤 CTO가 되었다. 프록시말 랩은 소셜미디어 네트워크에서 이용자들의 액션을 수집해 분석하고 이들에게 맞춤검색, 추천 등을 할 수 있는 소프트웨어를 개발하는 일종의 빅데이터 분석 회사였다. 1년 뒤 그는 프록시말 랩을 자이브 소프트웨어에 매각하면서 자연스럽게 자이브 소프트웨어의 수석엔지니어가 되었다. 자이브 소프트웨어는 빅데이터 및 클라우드 기반의 비즈니스용 플랫폼을 개발하는 회사로서 주요 제품은 인트라넷, 기업메시징, 기업메일, 협연 솔루션 등이었다.

자이브에서 근무할 당시인 2012년 랜스 리델은 하이브(Hive, LLC)라는 회사의 CTO가 되었다. 하이브는 정보관리, 마케팅 전문가인 TM 라비가 공동설립한 회사로 빅데이터를 분석해 온라인 생태계 전반에 공급하는 업체였다. 하이브는 자사의 데이터과학을 필요로 하는 기업체와 협연하거나 스타트업 회사에 제공하고 스타트업 회사를 보육하고 있었다.

하이브의 데이터과학을 사용할 수 있는 업체로는 온라인 광고회사, 전자상거래업체, 온라인 금융업체, 데이터 관리회사 등이 있었다. 하이브는 약 10여 개 업체와 전략적 파트너십을 맺고 일을 했다.

랜스 리델은 자이브와 하이브를 그만 둔 후 2014년 4월에 스탠포드대에서 인공지능을 연구하는 주르 레스코벡(Jure Leskovec) 박사와 함께 코세이를 공동설립한 뒤 CEO가 되었다. 코세이는 모바일 광고와 모바일 전자상거래에서 사용하는 타깃형 광고시스템을 만들었다. 코세이는 이를 위해 독점적인 그래프 형태의 데이터를 만들고 있었는데 이것을 이용하면 고객별 선호상품의 예측이 가능해 코세이의 기술은 '고객에게 맞는 광고를 추천하는' 추천시스템이라고도 불렸다.

코세이는 설립 9개월 뒤인 2015년 1월에 핀터레스트에 인수됨으로써 개발팀 모두가 핀터레스트에 합류했다. 코세이 CEO였던 랜스 리델은 핀터레스트의 기술팀 책임자가 되었다.

💰 투자&자금조달 과정

코세이는 회사 설립 2개월 뒤인 2014년 6월에 알려지지 않은 금액의 종잣돈을 유치한 적이 있다. 필자가 보기엔 하이브(Hive, LLC)에서 종잣돈을 투자했던 것으로 보인다.

👥 고객들

코세이의 고객사는 모바일 기반의 소셜회사이거나 모바일 서비스업체이다.

🕐 현재 위상

코세이는 핀터레스트의 광고플랫폼 개발팀에 합류하여 핀터레스트의 광고플랫폼에 자사의 빅데이터 기반 광고추천시스템을 이식하고 있다. 이식이 끝나면 핀터레스트에서 빅데이터를 분석하는 하나의 부서가 될 것으로 보인다.

업무용 앱 개발로 뜬
스타트업의 거인들

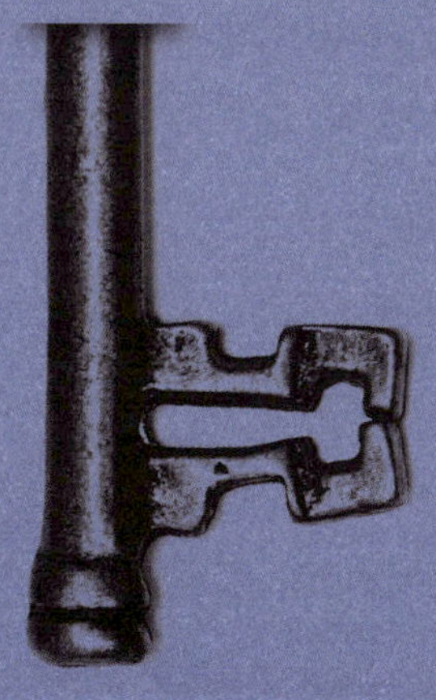

❓ 회사 개요

뷰파인더는 GNU 선언문을 지지하기 위해 개발된 김프(GIMP)의 개발자로 유명한 스펜서 킴볼과 피터 마티스에 의해 설립된 모바일 사진공유 플랫폼이다. GIMP란 GNU 사진처리프로그램(GNU Image Manipulation Program)의 약자로 1995년에 개발된 무료 사진편집프로그램이다.

캘리포니아 버클리대학 동급생이었던 두 사람은 버클리대 재학시절인 1995년에 김프를 개발해 발표하였고 현재는 수많은 개발자들의 노력으로 GIMP 2.8 버전까지 업그레이드되었다. GIMP는 간단히 말하면 포토샵과 비슷하지만 무료배포를 목적으로 만들어진 이미지편집소프트웨어이다. GNU선언문은 누구나 소프트웨어를 실행, 복사, 수정, 배포할 수 있고, 누구도 그런 권리를 제한하면 안 된다는 사용허가권(License)의 자유를 표현한 선언문이므로 그들이 개발한 소프트웨어의 사용권은 당연히 무료였다.

대학 졸업 후 이들은 구글에서 같이 근무하면서 서블릿 엔진 등을 만들었고 2011년 같이 퇴사한 뒤 브라이언 맥기니스(Brian McGinnis)와 뉴욕에서 뷰파인더라는 회사를 설립했다. 회사는 사진공유 앱인 뷰파인더 앱을 런칭한 뒤 6개월 만에 모바일결제서비스업체인 스퀘어사에 통째로 인수되었다.

🏅 성공 아이템

뷰파인더 앱은 사진공유와 문자채팅기능이 결합된 앱이다. 스마트폰으로 찍은 사진을 친구와 공유하고 사진에 메시지를 남긴다는 점이 포인트였지만 특히 '다이얼을 이용한 점프 스크롤' 방식의 인터페이스로 과거에 올린 사진을 빠르게 찾을 수 있는 것이 장점이었다. 이들의 기술과 디자인이 접목된 뛰어난 인터페이스는 스퀘어에게 매력적으로 부각되어 뷰파인더 팀을 통째로 인수하게 된다.

🎙 CTO : 스펜서 킴볼

몰몬교 집안 출신인 스펜서 킴볼(Spencer Kimball)은 버클리대학을 졸업한 뒤 위고시스템(WeGo Systems)의 CTO로 일하다가 2002년 구글에 입사했다. 구글에서 엔지니어로 10여 년간 근무한 그는 2011년 12월 뷰파인더를 공동설립한 뒤 CTO로 근무했다. 2012년 6월 뷰파인더가 스퀘어로 인수되자 스퀘어에 합류한 뒤 엔지니어로 근무하다가 2015년 퇴사, 현재는 바퀴벌레 랩(Cockroach Labs)이라는 오픈소스 기반 인프라솔루션업체를 운영중이다.

공동창업자 : 피터 마티스

피터 마티스(Peter Mattis)는 구글에서 근무할 당시에도 '구글의 신비한 사람들'이란 별명으로 불리웠던 사람이다. 또한 스펜서 킴볼과 함께 리눅스계에서는 전설적인 인물로 알려져 있다. 피터 마티스는 2015년 3월 뉴욕의 자기 집을 1,400만 달러(140억 원)에 매도하면서 신문지상에 기사가 나기도 했는데 그 집은 2008년 제니퍼 코넬리에게서 800만 달러에 매입한 것이었다. 그는 현재 바퀴벌레 랩(Cockroach Labs)의 엔니지어링 담당 부사장이다.

현재 위상

뷰파인더 앱에서 불 수 있는 뛰어난 인터페이스는 스퀘어가 개발중인 인터페이스에 접목되었다. 스퀘어가 뷰파인더를 인수하는 데 들어간 금액은 알려지지 않았는데 인수 당시 뷰파인더에는 약 100만 달러의 벤처 투자가 진행중이었으므로 최소 수백만 달러의 금액으로 매각된 것으로 보고 있다.

클라우드 기반 하이브리드형 일정관리 어플
분더리스트 Wunderlist

 독일   Wunderlist

Startup Success Story

🎙 회사 개요

분더리스트는 클라우드 기반 일정관리 앱으로 2011년 베를린에서 설립된 식스원더킨더(6Wunderkinder)에서 개발하였다. 분더리스트는 아이폰, 안드로이드폰, 태블릿, PC 등의 장비를 구분하지 않고 사용할 수 있도록 멀티플랫폼으로 개발되었다. 다국어 버전을 제공, 한국에서도 사용할 수 있는 분더리스트는 2015년 6월 회사 전체가 마이크로소프트에 인수되었다.

분더리스트는 기본적으로 모바일과 PC에서 일정목록을 관리하거나 자신의 일정목록을 다른 사람과 공유할 수도 있다. 상세보기 옵션에서는 미리알림, 양수인, 주석 정보 등의 다양한 정보를 확인할 수 있다. 작업정보는 #해시태그로 검색어를 등록하여 검색할 수 있다. 일정관리 기능 외에도 분더리스트 E메일을 제공하여 새 작업 목록을 E메일을 전송하는 방법으로 추가할 수 있다. 브라우저용 확장 프로그램을 제공하여 인터넷 익스플로러, 크롬 등에서도 일정관리가 가능하다. 또한 클라우드 회사인 드롭박스(Dropbox)를 통해 일정관리 목록을 백업할 수 있고 자신의 작업목록과 관련된 자료 파일을 클라우드에 업로드하여 저장할 수 있다. 분더리스트는 구글 캘린더, 마이크로소프트 캘린더, 애플 캘린더, 슬랙에 등록한 일정을 가져올 수도 있다.

🥇 성공 아이템

분더리스트는 클라우드 기반이므로 운영체제와 디바이스에 상관없이 같은 자료가 공유되고 거의 하이브리드형에 가까운 다양한 기능을 제공한다. 예를 들면 자신의 일정목록에 URL을 달아 다른 사람과 공유하거나 자신의 일정을 E메일로 통지받는 푸시알림 기능을 제공하는 작업독려 능력이 뛰어나다. 또한 웹에서 보는 어떤 것이든 일정관리 캘린더로 드래그하여 추가할 수 있는 기능, 음성녹음으로 일정관리 내용을 등록하는 기능, 사용하는 디바이스에 관계없이 지원하는 리얼타임싱크 기능(PC에서 실행한 뒤 일정을 수정하면 스마트폰에서도 리얼타임으로 프로그램이 동작하면서 수정되는 기능) 등이 여타 일정관리 프로그램보다 훨씬 차별화되었고, 이 때문에 마이크로소프트가 눈독을 들였다. 분더리스트의 사용료는 무료이지만 클라우드에 무제한 업로드할 수 있는 기능을 사용하려면 유료회원으로 가입해야 한다.

🎙 CEO : 크리스찬 레버

분더리스트 제작사인 식스원더킨더의 CEO는 크리스찬 레버(Christian

Reber)라는 젊은 프로그래머였다.

크리스찬 레버는 2008년 19살 때 컴퓨터 분야에서 일하기 위해 베를린으로 홀홀단신 건너 왔다. 19살의 그는 베를린에서 작은 아파트를 빌린 뒤 사무실이 없는 상태에서 친구 몇 명과 함께 이노베틱스(Innovatics)라는 회사를 설립했다. 그가 설립한 첫 회사는 주로 웹사이트 제작, 웹디자인 같은 일을 수주하면서 밥을 먹고 살았다.

2년 뒤인 2010년 9월, 크리스찬 레버는 과거 비즈니스 거래처이자 본에서 사업을 하고 있는 프랭크 텔렌(Frank Thelen)이란 사람을 찾아가 사업 아이템을 나누다가 쌈짓돈을 투자받기로 했다.

크리스찬 레버는 기존의 회사를 폐업하고 투자자 프랭크 텔렌을 포함한 친구 5명과 함께 식스원더킨더라는 회사를 설립했다. 식스원더킨더(6Wunderkinder)는 여섯 명의 놀라운 꼬마들이라는 뜻으로 자신과 5명의 친구를 회사이름으로 만든 것이었다. 이때 CEO인 크리스찬 레버와 직원들은 20대 초반의 젊은이들이었고, 투자자 프랭크 텔렌만 30대 중반이었다.

회사설립 후 첫 프로젝트는 분더키트(Wunderkit)라는 작업관리 프로그램을 만드는 작업이었다. 베타버전에 이어 정식버전을 성공적으로 릴리스했지만 인기를 얻는 데는 실패하면서 어마어마한 자금난에 빠졌다. 직원들 봉급은커녕 밥도 먹지 못할 정도의 열악한 환경 속에서 크리스찬 레버와 직원들이 두 번째로 개발한 것이 일정관리 앱인 분더리스트(Wunderlist)였다. 다행히도 분더리스트 앱은 반응이 매우 좋았기 때문에 수렁에 빠진 그의 회사를 구원해냈다. '분더리스트'는 우리말로 직역하면 '놀라운 목록'이라는 뜻이다.

일정관리 프로그램 개발은 매우 간단한 이유에서 출발하였다. 그는 지난 몇 년간 친구, 혹은 거래처들과 여러가지 작업을 공유했는데 프로젝트를 진행하다보면 E메일과 일정관리목록을 보낸 뒤 서로 사용하는 디바이스가 호환되지 않아 E메일과 일정관리내역을 읽지 못하는 경우가 빈번했다. 그래서 그는 스마트폰은 물론 PC, 애플컴퓨터, 리눅스에서도 읽을 수 있는 E메일 혹은 그와 비슷한 일정관리 소프트웨어의 개발에 관심을 가지기 시작했다. 그래서 그의 일정관리 소프트웨어는 처음부터 장비간 동기화(리얼타임싱크)가 잘 되는 것을 목표로 하여 설계되었다.

크리스찬 레버가 생각한 초기에는 블랙베리폰이나 리눅스 플랫폼에서 실행되게 할 생각은 없었다. 그러나 분더리스트에 투자하는 투자사들이 많아지면서 개발 스케일은 날로 커져갔다. 분더리스트가 멀티플랫폼을 제공하고 20개국 언어로 지원하는 것은 투자자들의 지원이 있었기 때문이었다.

첫 번째 버전은 2010월 가을부터 2011년 봄 사이에 개량을 하면서 발표했는데 먼저 PC용 버전을 발표하였다. 일정관리 소프트웨어 중 윈도우, 맥OS, 리눅스에서 동작하는 최초의 소프트웨어였으므로 단번에 주목을 받았다. 그 해 겨울에는 아이폰용 버전을 발표하였고 애플 앱스토어에서도 정식으로 인증을 받았다.

크리스찬 레버는 독일 FOM 경제관리응용과학대학(FOM University of Applied Sciences)을 졸업했다. FOM 대학은 독일에서 정식 대학입학과정을 놓친 직장인 등이 학사 학위를 취득하거나 취업에 실제적으로 도움되는 전문기술을 습득하기 위해 다니는 대학이다.

2014년, 크리스찬 레버는 포브스지가 뽑은 '30세 이하 영향력 있는 30인'에 선정되었다. 5명으로 시작한 회사의 직원 수도 50명으로 늘어났다.

▲ 모바일, 태블릿, PC에서 연동하는 분더리스트 일정관리 앱

💰 투자&자금조달 과정

분더리스트는 창업 초 공동창업자인 프랭크 텔렌과 몇몇 사람들이 10만 유로(1억 2,500만 원)를 투자해 창업했는데 대부분의 자금은 플랭크 텔렌이 투자했다. 텔렌은 후에 e42라는 시드머니 투자회사를 차린 사람이다.

2011년, 독일의 종잣돈 투자회사인 하이테크 설립기금(High-Tech Grunderfonds)이 분더리스트에 50만 유로(6억 2천만 원)를 투자했다. 독일 본에 본사가 있는 하이테크 설립기금은 창업 1년 미만의 약물, 화학, 로봇, 소프트웨어, 기술회사에 종잣돈을 투자하는 시드머니전문 투자회사이다. 또한 그 무렵 도이치텔레콤(Deutsche Telekom)이 운영하는 T-Venture가 알려지지 않은 금액을 투자하기도 했다(도이치텔레콤은 독일의 국영 텔레콤회사였지만 1996년 민영회사로 전환되었다. 세계 3대 전화회사이다).

2011년 11월, 분더리스트 제작사는 벤처투자사 아토미코(Atomico)를 통해 400만 달러를 유치했고, 2013년 11월에는 세쿼이아 캐피탈(Sequoia Capital)의 주도로 1,900만 달러를 유치했다.

가장 최근인 2015년 6월, 마이크로소프트는 분더리스트 개발사인 식스원더킨더를 1억 달러의 현금과 알려지지 않은 보너스를 주고 통째로 인수했다.

◉ 현재 위상

2012년 2월 분더리스트 사용자 수가 500만 명을 돌파했다. 2013년 9월, 분더리스트는 버전 2를 발표했고, 버전 3은 2014년 12월에 발표하였다.

분더리스트 앱은 2013년 애플이 뽑은 올해의 앱, 2014년에는 샤오미가 뽑은 베스트 앱, 구글플레이가 뽑은 베스트 앱으로 선정되었다. 지금은 세계적으로 수천만 명이 분더리스트를 사용하고 있는데 일정관리 앱 중에서는 가장 많은 사람들이 사용한다.

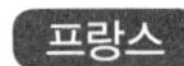

❓ 회사 개요

선라이즈 캘린더는 2013년 2월 19일에 아이폰용으로 출시된 모바일 달력으로 구글 캘린더, 마이크로소프트 익스체인지서버, 맥의 iCloud 캘린더, 페이스북, 에버노트, 분더리스트 등에 연동시킬 수 있다. 예를 들어 맥의 iCloud 캘린더를 주로 사용하는 사람이 선라이즈 캘린더를 연동하면 안드로이드폰에서 선라이즈 캘린더에 접속해 iCloud 캘린더에서 설정한 일정을 볼 수 있다. 만일 구글 캘린더나 페이스북 캘린더에 새 일정을 등록했다면 모두 선라이즈 캘린더를 통해 확인할 수 있다.

선라이즈 캘린더는 앱으로 실행하거나 PC에서는 별도의 프로그램 실행없이 인터넷 브라우저 창에서 사용할 수 있다. 달력 기능을 제공하고 있는 대부분의 유명 서비스와 연결하는 것이 가능해 해당 서비스에서 등록한 일정을 선라이즈 캘린더에서 확인할 수 있다. 이 때문에 클라우드 기반 달력 앱 중에서 가장 인기 있는 달력이 되었다.

2015년 2월 4일, 마이크로소프트는 선라이즈 캘린더 개발사인 선라이즈 아틀리에(Sunrise Atelier Inc)를 1억 달러에 인수했다.

🥇 성공 아이템

달력 기능을 제공하는 서비스나 프로그램이 많다보니 각각의 프로그램에서 새 일정을 작성하는 경우가 많다. 예를 들어 스마트폰에서 구글 캘린더에 새 일정을 등록한 뒤 사무실에서는 맥으로 작업하다가 iCloud 캘린더에 새 일정을 추가하는 경우가 있다. 이 경우 선라이즈를 실행하면 구글 캘린더에 등록한 일정과 iCloud 캘린더에 등록한 새 일정을 모두 취합해 선라이즈 캘린더에서 확인할 수 있다. 이런 기능들이 선라이즈 캘린더의 성공 요인이다.

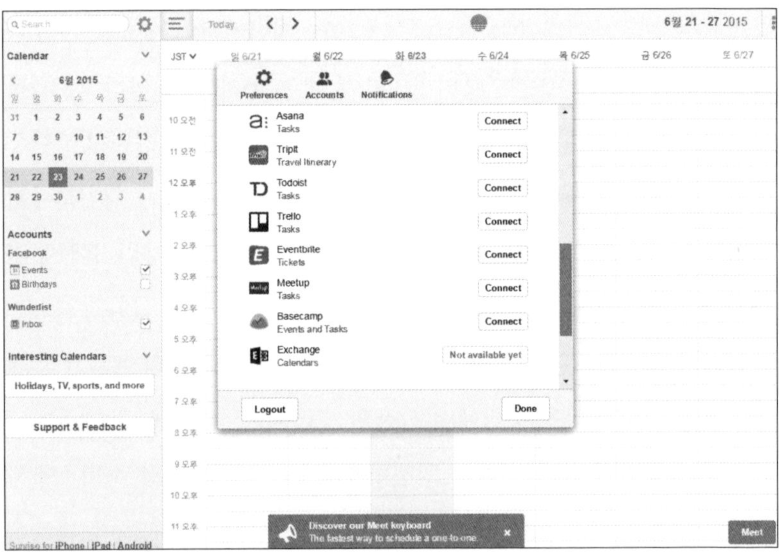

▲ 선라이즈 캘린더에서 일정관리 기능을 제공하는 서비스 업체를 선택한 모습. PC에서 선라이즈 캘린더를 사용하려면 인터넷 calendar.sunrise.am에 접속한다.

선라이즈 캘린더가 가져올 수 있는 달력 데이터로는 구글 캘린더, iCloud 캘린더, 페이스북, 링크드인, 트위터, 구글 태스크, 에버노트, 포스퀘어, 송킥, Asana, GitHub, Producteev, Trello, Basecamp 등이다.

🎙 CEO : 피에르 발라드

1986년 프랑스 파리에서 태어난 피에르 발라드(Pierre Valade)는 파리 기술대학(Ecole des Ponts ParisTech)에서 컴퓨터공학을 공부한 뒤 졸업반 시절에는 스탠포드대학에서 디자인을 공부했다.

2010년 대학을 졸업한 그는 미국 뉴욕의 게임회사에 취직해 게임을 개발하는 일을 했다. 2011년 봄에 피에르는 해커대회용 프로그램인 포스퀘어 해카톤(Foursquare Hackathon) 프로그램 개발자로 참여했고 리그에도 참여해 6시간 안에 해킹을 완료했다. 이 일로 피에르 발라드는 포스퀘어 제품개발팀에 일자리를 얻고 2011년 6월부터 출근했다.

당시 포스퀘어에는 4년 동안 디자인 업무를 하고 있는 벨기에 출신의 제레미 르 반(Jeremy Le Van)이라는 디자이너가 있었다. 피에르는 제레미와 금방 친해졌다. 두 사람이 같이 붙어다니며 작업하는 횟수가 많아지자 이들에게 한가지 의문이 들었다.

"우리는 출근하면 서로 어디에 있는지 찾아본 다음에 같이 일하는 걸 좋아하잖아? 밤이라고 안 될게 있겠어?"

이 사소한 의문에서 시작한 비즈니스모델이 'Sunrise Email Diges'라는 E메일 앱이었다. 이 앱은 매일 아침 자동으로 친구들에게 E메일을 보내는 기능이었다. E메일에는 보내는 사람이 그날 하는 중요한 일정의 요약본이 첨부되어 있었다. 예를 들면 생일파티 시간, 생일참석자, 서로 알고 있으면 좋은 업무 따위가 달력에 요약되어 첨부되는 것이다. 자신의 그날 일정을 매일 아침 직접 작성해서 친구들에게 통보하는 것은 넌센 스이므로 자동화 과정이 필요했다. 이들은 자신의 페이스북 캘린더나 구글 캘린더에 등록한 자신의 일정을 E메일로 당겨오는 기술을 개발하 기 시작했다.

2012년 7월, 두 사람은 완성한 '선라이즈 이메일 다이제스트(Sunrise Email Diges) 앱'을 성공적으로 런칭하였다. 그 일은 그들에게 사업을 할 수 있다는 모티브를 심어주었다. 두 사람은 마침내 2012년 11월 포스퀘 어를 퇴사하였다.

포스퀘어에서 퇴사한 두 사람은 바로 선라이즈 아틀리에를 설립한 뒤 사업에 뛰어들었다. 그들은 기존의 선라이즈 이메일 다이제스트에서 아 이템을 얻어 선라이즈 캘린더 앱의 개발을 시작했다. 2013년 2월, 그들 은 선라이즈 캘린더 앱을 발표했는데 초기에는 아이폰에서만 동작하는 앱이었다. 2014년 5월에는 안드로이드용 선라이즈 캘린더 앱을 발표한 뒤 곧바로 PC용 선라이즈 캘린더도 발표했다.

⑤ 투자&자금조달 과정

2013년 6월, 기업설립 초기단계에 투자를 하는 엔젤투자사인 레솔루 트(Resolute) 벤처캐피탈, 넥스트뷰(NextView) 벤처스, SV 엔젤투자사, 레 흐 히포(Lerer Hippeau) 벤처스, 루이 르 메르(Loïc Le Meur) 벤처스 외 데이 브 모린(Dave Morin), 파브리스 그린다(Fabrice Grinda) 등이 총액 220만 달 러를 선라이즈 아틀리에에 투자했다.

2014년 7월, 영국의 발델턴 캐피탈(Balderton Capital)이 600만 달러를

투자했다. 그리고 2015년 2월에는 마침내 마이크로소프트가 선라이즈 아틀리에를 1억 달러에 인수했다.

◎ 현재 위상

선라이즈 캘린더 앱은 마이크로소프트에 인수된 뒤에도 계속 서비스를 하고 있다. 마이크로소프트는 자사의 윈도우 운용체제에 선라이즈 캘린더를 합치지 않고 자회사 체제로 운영하기로 했다. 공동창업자인 두 사람은 지금도 선라이즈 아틀리에에서 근무하고 있다.

2015년 기준, 선라이즈 캘린더는 클라우드형 캘린더 중에서 가장 많은 사용자수를 확보한 캘린더이다.

혁신적인 메일통합관리 앱
어컴플리 Accompli

미국  acompli

❓ 회사 개요

어컴플리는 E메일 및 개인정보관리를 모바일폰에서 통합관리하는 클라우드 기반 E메일관리 앱이다. 2015년 1월 마이크로소프트에 매각된 어컴플리는 그 후 브랜드 명칭을 아웃룩모바일(Outlook Mobile)로 변경하고 앱을 배포하고 있다.

2013년 푸에르토리코 출신의 하비에르 솔테로(Javier Soltero)와 중국계의 장(JJ Zhuang)이 설립한 어컴플리는 초기부터 개인용 PC에서 볼 수 있는 개인정보관리 프로그램을 개발하였다. 관리할 수 있는 카테고리는 E메일, 달력, 파일, 피플관리 등 4개의 허브로 나누었다. 4개의 허브 중 E메일 허브는 자신의 G메일 계정 등에 접속해 받은 E메일을 가져온 뒤 관리하고 클라우드에 백업하는 기능을 제공한다. 파일 허브는 최근 첨부된 파일 등을 집계하고 구글 클라우드 같은 클라우드와 연동하여 파일을 업로드하는 기능을 제공한다.

이들은 2014년 4월 어컴플리 앱을 발표했는데 발표와 함께 인기를 얻으면서 2015년 1월 회사를 포함한 인적자원이 마이크로소프트에 2억 달러에 매각되었다. 이 후 어컴플리 앱은 이름을 아웃룩모바일로 변경한 뒤 서비스 중이고 회사는 마이크로소프트 산하 아웃룩모바일팀으로 재편되었다.

🥇 성공 아이템

기존 PC사용자들이 모바일폰을 사용하면서 E메일을 모바일폰에서 통합관리할 필요성이 생겼다. 이런 목적으로 탄생한 어컴플리 앱은 아이폰, 안드로이드폰, 윈도우폰에서 동작하는 E메일통합관리 앱이다.

어컴플리 앱에서 통합관리하는 E메일 서비스는 야후메일, G메일, iCloud, 익스체인지 메일 등이 있다. 편지함에 도착한 편지를 선택한 뒤

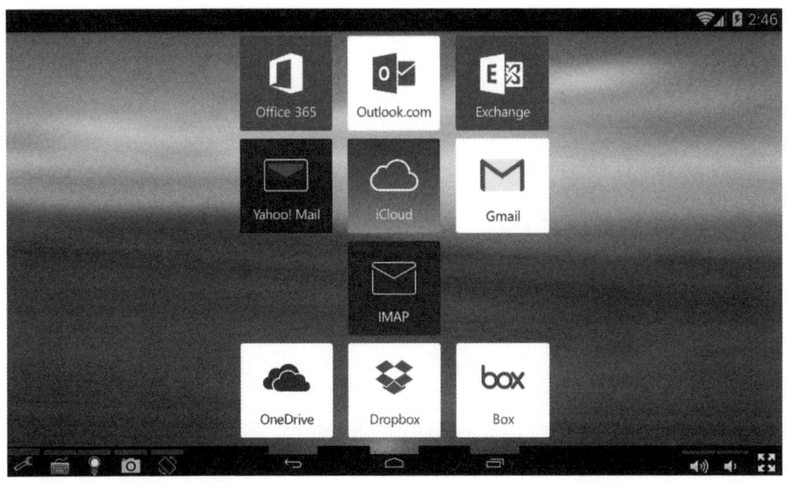

▲ 안드로이드 태블릿에서 사용하는 어컴플리(아웃룩모바일)

채팅 버튼을 클릭하면 편지를 보낸 사람과 채팅을 할 수 있다. 지원하는 클라우드 서비스는 원드라이브, 드롭박스 등이 있다. 예를 들면 원드라이브(OneDrive)에 사진, 동영상, E메일 백업, 문서저장을 할 수 있고, 원드라이브로 업로드한 사진이나 동영상을 친구와 공유할 수 있는 기능을 제공한다. 회사의 중요한 데이터를 원드라이브에 백업할 수도 있다.

피플관리 허브라는 것도 제공한다. 인기 SNS(페이스북, 트위터, 스카이프 등)에서 푸시를 받아 SNS에 등록된 친구들의 연락처, 콘텐츠를 관리할 수 있다.

CEO : 하비에르 솔테르

1974년 9월 6일 푸에르토리코 샌 후안 출신인 하비에르 솔테르(Javier Soltero)는 1997년 카네기멜론대학에서 정보시스템학을 공부한 뒤 졸업했다. 지금은 사라진 넷스케이프사에 입사하여 넷스케이프 메신저 및 넷스케이프 전자상거래 개발부서에서 소프트웨어 개발자로 근무했던 솔테르는 넷스케이프에서 나온 뒤 BackFlip.com에서 수석엔지니어가 되었다.

2004년에는 하이퍼릭(Hyperic)이란 회사를 공동설립했는데 하이퍼릭은 오픈소스를 사용한 웹서버개발 등의 사업을 하는 인프라개발 회사였다. 2009년 하이퍼릭은 더 큰 웹인프라 개발사인 스프링소스(SpringSource)에 인수되었고 솔테르는 그 회사의 인프라개발책임자가 되었다. 훗날 스프링소스는 버추얼운영체제 개발사로 유명한 VM웨어에 4억 2천만 달러에 매각되었는데 이때 솔테르는 VM웨어의 최고기술책임자(CTO)로 근무하면서 SaaS 서비스나 클라우드 개발 관련 팀을 이끌었다.

2012년 VM웨어에서 퇴사한 솔테르는 잠깐 초빙기업가(EIR) 일을 하면서 시간을 보냈다. 초빙기업가란 막 창업을 시작한 업체에 상주하면서 창업을 돕는 도우미 기업가를 말한다. 초빙기업가 시절 솔테르는 E메일관리 앱에 대한 비즈니스모델을 생각해냈다.

그가 생각해낸 비즈니스모델은 당시 엔지니어라면 누구나 알 수 있는 매우 간단한 아이디어에서 파생되었다. 기업체의 서비스를 클라우드를 통해 모바일에서 수많은 사람들이 공유하도록 해보자는 것이었는데 그 첫째가 E메일통합관리 앱이었다.

E메일통합관리 앱을 맨 먼저 생각한 이유는 그것이 당시의 앱 개발자들에게 핫한 아이템이었기 때문이다. 그런데 솔테르는 다른 개발자들과 다르게 한 가지 간과하지 않은 점이 있었다. 수많은 앱 개발자들이 MS 익스체인지 메일서버를 무시하고 있었다는 것이다. 솔테르는 미국의 수많은 기업들이 기업용 메일시스템인 MS 익스체인지 메일서버를 사용한다는 사실을 잘 알고 있었다. 대부분의 앱 개발자들이 구글메일, 야후메일에서 푸시받는 방법을 개발할 때, 그는 홀대받는(사실은 기업체 직원들이 많이 사용하는) MS 익스체인지 메일을 모바일로 푸시받는 방법을 개발하기로 한 것이다. 그리고 달력 등의 일정관리 기능을 메일관리 앱에 추가해 달력을 보려고 화면을 변경하는 번거로움을 없앴다. 간단히 말하면 비즈니스맨의 눈높이에 맞춘 앱을 만들겠다는 전략이었다.

그는 자신의 비즈니스모델을 사업화하기 위해 2013년 샌프란시스코에서 JJ 장, 캐빈 핸릭슨과 함께 어컴플리를 공동설립했다. 서버개발 사업을 했던 사람이므로 기술력은 충분히 있었다. 단 1개월 만에 어컴플리 앱이 탄생했고 꽤 쓸만했다. 앱스토어에서 앱을 홍보할 때도 어컴플리 앱이 익스체인지 메일을 푸시받을 수 있는 앱이라고 대문짝만하게 홍보했다. 익스체인지 메일을 사용하는 비즈니스맨들은 자신의 스마트폰으로 익스체인지 메일을 송수신하기 위해 어컴플리 앱을 선택할 수 밖에 없었다. E메일 앱을 개발하기도 전에 이미 틈새시장을 노리고 들어간 것이다.

🪙 투자&자금조달 과정

어컴플리는 창업 첫해인 2013년에 E메일관리 앱인 어컴플리를 개발하면서 총 730만 달러의 벤처자금을 유치했다. 어컴플리 앱을 발표한 후 겨우 1년 만에 마이크로소프가 무려 2억 달러를 얹어주고 자회사로 편입시켰는데, 아마 자사의 익스체인지 메일서버를 지원하는 앱 개발회사이기 때문에 후한 가격으로 구매한 것 같다.

🕐 현재 위상

어컴플리는 마이크로소프트 산하 모바일팀이 되었지만 회사 홈페이지는 현재도 어컴플리로 유지하고 있다. 어컴플리의 CEO인 솔테르는 현재 아웃룩모바일팀(구 어컴플리) 책임자로 일하고 있는데 직책은 마이크로소프트 내에서 부장급이다.

❓ 회사 개요

에버노트는 스마트폰과 PC에서 사용하는 즉석 메모와 보관을 위한 소프트웨어이다. 사용자는 텍스트 입력, 웹페이지 전체 캡쳐, 웹페이지 일부 클리핑, 사진, 음성레코딩, 손으로 직접 필기하는 방식으로 노트를 작성할 수 있다. 작성한 노트에는 파일을 추가할 수 있고 폴더별로 노트를 정렬할 수 있다. 노트에는 별도의 태그, 주석을 삽입하고 검색 기능으로 검색할 수 있다.

에버노트는 아이폰, 안드로이드폰, 윈도우폰, 블랙베리폰, 맥 OSX, 크롬 OS, MS 윈도우에서 사용할 수 있고 온라인 동기화기능과 백업기능을 제공한다. 스마트폰에서 노트를 작성한 뒤 PC를 통해 접속해도 작성 당시 내용을 확인할 수 있고 이어서 작성할 수 있다.

에버노트는 무료버전과 2개의 유료버전이 있다. 무료버전은 사용상 제한과 에버노트 서버의 저장공간도 한정되어 있다. 유료버전은 기업용의 특화된 기능, 월제한 없는 무제한 사용, 명함스캔, 에버노트 앱 잠금 기능 외에 에버노트 서버의 저장공간을 무제한으로 제공한다.

2015년 기준 노트 앱 분야에서 세계 점유율 1위인 에버노트는 전 세계 1억 명 이상이 사용하고 있다. 미국의 개인회사가 개발한 에버노트의 사용자는 미국보다 아시아, 중동권에 많다.

🏆 성공 아이템

에버노트는 텍스트입력, 필기방식으로 메모를 작성할 수 있다. 카메라가 부착된 스마트폰 사용자는 사진을 찍어 에버노트의 메모로 등록할 수 있고 음성녹음도 메모에 등록할 수 있다. 확장프로그램을 설치하면 웹페이지를 캡쳐하거나 스크랩해 메모로 등록할 수 있다. 에버노트가 제공하는 스캔프로그램을 사용해 명함 등을 스캔한 뒤 에버노트에 저장하는 것도 가능하다.

메일을 전송하는 사람은 수신인 외 에버노트의 자신의 주소에 참조수신인으로 설정해 에버노트 서버에 보낸 편지의 사본을 저장할 수 있다. 태그 기능은 검색 기능을 이용하면 작성한 노트를 빠르게 찾을 수 있으며, 작성한 노트에 웹의 고유주소를 설정하면 주소를 아는 사람이 노트를 볼 수 있다. 자체 채팅 기능을 지원해 같이 업무를 하는 사람과 대화를 나눌 수도 있다.

에버노트는 무료버전 외에 플러스버전(연 사용료 25,000원)과 프리미엄버전(연 사용료 50,000원)이 있다.

🎙 CEO : 스테판 알렉산드로비치 파치코프

스테판 알렉산드로비치 파치코프(Stepan Alexandrovich Pachikov)는 1950년 2월 1일 아제르바이젠에서 태어났다. 그는 노보시비르스크(Novosibirsk)대학과 트빌리시(Tbilisi)대학에서 공부한 뒤, 모스크바대학에서 '수학의 경제응용'으로 석사학위를 취득하고, 소련학술원(USSR Academy of Sciences)에서 '퍼지이론'으로 박사학위를 받았다.

1989년, 파치코프는 모스크바에서 미국인 과학자와 함께 파라그라프 인터내셔널(ParaGraph International)이라는 벤처회사를 설립한 뒤 애플의 뉴튼 PDA용 필기인식 시스템을 개발했다. 1992년, 파치코프는 미국 실리콘밸리에 지사를 만들고 그 자신도 실리콘밸리로 날아왔다. 거기서 그는 캘리그래퍼(Calligrapher)라는 터치스크린이나 태블릿에서 동작하는 필기인식기술을 개발한 뒤 판매했는데 그 해에 마이크로소프트가 캘리그래퍼 필기기술을 인수했다.

파치코프와 팀은 함께 떨어져 나온 뒤 러시아 본사 파라그라프의 미국 자회사인 펜&인터넷(Pen&Internet)이라는 사업팀이 되었다. 1994년 펜&인터넷은 팜OS를 사용하는 PDA용 필기인식시스템을 최초로 발표했다. 1995년에 파치코프는 콜로라도에 파라스크립트(Parascript, LLC)를 설립했다. 파라스크립트는 러시아의 모회사 파라그래프에서 분리, 완전히 별도의 법인으로 설립되었지만 러시아 본사의 기술 대부분이 이식되었다.

그 후 파치코프와 팀은 록히드마틴이 미우체국우편처리 시스템의 현대화 사업에서 사용할 OCR판독시스템과 필기인식시스템을 개발했다. 그 사이 회사의 업무는 무선시장과 핸드폰용 필기인식기술을 개발하는 사업으로 넓어졌고, 회사의 기술은 우체국뿐 아니라 의료영상, 은행, 부정수표판별, 문서인식 등 다양한 기술에서 사용되기 시작했다.

1997년에는 실리콘 그래픽스가 자사의 3D 기술력 재고를 위해 파라그래프와 펜&인터넷(Pen&Internet)을 인수하면서 파치코프는 그 후 2년 동안 실리콘 그래픽스의 부사장이 되었다. 1998년 미국의 원격의료솔루션 업체인 Authentidate Holding이 파라스크립트를 인수했다.

2002년 파치코프는 기존과는 전혀 다른 모바일 사업을 위해 에버노트를 창업했다. 에버노트에는 별도법인으로 빠져나온 펜&인터넷이 합쳐졌는데 펜&인터넷은 손가락으로 쓴 글씨를 인식하는 차세대의 '라이트스크립트' 기술을 개발해 놓고 있었다.

2008년, 에버노트는 에버노트 앱 베타버전을 발표했고 그로부터 3년 뒤인 2011년에 실사용자 1,100만 명을 돌파했다. 2015년에는 사용자수가 전 세계 1억 명을 넘었다고 에버노트의 홈페이지에서 밝히고 있다.

💰 투자&자금조달 과정

에버노트는 2006년에 두 엔젤투자가를 통해 600만 달러를 유치한 뒤 2007년에는 익명의 엔젤투자가를 통해 300만 달러를 유치했다. 2009년 자금조달 A라운드에서 트로이카 다이알로그(Troika Dialog) 투자사와 도코모 캐피탈(DoCoMo Capital)을 통해 2,600만 달러를 유치했고 그 해 가을에는 3곳의 투자사를 통해 합 1,000만 달러를 유치했다.

2010~2014년 사이의 에버노트는 7차례의 자금조달라운드를 거쳐 10여 투자사를 통해 약 2억 5,000만 달러를 추가로 유치했다.

🕐 현재 위상

에버노트는 사용자수가 1억 명을 넘었다고 밝혔는데 에버노트가 과
거에 발표한 자료를 근거로 하면 유료 사용자수는 꾸준히 3~4%를 유지
하고 있었다. 그러므로 에버노트의 연매출은 2억 달러 이상이라는 답이
나온다.

▲ 사무용품을 판매하는 에버노트 홈페이지의 마켓. 의류도 간간히 판매하는데 에버노트 로고가 있는 의
류들이다.

SaaS · 클라우드
스타트업의 거인들

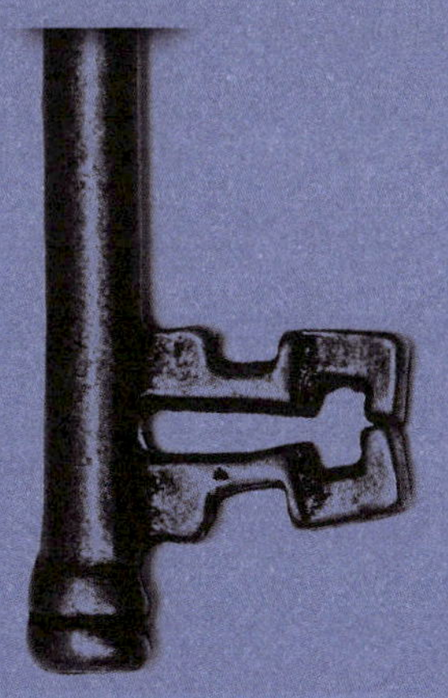

❓ 회사 개요

2007년 설립된 뒤 2008년 9월에 서비스를 시작한 드롭박스는 클라우드 기반의 파일동기화 기능을 제공하는 인터넷 저장소이자 파일호스팅서비스를 제공한다. 사용자들은 클라이언트 소프트웨어를 사용해 드롭박스 서버와 동기화할 수 있다. PC뿐 아니라 모바일로도 접속이 가능하다.

드롭박스 회원으로 가입하면 드롭박스 클라이언트 소프트웨어가 설치되고 자신의 PC에 드롭박스 폴더가 생성된다. 이후 드롭박스 폴더에 원하는 파일을 저장하면 인터넷의 드롭박스 서버에도 해당 파일이 자동으로 백업된다. 물론 인터넷이 연결되지 않은 상태라면 드롭박스 서버에 백업되지 않는다. 그러나 인터넷이 다시 연결되면 알아서 자동으로 드롭박스 서버에 백업이 된다.

드롭박스는 서버와 실시간 동기화되는 방식으로 동작하기 때문에 자신의 컴퓨터에서 드롭박스 폴더에 있는 파일을 삭제하거나 이름을 변경하면 드롭박스 서버에도 변경사항이 적용된다.

드롭박스에 저장한 파일과 폴더는 타인과 공유할 수 있으므로 공동작업을 할 수 있다. 대용량 첨부가 불가능한 E메일 발송시 드롭박스에 대용량 파일을 올린 뒤 E메일로 보낼 수 있는 기능도 제공한다.

성공 아이템

드롭박스는 자동동기화 기능으로 자신의 하드디스크 드롭박스 폴더에 있는 데이터들을 인터넷의 드롭박스 서버에 자동으로 저장한다. 이때 자신의 하드디스크 용량이 부족하면 폴더별 선택적 동기화를 할 수도 있다. 드롭박스에 저장한 파일과 폴더는 인터넷주소를 생성시킨 뒤

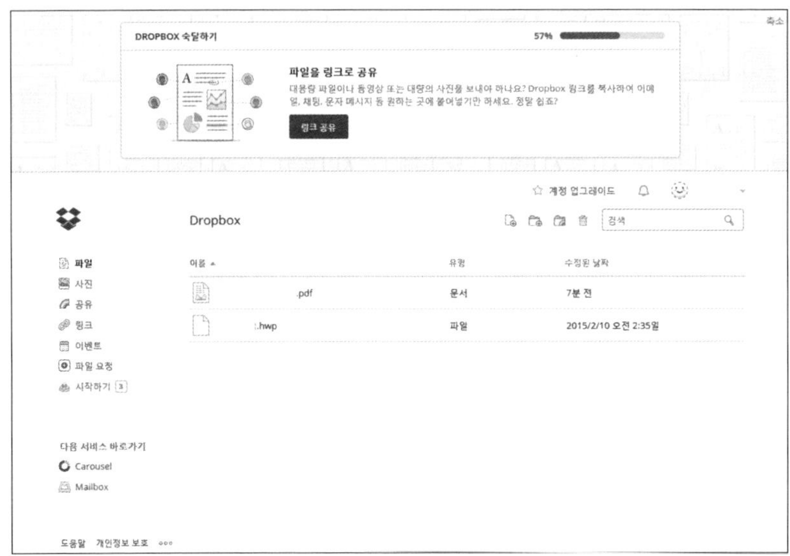

▲ 드롭박스 서버에 접속한 모습

타인과 공유할 수 있다. 드롭박스는 실시간 동기화가 되기 때문에 PC에서 파일을 올리고 모바일폰에서 작업을 이어서 할 수 있다. 드롭박스는 '이전버전' 기능을 제공해 최근 동기화로 갱신된 파일의 갱신 전 상태로 돌아가는 기능을 제공한다.

드롭박스는 저장공간의 크기에 따라 이용료를 다르게 하여 수익을 올린다. 무료사용자는 2G의 용량을 제공받을 수 있으며, 드롭박스프로 사용자는 월 9.99달러의 이용료를 내는 대신 1T의 저장공간을 제공받는다. 드롭박스비즈니스 사용자는 월 15달러의 이용료로 저장공간을 무제한 사용할 수 있다.

CEO : 드류 하우스톤

드롭박스의 CEO인 드류 하우스톤(Drew Houston)은 1983년 3월 4일 메사추세츠에서 태어났다. 하우스톤은 MIT공대 컴퓨터공학과에 입학한 뒤 아래쉬 페도우시(Arash Ferdowsi)와 친구가 되었다.

하우스톤은 작업을 한 뒤 USB 방식 플래시메모리에 파일을 저장했는데 자꾸 플래시메모리를 잃어버렸다. 그래서 플래시메모리를 잃어버렸을 때도 작업할 수 있는 방법을 찾다가 클라우드방식 백업시스템을 고안했고, 결국에는 이를 사업화하기로 했다.

그는 2007년 6월 친구 아래쉬와 함께 드롭박스를 공동설립했다. 운이 좋게도 바로 Y컴비네이터를 통해 종잣돈을 투자받을 수 있었다. 1년 이상의 개발과정을 거친 드롭박스는 2008년 9월에 서비스를 런칭하였다. 초창기에는 dropbox.com이라는 도메인명을 다른 회사가 선점하고 있었기 때문에 이들은 getdropbox.com이라는 도메인명을 사용했고,

2009년에서야 dropbox.com 도메인명을 인수할 수 있었다. 2010년에 중국은 드롭박스가 인기를 얻자 자국인들이 드롭박스에 접속할 수 없도록 막았다.

2011년 겨울에 드롭박스는 전 세계 클라우드 백업시장의 14%를 차지하였다. 2012년 봄이 되자 드롭박스는 모바일폰으로 찍은 사진을 드롭박스에 업로드하는 기능을 제공하였고 2012년 9월에는 파일을 페이스북 그룹에서 공유할 수 있는 기능을 제공하였다. 드롭박스는 클라우드 기능이 필요한 업체와 협업하거나 인수하면서 그 해 10월 드롭박스 사용자수를 5,000만 명으로 늘렸고 11월에는 1억 명으로 늘리면서 가파르게 상승하였다. 2013년에는 드롭박스의 사용자수가 드디어 2억 명을 돌파했다.

2015년 기준 드롭박스의 CEO 드류 하우스톤의 재산은 13억 달러로 추정된다.

💰 투자&자금조달 과정

2007년 Y컴비네이터를 통해 종잣돈을 유치한 드롭박스는 2009년 세쿼이아 캐피탈, 엑셀 파트너스, 아미드자드(Amidzad)를 통해 추가자금을 유치했다. 드롭박스의 기업가치는 2011년 10억 달러로 평가받더니 몇 개월 지나지 않아서 50억 달러로 올라갔고 다시 100억 달러로 평가받았다.

드롭박스는 사용자수 1억 명을 돌파했던 2012년에 이미 연매출 2억 달러를 돌파한 것으로 추정되고 있다.

드롭박스와 각축을 벌이는 업체로는 미국의 구글 드라이브, 애플 아이클라우드, 아마존 클라우드, IBM 커넥션, MS 원드라이브(OneDrive), 스위스의 p클라우드(pCloud), 뉴질랜드의 메가(Mega), 중국의 바이두 클라우드와 텐센트, 러시아의 얀덱스 디스크(Yandex Disk) 등이 있다.

중국계의 텐센트는 무려 10T를 무료공간으로 제공하지만 기능면에서 조금 부족하고, 스위스 기반의 p클라우드는 괜찮은 기능이 많다. 클라우드 서비스의 원조이자 한 시대를 풍미했던 독일 기반의 래피드쉐어(RapidShare)는 불법파일 공유의 온상으로 지탄을 받다가 2015년 3월 서비스를 중단한 것으로 보인다.

클라우드 기반
비주얼 공동작업 서비스 앱
아이스버그 Icebergs

55

❓ 회사 개요

스페인의 개인회사가 만든 아이스버그는 이미지, 동영상, 텍스트, 책갈피, 메모, 오디오, 일반 데이터 파일을 아이스버그 클라우드에 저장하는 앱이다. 자신의 컴퓨터에 있는 자료 외 심지어는 웹에서 본 이미지, 텍스트, 동영상, 웹페이지 화면도 아이스버그에 저장할 수 있다.

아이스버그에 저장한 데이터는 이미지뷰어 프로그램처럼 생긴 아이스버그에서 그림 형태로 확인할 수 있고 다양한 카테고리를 만든 뒤 카테고리별로 관리할 수 있다. 작업을 같이 하는 팀이 있으면 수집한 자료를 팀과 공유하면서 작업할 수 있도록 메시지 전송기능을 제공한다.

아이스버그는 사용자가 수집한 데이터를 아이스버그의 클라우드에 저장하기 때문에 PC로 작업하다가 스마트폰으로도 작업을 이어서 할 수 있다.

아이스버그는 수집한 데이터를 카테고리별로 정돈하고 콘텐츠마다

"

메모, 주석을 삽입하는 기능을 제공한다. 흔히 볼 수 있는 클라우드 서비스와 같지만 수집한 콘텐츠를 이미지뷰어 형태로 확인할 수 있어 유럽의 디자이너들이 많이 사용했다.

🥇 성공 아이템

아이스버그는 크롬, 사파리, 파이어폭스용 확장프로그램을 제공함으로써 인터넷에서 본 사진, 동영상, 텍스트, 웹페이지 화면을 아이스버그 클라우드에 담을 수 있다. 그저 마우스로 드래그한 뒤 브라우저창 왼쪽에 생성된 아이스버그의 사각박스에 떨어뜨려놓으면 수집이 완료된다.

아이스버그는 클라우드에 저장한 데이터를 날짜, 파일형식, 키워드로 검색하는 기능을 제공한다. 아이스버그는 클라우드에 저장한 데이터를

▲ 디자이너들의 공동작업 앱 아이스버그는 2014년 8월 핀터레스트에 인수된 후 9월에 서비스를 중단했다 (자료 : 아이스버그의 페이스북)

팀과 공유하는 기능을 제공하는 동시에 볼 수 있는 사람이나 제어할 수 있는 사람 등 권한을 부여하는 기능도 제공한다.

아이스버그는 클라우드 공간에 수수료를 붙여서 수익을 남겼는데 무료사용자는 500Mb의 클라우드 공간을 제공받았다. 펭귄회원은 월 9달러, 북극여우 회원은 월 19달러, 북극곰 회원은 월 39달러, 비즈니스 회원은 월 99달러의 이용료를 낸다. 월 이용료에 따라 차등을 두어 2~10G의 클라우드공간을 제공하고 아이스버그의 추가기능을 사용할 수 있도록 했다.

🎙 CEO : 세자르 이세른

2005년 바르셀로나의 명문 ELISAVA 디자인예술대학을 졸업한 세자르 이세른(Cesar Isern)은 디자인 관련 프리랜서 일을 하면서 대학원을 다녔고 그 후에는 바르셀로나 엑티바에서 비즈니스 교육과정을 이수했다.

대학원을 다닐 때 그는 온라인광고대행사 같은 회사에 취업한 후 제품디자인팀장이나 컨설턴트 일을 하면서 경력을 쌓았다. 바르셀로나 엑티바에서 비즈니스 교육과정을 이수한 다음해인 2012년 1월, 세자르는 Unit.co라는 창업컨설턴트회사를 공동설립한 뒤 이사로 근무했고 9월에는 아이스버그를 공동설립한 뒤 CEO가 되었다.

주로 유저인터페이스 디자인 일을 많이 했던 세자르는 자신과 공동작업을 했던 팀원 6명이 인터넷에서 디자인 자료를 쉽게 공유하는 방법을 연구하다가 아이스버그라는 비즈니스모델을 생각해냈다.

아이스버그가 서비스되자 스페인 신문에서는 '비주얼판 에버노트'라고 극찬했다.

💰 투자&자금조달 과정

아이스버그는 창업 후 유럽계 엔젤투자가와 미국계 투자사를 통해 종잣돈을 유치했다. 자세한 금액은 밝혀지지 않았다.

👥 고객들

아이스버그는 사용자수 1백만 명을 넘기는 것이 목표였을 정도로 유럽의 소수 디자이너들 사이에서만 알려진 서비스였다. 이 때문에 핀터레스트가 인수한다는 소식이 전해졌을 때 아이스버그의 팀원들은 상당히 기뻐했다.

🕐 현재 위상

아이스버그는 2014년 8월 핀터레스트에 인수된 뒤 9월에 서비스를 종료했다. 아이스버그의 CEO인 세사르 이세른과 팀원들은 바르셀로나에서 실리콘밸리로 날아간 뒤 핀터레스트에 합류했다.

56

미국　**GitHub**

❓ 회사 개요

깃허브(GitHub)라는 이름에서 깃(Git)은 '망할 녀석', '멍청이'란 뜻이지만 요즘은 Git-Up의 뜻인 '힘내'라는 뜻으로 사용하기도 한다. 그러나 여기서의 깃(Git)은 깃허브에서 사용하는 버전관리용 소프트웨어를 말한다.

깃은 현재 짜고 있는 프로그래밍 작업을 버전별로 관리할 수 있는 소프트웨어이다. 간단히 말하면 프로그래머가 어제 작업한 내용에 이어서 오늘 추가로 작업했을 때, 어제 작업한 부분은 어제 날짜의 버전으로 저장하고, 오늘 추가된 부분까지 작업한 내용은 오늘자의 버전으로 관리할 수 있는 소프트웨어가 깃이다. 깃을 사용한 버전관리는 완성된 프로그래밍에서 어떤 부분을 수정했을 경우에도 새 버전으로 관리할 수 있다.

깃허브는 컴퓨터 프로그래머가 인터넷의 깃허브 서버에서 코딩 작업

을 할 수 있도록 작업장을 제공하는 서버 중 가장 유명한 서버이다. 깃허
브에서는 당연히 작업내역의 버전관리를 깃으로 하게 된다.

깃허브에서는 보통 상용소스가 아닌 오픈소스로 작업하기 때문에 자
신의 작업을 회원들에게 공개하게 된다. 이 때문에 프로그램을 짜던 중
코드가 자신도 모르는 불안한 상태에 빠질 때 회원들의 도움을 받을 수
있다. 만일 작업한 내용이 자신의 컴퓨터에만 저장되어 있다면 코딩을
하다가 문제에 봉착했을 때 주위에 물어보기가 곤란할 것이다. 그러나
깃허브에서 오픈된 상태로 작업하다보면 각 언어별 커뮤니티의 회원들
에게 도움을 받아 수정할 수 있다. 이 때문에 깃허브에서의 작업은 누구
나 참여해서 도움을 주고 같이 작업할 수 있다고 하여 소셜코딩이라고
도 말한다.

🏅 성공 아이템

깃허브에서는 보통 오픈소스를 이용한 코딩을 하게 되므로 다들 노
출하고 코딩하면서 정보를 공유한다. 깃허브에서는 코딩한 내용을 날짜
별이나 시간별 등 다양한 버전으로 저장할 수 있다. 깃허브에서는 프로
그래밍 언어별로 커뮤니티가 있으므로 초보자들이 학습하고 코칭을 받
을 목적으로 사용한다. 깃허브에서는 회원들이 쌓아놓은 수많은 오픈소
스가 데이터로 축적되어 있기 때문에 코딩을 하다가 막히면 오픈소스를
퍼와서 프로그래밍을 할 수 있다. 코딩을 하다가 막혔을 때 회원들에게
질문할 수 있고, 타인이 하는 코딩을 리뷰할 수도 있으며, 서로가 도움을
주며 협업으로 코딩을 할 수 있다.

간단히 정리하면 깃허브는 오픈소스 코드의 인터넷 저장소이자, 현재

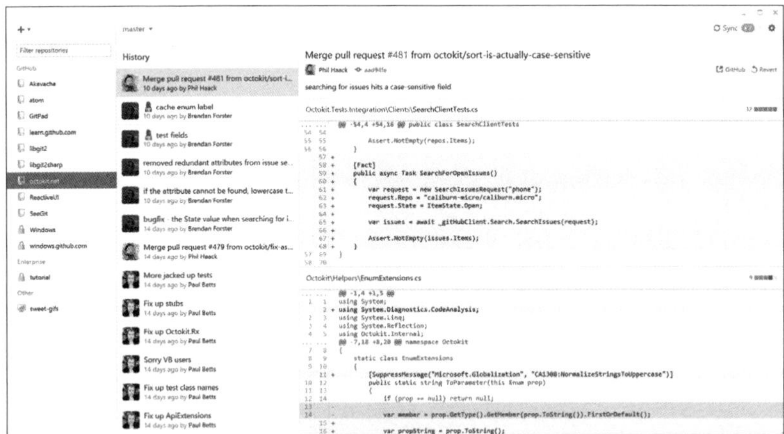

▲ 깃허브에서 코딩 작업을 하는 모습과 리뷰 참여자들

자신이 진행하고 있는 오픈소스를 이용한 프로젝트의 저장소이다. 해당 프로젝트를 버전별로 관리할 수 있고, 모르는 부분에 대해서는 질의와 응답을 나눌 수 있는 공간이다. 이 때문에 깃허브는 한 번에 여러가지를 코딩하는 개발자들, 코딩을 공부하려는 학생들, 여러가지 오픈소스를 카피해서 작업하려는 사람들, 여러가지 방법으로 작업시간을 줄여보려는 사람들에게 인기가 높다.

CEO : 톰 프레스톤 베르너

깃(Git)은 리눅스를 만든 사람인 리눅스 토발즈(Linus Torvalds)가, 리눅스를 만들던 과정중 실수로 잘못 코딩하거나 시행착오로 인해 발생하는 비합리적인 반복작업을 견고하게 관리할 목적으로 2005년에 만든 소프트웨어이다.

깃을 사용하는 호스팅서버 업체 중 가장 유명한 회사인 깃허브는

2008년 2월에 톰 프레스톤 베르너(Tom Preston-Werner)와 2명의 동료가 공동설립했지만, 플랫폼 개발은 이미 6개월 전부터 시작되고 있었다.

1979년 아이오와주에서 태어난 톰 프레스톤 베르너는 하비머드대학에서 물리학을 공부하다가 자신이 컴퓨터 프로그래밍을 더 좋아한다는 것을 깨달았다. 그는 하비머드대학을 2학년 때 중퇴하고 프로그래머 생활을 시작하였다. 그는 컴퓨터 언어 중 Ruby 언어를 잘 쓰는 Ruby 전문가로서 원래부터 오픈소스와 해커문화에 관심이 많은 사람이었다.

2004년에 그는 그라바타(Gravatar)를 설립했는데 이 회사는 인터넷 게시판에 댓글을 달 때마다 자신의 아바타가 쫓아다니는 서비스를 개발해 히트를 쳤다. 톰은 나중에 그라바타를 오토매틱이란 회사에 매각했다. 2005년, 그는 파워셋이라는 자연어검색엔진 개발사에 합류했다. 2006년에 파워셋을 인수한 마이크로소프트는 톰의 스톡옵션과 연봉을 30만 달러나 후려쳐 깎았다.

파워셋에 근무하던 그는 2007년경 루비 개발자 모임의 친구인 크리스 원스트래스(Chris Wanstrath)에게 깃 소프트웨어에 대해 칭찬을 하다가 이 쓰임새 좋은 소프트웨어를 언제 어디서라도 두 사람이 사용할 수 있도록 인터넷 호스팅서버로 돌려보자고 제안을 했다. 크리스가 찬성해 둘은 번갈아가며 저녁이나 주말에 깃으로 구동되는 플랫폼 개발에 들어갔다. 나중에는 일거리가 많아졌기 때문에 다른 동료를 끌어들여 3명이 개발작업을 진행했다. 마침내 깃이 구동되는 호스팅서버가 완성되었다. 이들은 거의 2년 동안 사무실도, 직원도 없이 빈 방에서 서버를 돌렸다.

2009년 2월에 깃허브에는 모두 4만 6천 개의 저장소가 생겼다. 이들은 재미삼아 만든 것인데 어느새 이용자수가 수만 명을 넘어가면서 수입이 들어오기 시작했다. 2009년 7월에는 이용자가 10만 명을 넘기면서

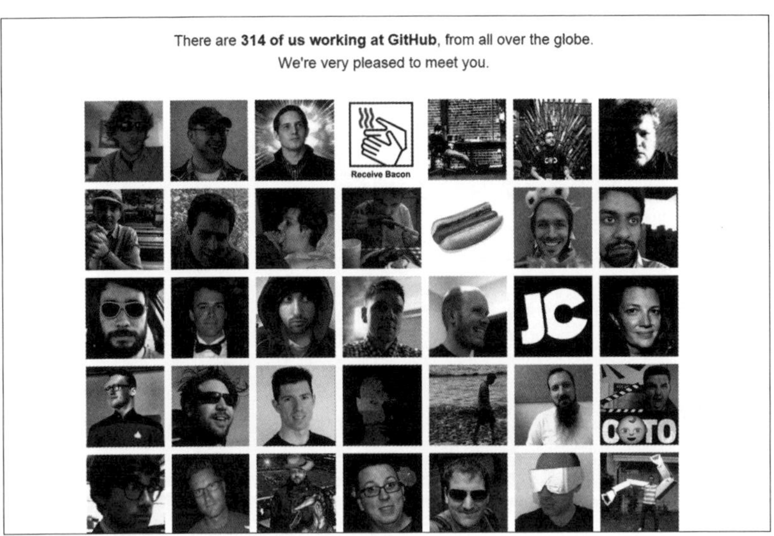

▲ 깃허브는 전 세계에 314명의 직원을 두고 있다. (www.github.com)

서버가 불능상태에 빠졌다.

2011년에는 깃허브 내의 저장소가 200만 개를 돌파했으므로 이용자 수는 150만 명을 넘긴 듯했다. 이때까지도 깃허브는 직원을 고용하지 않았다. 계속 3명의 공동창업자가 운영하고 있었는데 3명이서 당장 다니는 회사를 은퇴해도 매달 월급 정도의 수익이 깃허브에서 나올듯 했다. 이 때문에 이들은 아예 투자회사의 투자를 받지 않으려고 피해다녔다.

2012년의 깃허브는 회사설립 4년만에 처음으로 직원을 뽑았다. 그리고 벤처투자사의 투자를 유치했는데 단 1회에 1,000만 달러라는 거금을 유치했다. 돈이 필요하지 않는 회사이기 때문에 거금이 유치된 것이었다. 2013년 1월에는 깃허브의 이용자 수가 300만 명을 돌파했고 그들에 의해 깃서버 안에 500만 개의 저장소가 만들어졌다. 12월에는 깃서버 내의 저장소가 1,000만 개로 늘어났다.

이렇듯 몇 년 동안 깃허브의 회원수가 폭발적으로 늘어난 것은 학생 프래그래머들의 참여를 유도하는 다채로운 마케팅과 기업체 대상의 서비스를 대폭 강화했기 때문이었다. 이 때문에 프로그래머들 사이에서는 깃허브가 언제 어디서나 어떤 디바이스로 접속해서도 코딩을 계속 할 수 있는 장소로 명성이 생겼고, 코딩 초보자들은 코딩을 배울 수 있는 장소로 깃허브를 찾기 시작했다.

그리고는 2014년이 되었다. 그 해에는 깃허브에서 2년간 근무했던 한 여직원이 퇴사를 하면서 권력남용, 성차별, 왕따를 당했다고 기사를 터트렸는데 여기에는 톰의 부인 이름까지 오르내리며 IT업계 스캔들로 비화되었다. CEO인 톰은 깃허브의 사내풍토가 절대 그렇지 않다고 주장했지만 해당 여직원은 크게 반발하며 톰의 사직까지 요구했다. 깃허브는 외부 조사팀을 고용해 사내 직원들을 일일이 탐문한 뒤 사내에 권력남용, 차별, 왕따에 대한 증거는 없으나 약간의 오해가 있을 수 있음을 시인했다. 결국 톰은 CEO 자리에서 물러났다.

💰 투자&자금조달 과정

깃허브는 2012년 7월에 있었던 시리즈A 자금조달라운드에서 안드레센 호로비츠 투자사와 SV 엔젤 투자사를 통해 1,000만 달러의 자금을 유치했다.

깃허브는 오픈소스를 사용한 프로젝트에는 무료 서비스를 하고 있지만, 비공개 프로젝트, 상용소스를 사용한 프로젝트에는 사용료를 받는다.

현재 위상

공동창업자 크리스 원스트래스는 톰이 물러난 뒤 깃허브의 후임 CEO로 바통을 이어받았다. CEO에서 물러난 톰은 최근 2015년 6월에 기업 방화벽 스타트업 업체에 종잣돈을 투자했다. 톰은 지금도 매일 트위터를 하고 있다.

▲ 깃허브의 공동창업자이자 전임 CEO인 톰 프레스톤 베르너의 트위터

멀티 히트상품을 낸 스타트업의 거인들

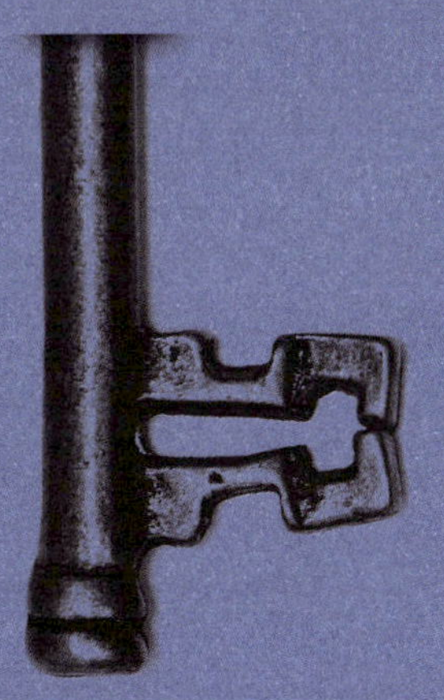

플리커는 맛보기,
슬랙으로 억만장자가 되다

플리커 ^{Flickr}, 슬랙 ^{Slack}

57

? 회사 개요

인스타그램이 태어나기 훨씬 이전 유명한 사진공유 사이트가 있었는데 그것이 미국의 플리커라는 사이트였다. 필자는 플리커 사용자이기 때문에 인스타그램의 대성공에 별 관심이 없었고 플리커를 모바일용으로 써먹은 회사가 인스타그램이라고 생각하곤 했다.

플리커는 태생 자체가 PC 이용자들을 위한 사진공유가 목적이었다. 불행히도 스마트폰의 보급과 함께 PC 이용자들이 모바일로 이동하면서 플리커 같은 고급 사진공유 사이트가 멸종위기에 처해 있다. 플리커에서 공유되는 사진은 고급이고 전문적이지만 불행히도 인스타그램이 출시되기 전 모바일로 이식되는 골든타임을 놓쳤다. 플리커는 아마 사진공유 사이트의 1인자에서 지금은 3인자쯤으로 추락했을 것이다. 그래도 누가뭐래도 플리커는 플리커다.

2002년 캐나다 밴쿠버에서 스튜어트 버터 필드(CEO)와 캐서린 페이크(마케팅담당 부사장)는 루디코프(Ludicorp)라는 회사를 창업했다. 루디코프의 첫 작품은 대규모 멀티플레이어 온라인 롤플레잉 게임인 '네버 앤딩'이라는 게임이었는데 이 게임은 출시에 실패했고 단지 이 게임의 일부 기능이 후에 플리커라는 사진공유 사이트의 모태가 되면서 2004년 2월에 플리커를 정식 런칭하였다. 2005년 3월 야후가 루디코프와 플리커를 통째로 인수해 그 후 플리커는 야후의 자회사가 되었다.

🥇 성공 아이템

플리커는 한국으로 치면 SLR클럽과 유사한 국제적인 사진공유 사이트이다. 다른 점이 있다면 게시판 기반의 SLR클럽과 달리 플리커는 블로그를 포함한 SNS 기반으로 발전하여 자신의 플리커 블로그에 올린 사진이 회원들에게 공유된다는 점이다. 야후에 인수된 플리커는 현재 모바

▲ 블로그 형태의 사진공유 사이트인 플리커

일 앱을 출시해 모바일에서도 사용할 수 있는데 전문적이고 고급스러운 사진이 많이 올라오므로 인스타그램 같은 소소한 사진공유 사이트는 비교대상이 아니다. 인스타그램이 아마추어 사진쟁이의 놀이터라면 플리커는 전문사진쟁이들의 사진공유 SNS라고 할 수 있다.

플리커에서는 태그검색으로 공통관심사의 사진들을 검색할 수 있고 사진에 GPS/위치정보가 있을 경우 야후지도와 연동되어 야후지도에서 사진을 찍은 위치를 파악할 수 있다. 또한 카메라 모델별이나 렌즈 정보인 메타데이터 검색이 가능해 어떤 카메라, 어떤 렌즈로 찍은 사진인지 찾아낼 수 있다. 이런 전문적인 정보검색 기능 때문에 아마추어보다는 조금 더 사진에 관심이 많은 사용자들이 플리커를 이용한다.

● 창업자 : 스튜어트 버터필드

1973년 캐나다에서 태어난 스튜어드 버터필드(Stewart Butterfield)는 캐나다의 빅토리아 대학에서 철학을 전공했다. 2002년 나이 29살 때 자신의 아내가 될 캐서린과 함께 루디코프를 창업한 버터필드는 플리커를 출시한 이듬해인 2005년 자신의 회사와 함께 야후에 인수된 뒤 2008년까지 플리커 부서의 책임자로 일했다. 플리커로 주가를 한참 올리던 2005년 당시 버터필드는 비즈니스위크지가 뽑은 기업 카테고리 부분 톱 50인의 리더 중 한 명이었다.

2008년 야후에서 퇴사한 버터필드는 Tiny Speck이라는 회사를 차린 뒤 '글리치(Glitch)'라는 게임을 발표했지만 실패했다. 그러나 글리치가 실패로 판정될 무렵 버터필드에게는 한 가지 수확이 있었다. 글리치 작업자들은 샌프란시스코, 뉴욕, 밴쿠버로 나누어져 있었기 때문이 이들

간 메신저 통신이 중요했는데 이렇게 탄생한 것이 기업 메신저인 '슬랙
(Slack)'이었다.

2014년 2월 정식 출시한 기업 메신저인 '슬랙'은 1일 12만 명의 사용
자를 확보하면서 대박을 터트렸다. 그 해 8월 버터필드는 슬랙으로 인해
약 15억 원의 수익을 얻었는데 이로 인해 기업 메신저의 사업성에 관심
을 가진 투자자들이 모여들면서 1억 2천만 달러의 벤처자금을 버터필드
에게 투자했다. 이들 투자자 중에는 구글도 포함되어 있었다.

◉ 현재 위상 : 플리커

2005년 전후의 플리커는 회원수가 5천만 명에 육박했고 매월 2천
500만 명이 플리커를 이용할 정도로 '사진으로 보는 세계의 눈'이었다.
그러나 야후에 인수된 후의 플리커는 거의 방치되다시피 운영되었고 이
때문에 회원들의 원성도 대단했다. 야후는 플리커를 인수했을 뿐 그 이
후의 혁신은 계획하지 않은 모양이었다.

최근에야 플리커는 애플 및 안드로이드용 앱을 발표해 모바일사진공
유 SNS로 변신을 꾀하는 중이다.

◉ 현재 위상 : 슬랙

기업메신저이자 팀메신저인 슬랙은 메시지가 기업 안에서 공개된다
는 점에서 투명성을 확보했다. 또한 회사메일을 깜박 잊고 열어보지 않
는 것을 방지하기 때문에 신속함이 있었는데, 무엇보다 큰 장점은 메시
지가 팀이나 기업 내부에서만 돈다는 보안적 이점이었다.

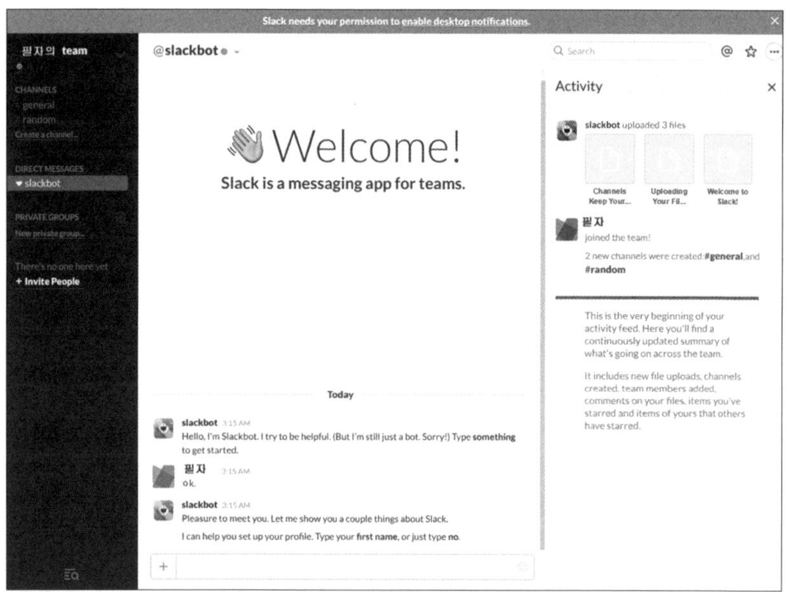

▲ 슬랙은 클라우드 기반 메신저로서 PC사용자는 웹브라우저에서 바로 채팅을 한다. 팀을 만든 뒤 팀 구성원끼리 채팅할 수 있고 다른 팀과 멀티 채팅도 할 수 있다. (자료 : 슬랙 홈페이지)

투명성과 보안이라는 장점이 있는 기업메신저 슬랙은 2015년에 유료사용자수 20만 명을, 매일 사용하는 활성 사용자수는 75만 명을 넘어섰다.

이 때문에 슬랙을 출시한 Tiny Speck의 기업가치는 2015년에 약 27억 달러(2.7조 원)로 높아졌다. 버터필드 자신이 자신의 기업가치를 그렇게 평가했는데 그렇게 평가하기 한 달 전의 기업가치는 10억 달러였다.

아무튼 버터필드는 2015년에도 다시 1억 6천만 달러에 달하는 벤처자금을 유치하는 데 성공하였다. 그에게는 2014년에 유치한 1억 2천만 달러의 충분한 돈이 있었지만 또 다시 자금을 끌어오는 데 성공한 것이다. 가장 최근에는 아시아계 벤처투자자본인 호라이즌스 벤처스(Horizons Ventures)가 슬랙의 기업가치를 27억 달러로 보고 5천만 달러를

▲ 슬랙을 메신저로 사용하는 기업들

투자했다.

2004년 사진공유 사이트 플리커로 대박을 터트린 버터필드는 그로부터 10년 뒤인 2015년에는 기업 메신저 슬랙으로 두번째 대박을 터트린 것이다.

One Point Tip

기업 내 팀메신저인 슬랙의 사용료와 기능

- 사용시간 무료
- 사용인원 무료
- 메시지 검색 1만 개
- 멀티팀 지원

- 1인당 월 6.67달러
- 메시지 검색 무제한
- 간단형 사용통계 출력
- 게스트 로그인
- 무제한 통합기능
- E메일 포워딩

- 1인당 월 12.5달러
- 메시지 반출 기능
- 고급형 사용통계출력
- 99% 동작시간보장
- 보안 SAML기반 동작

- 기업메신저(서비스 예정)

58

❓ 회사 개요

스퀘어는 금융 및 모바일결제 서비스를 제공하는 기업으로 2009년 캘리포니아 샌프란시스코에서 설립되었다. 모바일결제를 위해 스퀘어 레지스터와 스퀘어 전용리더기를 포함한 소프트웨어와 하드웨어를 판매한다.

최초의 응용 프로그램은 2010년 출시하였으며 스퀘어의 결제기능을 사용할 수 있는 국가는 미국, 캐나다, 일본 등이다. 기본 원리는 결제시스템과 포스시스템이 없는 상품판매자가 자신의 스마트폰으로 구매자의 신용카드, 직불카드 정보를 읽고 상품을 판매하는 것이다. 예를 들어 누군가가 구매대금을 카드로 지불하려고 할 때 판매자는 스마트폰을 실행한 뒤 스퀘어 어플에 구매자의 카드정보를 수동으로 등록해 결제를 할 수 있다. 또는 스마트폰의 오디오잭에 스퀘어 전용 카드리더기를 연결한 뒤 카드리더기로 구매자의 직불카드, 신용카드 정보를 읽고 상품을 판매할 수 있다. 판매자는 스퀘어 카드리더기만 준비하면 언제, 어떤 장소에서건 자신의 스마트폰에 연결해 구매자의 카드정보를 읽을 수 있다는 것이 히트 요소가 되었다.

스마트폰에 연결하는 전용리더기의 모양은 스퀘어라는 회사명에 걸맞게 정사각형으로 만들어졌다.

성공 아이템

신용카드 결제시스템이나 포스시스템이 없을 때 스마트폰으로 고객의 카드정보를 읽고 결제승인을 받을 수 있다는 점에서 히트를 쳤다. 포스시스템을 소프트웨어 방식으로 제공하기 때문에 부가장비가 필요없다. 게다가 무료이다. 각종 제품을 배달한 뒤 길거리나 고객의 집에서 스마트폰을 실행해 고객의 카드결제를 승인받을 수 있다는 점이 큰 매력이다.

바탕 스토리

2009년 잭 도시(Jack Dorsey)는 세인트루이스에서 살고 있는 옛 직장 상사 짐 맥켈비(Jim McKelvey)가 신용카드 결제시스템이 없어 2천 달러에 상당하는 용품을 판매하지 못했다는 이야기를 들었다. 여기서 아이디어를 얻은 잭 도시는 짐 맥컬비와 함께 신용카드 결제시스템이 없는 영세 사업자들도 신용카드를 받을 수 있는 방법을 연구했는데 그것이 스마트폰 앱으로 결제할 수 있는 스퀘어 앱과 스퀘어 카드리더기였다.

CEO : 잭 도시

　트위터의 공동창업자이자 스퀘어의 CEO인 잭 도시(Jack Dorsey)는 1979년 11월 19일 미주리주 세인트루이스에서 태어난 이태리계 미국인이다. 그의 아버지는 질량분석기 등을 제작하는 회사에 근무했고 그의 어머니는 평범한 가정주부였다. 잭 도시는 삼촌이 카톨릭 사제였기 때문에 카톨릭계 학교를 다녔다.

　사춘기 시절부터 컴퓨터 프로그래밍에 관심을 가졌던 그는 카톨릭계 학교에 다녔지만 펑크머리를 하였고 코에 링을 끼고 다녔다. 13살~15살 때는 잠시 해킹같은 것을 하다가 차량파견 프로그램인 디스패치 소프트웨어(Dispatch Software)를 개발했는데 그 소프트웨어는 아직도 미국의 몇몇 택시회사에서 사용한다. 고등학교를 졸업한 잭은 미주리 과학기술대를 잠시 다니다가 중퇴한 뒤 뉴욕대학교로 편입했지만 역시 중퇴했다.

　그 후 이것 저것 프로그래머 일을 하던 잭은 2000년경 오클랜드로 이주한 뒤 택배, 택시, 앰뷸런스 파견용 웹페이지 시스템의 개발을 시작했다. 잭이 트위터의 바탕이 되는 아이디어를 생각한 것도 이 무렵이었다. 차량파견 시스템이나 트위터는 급한 소식을 단문으로 전달하는 의미면에서 보면 유사한 아이디어였기 때문이었다. 그는 블랙베리에서 구동하는 트위터 프로토타입을 장난 삼아 만들어보았는데 이내 접었다.

　5년 뒤 잭은 팟캐스팅 회사 오데오에 입사했다. 당시 오데오의 공동창업자 중에는 Pyra Lab과 Blogger를 개발해 구글에 팔았던 에반 윌리암(Evan Williams)이 있었다. 잭은 오직 에반과 같이 일하고 싶어서 오데오에 입사했다고 한다.

　때마침 핸드폰 SMS이 크게 유행하던 시절, 오데오에서 그는 웹에서 단문전달과 교환이 가능한지 토론하면서 트위터의 개발을 시작하였다.

미국의 SMS 문자메시지는 170글자로 한정되어 있기 때문에 트위터에서는 우선 30글자를 ID용으로 남겨놓아야 했다. 이 때문에 트위터에서 작성할 수 있는 글자수는 최대 140자로 세팅했다. 어쩌면 초라해보였는지 몰라도 소규모 커뮤니티에서 가입자끼리 텍스트를 주고받는 방식으로 설계된 것이 트위터의 본 모습이었다. 프로그램의 이름은 새들의 쨱쨱거림을 뜻하는 트위터(Twitter)로 정했다. 도메인명(www.twitter.com)은 이미 다른 사람이 선점하고 있어서 7천 달러를 지불하고 구입했다.

2006년 7월 오데오사를 통해 웹버전의 트위터가 공개되었다. 트위터의 공동창업자는 3명이었고 잭 도시가 CEO를 맡았다. 트위터가 서서히 인기를 끌고 있던 2007년 4월, 트위터는 오데오사에서 분리되어 독립회사가 되었다.

2007년경부터 서서히 인기를 끌기 시작한 트위터는 2008년 미대통령 선거 때 정보를 신속하게 전달하면서 미국 전역에서 엄청난 히트를 쳤다. 2008년 8월, 잭 도시는 CEO에서 축출된 뒤 트위터 이사회 의장으로 쫓겨났다. 후임 CEO는 트위터의 공동창업자인 에반 윌리암이 맡았다.

2009년, 잭 도시는 그간 연락하며 살았던 자신의 첫 직장 사장이자 유리예술가 짐 맥켈비와 통화를 하게 된다. 그날 짐 맥켈비는 신용카드단말기가 없어 2천달러 어치의 물건을 못팔았다고 하소연하였다. 여기에서 아이디어를 얻은 잭 도시는 짐 맥켈비와 함께 스퀘어사를 공동창업하고 스퀘어 앱과 스퀘어 리더기 개발에 들어간다. 초기에는 스퀘어라는 이름을 사용하지 않았고 '다람쥐'라는 프로젝트명을 사용하였다.

잭은 애플사를 방문해 애플의 수석부회장 스콧에게 자신의 사업 아이템을 프레젠테이션했다. 둘은 회사명을 놓고 의견을 나누었는데 알고보니 다람쥐라는 상표를 사용하는 금전등록기 업체가 있었다. 이 때문에

도토리 등 여러가지 이름을 골라보지만 마땅한 이름이 없었다. 어느 날 잭은 광장을 걷다가 정사각형 모양의 광장 디자인에 넋을 잃었고, 곧바로 회사명으로 정했다. 정사각형(스퀘어)은 완벽함을 뜻하므로 회사명으로도 안성맞춤이었다.

스퀘어 앱과 스퀘어 전용 카드리더기는 그 뒤 1년 뒤인 2010년에 출시하였다. 파이널판타지 게임 제작사인 스퀘어에닉스가 square.com이라는 도메인명을 선점한 상태였기 때문에 스퀘어사의 홈페이지는 어쩔 수 없이 squareup.com로 정했다. 최근 square.com의 소유주가 스퀘어사로 이전된 것으로 보아 스퀘어에닉스에 거금을 주고 도메인명을 구입한 것 같다.

2011년 잭 도시는 트위터의 회장으로 돌아왔다. 에반 윌리암은 CEO 자리에서 축출된 뒤 딕 코스톨로(Dick Costolo)가 트위터의 새 CEO로 대

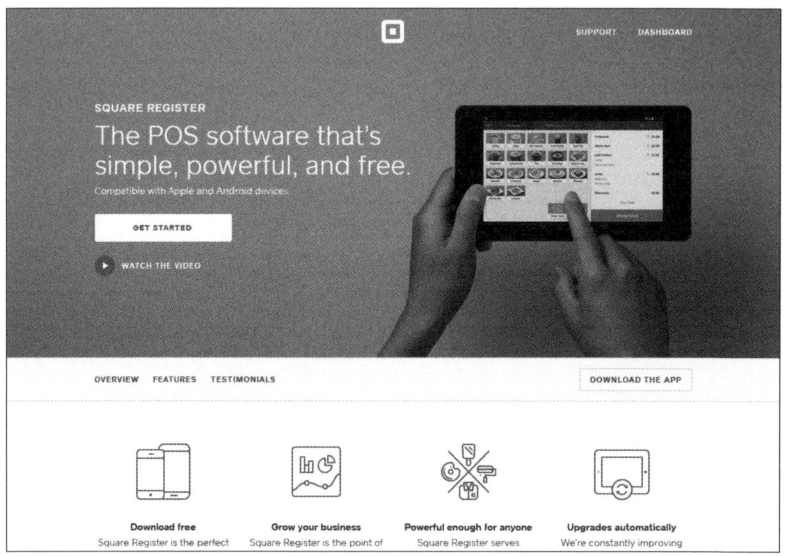

▲ 스퀘어사의 홈페이지 (www.squareup.com)

체되었다. 그 해에 잭 도시는 트위터홀에서 버락 오바마 대통령을 인터뷰했을 정도로 트위터는 지구 곳곳에서 인기를 얻고 있었지만 몇 년이 되지 않아 인기는 추락해갔다.

한편, 2012년에 스타벅스는 자사 체인점에서 스퀘어 모바일결제를 사용하기로 했다고 발표하면서 스퀘어에 대규모 자금을 투자했다. 2013년 스퀘어는 물리적 포스시스템과 비슷한 스퀘어스탠드를 발표했다. 스퀘어스탠드는 애플 아이패드를 모니터로 사용하는 카드결제시스템인데 가까운 미래에 기존의 신용카드단말기 시장까지 위협할 것으로 보인다.

2014년, 스퀘어는 업주가 용인할 경우 비트코인 결제를 지원하겠다고 발표했다. 2015년 현재 잭 도시는 스퀘어의 CEO이자 트위터의 회장을 겸직하고 있다. 잭은 자신의 책상이 없는 대신 아이패드를 들고 다니면서 아이패드로 일을 한다. 잭은 꽤 미남형이기 때문에 IT업계의 섹시한 남자로 뽑을 때는 항상 손꼽혔고 이 때문에 미국 사교계에서도 저명한 명사이다. 조금은 사치스럽게 살고 있을 뿐 아니라 애인도 종종 바뀐다. 그의 꿈은 뉴욕 시장에 선출되는 것이다.

투자&자금조달 과정

스퀘어는 CEO 잭 도시가 워낙 유명한 사람이기 때문에 창업 초창기부터 10여 명의 엔젤투자자로부터 종잣돈을 투자받았다.

그 외 코슬라 벤처스, 세쿼이아 캐피탈, 클라이네 퍼킨스 코필드 & 바이어스, 씨티 벤처, 리즈비 트래버스 매니지먼트, 스타벅스, 골드만삭스, GIC 프라이빗 리미티드 등에서 거액의 자금이 투자되었다. 트위터는 경쟁 SNS를 이기지 못해 쩔쩔매고 있지만 스퀘어는 모바일 결제시장에서 사업을 시작한 뒤 기존의 신용카드단말기 시장까지 노리고 있어 앞날이 창창하다.

🧑‍🤝‍🧑 고객들

상품을 판매하는 소매업자들이 스퀘어 결제시스템의 고객들이다. 스퀘어는 소프트웨어 포스를 표방하며 모바일 결제시장을 위해 탄생했지만 현재는 기존의 포스시스템 시장과 카드단말기 시장까지 전부 노리고 있다.

🕐 현재 위상

2014년 기준 스퀘어의 기업가치는 대략 60억 달러로 평가받았다. 트위터 시절 잭 도시의 재산은 3억 달러였는데 스퀘어가 카드단말기 시장에 무혈입성하면서 그의 재산가치는 24억 달러로 높아졌다.

❓ 회사 개요

페이팔은 1998년 설립된 P2P의 온라인 전자지갑 업체이다. 애초부터 온라인으로 개인간 송금을 위해 설립되었기 때문에 스마트폰이 보급된 이후 모바일결제시장에 뒤늦게 진출했다. 페이팔은 2013년 PG업체인 브레인트리를 자회사로 편입하면서 카드단말기를 이용한 오프라인 신용카드결제처리업을 서비스로 추가하였고 브레인트리의 사업부인 벤모도 함께 인수하여 모바일지불업체로의 변신에도 성공하였다.

현재의 페이팔은 페이팔 브랜드로 PC 및 모바일결제대행을 하고 있고, 자회사인 브레인트리 브랜드로는 오프라인 지불처리업, 벤모 브랜드를 통해서는 모바일 분할결제업도 병행하고 있다.

1998년에 설립된 페이팔은 PC를 이용한 온라인송금이 선풍적으로 인기를 얻으면서 미국의 대표적인 온라인 지불대행업체가 되었으며 이를 기반으로 2002년 미국 나스닥 주식시장에 상장되었고 그해 말에는 이베이의 자회사로 편입되었다. 2014년에는 이베이의 회사분할전략으로 이베이에서 떨어져나와 독립회사가 되었다. 현재 이베이와 페이팔은 형제회사의 관계를 가지고 이베이는 마켓플레이스 시장에서 전자상거래 중개업을, 페이팔은 전자상거래 결제처리와 오프라인 결제처리를 주업으로 하고 있다.

① 성공 아이템

창업 초 페이팔은 보안소프트웨어를 개발하는 회사였으나 온라인송금 플랫폼을 개발하는 과정 중 온라인뱅킹업체와 합병, 온라인송금처리업을 본업으로 삼았다. PC를 이용한 온라인송금이 없었던 시절 페이팔은 이 사업모델의 선발업체가 되면서 지금의 거대 기업이 되었다.

바탕 스토리

1998년, 스탠포드대학의 컴퓨터공학과 학생이었던 맥스 레브친은 PDA용 소프트웨어 개발에 관심이 많은 학생이었다. 그는 어느 날 초청 연사인 피터 틸의 강연을 듣고 강연 말미에 피터 틸과 인사를 나눈 뒤 친구가 되었다.

몇 주 뒤 그들은 서로 만나 회사 창업을 논의하였다. 그들의 사업 아이템은 PDA에 전자지갑 기능을 만든 뒤, PDA를 실제 지갑처럼 사용해보자는 아이디어였다. PDA를 잃어버려도 암호가 노출되지 않으면 돈은 안전하게 보관된다는 논리였다. 그렇게 하려면 PDA의 데이터 암호화 기법을 연구해야 했고, 암호화된 전자지갑에서 돈을 인출해 다른 사람의

PDA나 은행으로 전송하는 방법을 연구해야 했다.

설립 초기에는 데이터 암호화 기법을 주로 연구하였다. 1998년 겨울에 이들은 회사 이름을 컨피니티(Confinity)로 변경하였는데 이때도 주로 암호화 기법을 연구하고 있었다.

1999년 PDA회사로 유명한 팜파일럿에서 투자한 자금이 들어오자 이들은 온라인송금이 가능한 전자지갑 개발을 본격적으로 시작하였다. 그리고는 그 해 7월에 이들은 페이팔의 전신이라고 할 수 있는 팜 파일럿 PDA용 페이팔 프로그램의 데모 버전을 발표했다. 런칭하는 날 노키아 벤처사가 피터 틸의 PDA에 300만 달러를 이체하는 테스트를 했는데 이체에 소요되는 시간은 불과 5초였다. 당시 컨피니티의 CEO였던 피터 틸은 PDA가 앞으로는 손안에 쥐고 있는 ATM기기가 될 것이라고 호언장담하였다. 그리고 그 해에 이들은 개인의 E메일을 통해 돈을 전송하는 기능을 데모로 발표하였다. 그리고 소프트웨어를 신규 사용하는 사람들에게 무조건 10달러를 적립해주는 바이럴마케팅을 시작했다.

2000년, 컨피니티는 엘론 머스크가 대표로 있는 X.com이라는 온라인 금융서비스 회사에 합병되었다. 회사 이름은 합병주체인 X.com으로 하였고 CEO는 엘론 머스크가 맡았다.

때는 바야흐로 팜파일럿 같은 PDA 사용 인구가 점점 줄어드는 시점이었다. 이미 팜파일럿의 전자지갑 사용자는 300만 명이었지만 당시는 작은 노트북이 많이 출시되었고 노트북을 사용해 인터넷에 접속하는 시대였다. PDA보다는 오히려 인터넷에서 전자지갑 서비스를 하는 것이 더 좋을성 싶었다. 결국 이들은 팜파일럿의 전자지갑 서비스를 중지했다. 그리고 X.com은 온라인 금융서비스업을 아예 포기하고 컨피니티의 사업모델이었던 전자지갑 사업을 인터넷으로 확대하는 쪽으로 핵심사업

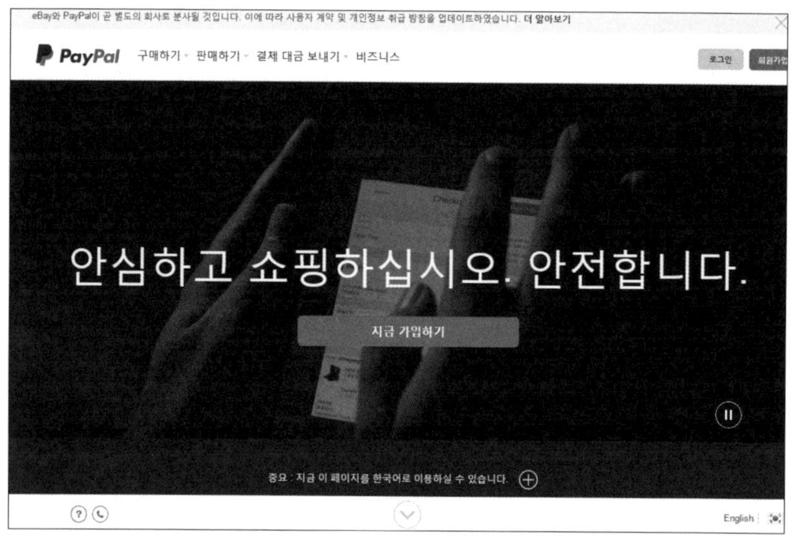

▲ 페이팔 홈페이지(www.paypal.com)

을 키워나갔다.

2001년 이들은 X.com의 사명을 자사 전자지갑 브랜드인 페이팔과 같은 이름으로 변경하였다. 인터넷에서 페이팔 전자지갑을 사용하는 인구가 많아지자 인터넷에서는 페이팔 이름을 도용하는 사기꾼들이 득실거렸다.

지금의 페이팔은 북미 사람들이 은행보다 더 많이 이용한다는 전자지갑업체의 넘버원 업체가 되었다.

2002년 이베이는 페이팔을 15억 달러에 인수해 자회사로 만들었다. 2010년 페이팔의 실사용자수는 1억 명을 돌파했으며, 2012년에는 페이팔을 통해 처리된 돈이 무려 1,450억 달러(145조 원)에 달했다.

🎙 컨피니티 창업자 겸 페이팔 CTO : 맥스 레브친

맥스 레브친(Max Levchin)은 우크라이나 키에프의 유대인 집안에서 1975년 7월 11일 태어났다. 1979년 레브친의 가족은 정치적인 이유로 미국으로 망명하였다. 어린 시절의 레브친은 앞으로 살아가기 어려울 것이라는 의사의 진단이 내려질 정도로 폐가 약했는데 클라리넷 같은 악기를 배우면서 폐활량을 늘렸다.

1997년 레브친은 일리노이즈대학 컴퓨터공학과를 졸업했다. 대학 2년 때부터 잡다한 회사를 창업한 적이 있는 레브친은 주로 팜파일럿 같은 PDA용 소프트웨어 개발기술에 관심이 많았다. 대학을 졸업한 그는 1998년 피터 틸엘과 PDA 보안회사인 Fieldlink를 창업했고 회사 이름은 나중에 컨피니티로 변경되었다. 회사에서 주로 진행한 업무는 PDA 데이터를 암호화시켜 저장하는 방법과 암호화된 데이터를 다른 PDA로 안전하게 전송하는 전자지갑의 뿌리가 되는 기술이었다.

이 무렵 세계경제는 격변기였다. 1997년 아시아 외환위기(IMF사태), 1998년 러시아 외환위기가 발생하면서 국가가 흔들리고 뱅크런이 발생하던 시절이었다. 사람들은 돈을 더 안전하게 보관하고 국가를 초월하여 자기 재산을 지키는 방법을 연구하기 시작했다. 공동창업자인 피터 틸은 그런 면을 중요하게 생각했다. 인터넷과 PDA의 전자지갑에 돈을 저장하고 그것을 송금하고 인출하는 방법을 연구했던 것이다.

🎙 컨피니티 창업자 겸 페이팔 CEO : 피터 틸

1967년 10월 11일 서독 프랑크푸르트에서 태어난 피터 틸(Peter Andreas Thiel)은 한 살 때 부모님을 따라 미국 캘리포니아로 이주했다. 틸은 체스 마스터이기도 해서 미국의 21세 이하 체스마스터 중에서는 가장 체스를 잘하는 사람에 뽑힐 정도로 머리가 비상했다.

1989년에 스탠포드대학 철학 학위를 받은 틸은 그 후 1992년에 스탠포드대학 로스쿨에서 법학박사 학위를 땄다. 1993년부터 4년 동안 틸은 J.L. Edmondson 순회판사의 시중을 드는 서기 일을 하였다. 1997년 서기 일을 그만 둔 틸은 그 해에 자신의 이름인 Thiel을 회사명으로 하여 자본운용회사를 설립했다. 틸은 모교에서 가끔 강연을 했고 저서를 쓰기도 했으므로 거의 공인이나 마찬가지였다. 1998년 모교 강의를 끝냈을 때 그는 자신의 강의를 듣던 맥스 레브친을 만났고 후에 그와 공동으로 페이팔의 전신이라고 할 수 있는 Fieldlink를 창업했다.

피터 틸은 이베이에 페이팔을 넘기면서 크게 돈을 벌었다. 2015년 그의 재산은 22억 달러로 늘어났다. 그는 종잣돈 투자회사인 Y컴비네이터와 Founders Fund 벤처투자사의 동업자이자 Clarium 투자관리회사의 회장, 페이스북 이사회 의원이다.

X.com 창업자 겸 페이팔 CEO : 엘론 머스크

엘론 머스크(Elon Reeve Musk)는 1971년 6월 28일 남아프리카에서 태어난 캐나다계 미국인이다. 그는 전기자동차로 유명한 테슬라의 CEO이기도 하지만 과거에는 페이팔의 CEO였다.

엘론의 어머니는 캐나다 출신 모델이었는데 훗날 엘론의 아버지와 이혼했고, 그 후 엘론은 아버지와 함께 남미에서 유년시절을 보냈다. 엘론의 외할아버지는 고고학에 조예가 깊은 미국 출신 캐나다인으로 아프리카 유적지 탐사를 위해 1950년대에 남아프리카로 이민 온 사람이었다.

엘론의 아버지 에롤은 영국인 어머니와 남아프리카에서 태어난 아버지 밑에서 자란 전기기술자였는데 열심히 돈을 모은 끝에 은퇴 전 상당한 재산을 모은 사람이었다. 아버지는 비행기 조정술과 항해술도 익힌 사람이었다. 이 때문에 엘론은 홀아버지 밑에서 성장했지만 집에 세스나기와 요트를 갖추고 있어 아버지를 따라 여행하면서 유년시절을 보냈다. 거의 방랑이라고 부를 정도로 엘론은 아버지와 많은 여행을 했지만 아버지는 훈육을 무섭게 하는 사람이기도 했다.

엘론은 10살 때 코모도어 컴퓨터를 접했고 그때부터 컴퓨터 프로그래밍을 독학으로 공부했다. 남아프리카에서 고등학교를 졸업한 엘론은 1989년 6월 캐나다에서 어머니의 도움으로 캐나다 시민권을 취득했다.

1990년, 19살의 엘론은 캐나다 온타리오주의 퀸스대학에 입학했다. 퀸스대학에서 2년간 공부한 엘론은 미국 펜실베이니아대학으로 편입한 뒤 물리학과 과학을 공부하고 펜실베이니아대학 와튼스쿨에서 경제학 학위를 취득했다. 1994년 24살이 된 엘론은 응용물리학 박사과정을 공부하기 위해 스탠포드대학원에 입학했지만 창업에 대한 열망이 커지면서 대학원을 중퇴하였다.

1995년 엘론은 동생과 함께 아버지에게 돈을 빌려 Zip2라는 인터넷 소프트웨어회사를 창업했다. 이 회사는 '도시가이드 및 도시검색'이라는 인터넷지도 플랫폼을 개발해 소매점에 전자상거래와 지도를 서비스하는 회사였다. 엘론은 예초부터 그 회사의 지도서비스를 뉴욕타임스 같은 유명 신문사에도 판매할 생각이었는데 1999년 검색엔진 알타비스타가 자회사 컴팩컴퓨터를 이용해 Zip2를 스톡옵션 포함 3억 달러에 인수하였다. 엘론은 자신의 지분 7%에 해당하는 2,200만 달러를 챙겼다.

1999년 3월 엘론은 Zip2 판매로 들어온 돈 중에서 1,000만 달러(100

억 원)를 투자해 온라인금융서비스 및 E메일지불 서비스를 제공하는 X.com을 창업한 뒤 2000년에는 비슷한 업종을 하고 있던 피터 틸의 컨피니티를 합병 인수했다. 2001년에는 회사 이름을 X.com에서 페이팔로 변경했다. 페이팔 지분 11.7%를 소유한 엘론은 페이팔 CEO로 재직하면서 2002년에 페이팔을 이베이에 15억 달러에 매각했다.

2015년 기준 엘론의 재산은 136억 달러이다. 엘론이 페이팔 매각 후 공동설립한 테슬라전기자동차와 스페이스X가 초대박을 터트리면서 엘론의 재산도 기하급수로 늘어난 것이다. 엘론은 현재 테슬라자동차의 CEO이자 우주항공회사인 스페이스X의 CEO이다.

고객들

페이팔 전자지갑은 북미, 유럽, 중국, 일본에 사용자가 많은데 특히 북미에 사용자가 많다. 일반인들은 가족 간에 돈을 송금할 목적으로, 소매업자 사장들은 판매대금을 결제하는 용도로 사용한다. 특히 북미와 중국의 오픈마켓 사업자들은 페이팔 계정이 없으면 사업을 할 수 없을 정도로 페이팔로 돈을 주고받는 경우가 많다.

현재 위상

2014년 기준 페이팔의 실사용자수는 전 세계적으로 1억 5천만 명을 돌파했다. 오프라인 VAN 결제대행 및 온라인 PG결제대행업체인 브레인트리를 자회사로 편입해 사세를 확장중이다.

틈새 아이디어로 성공한
스타트업의 거인들

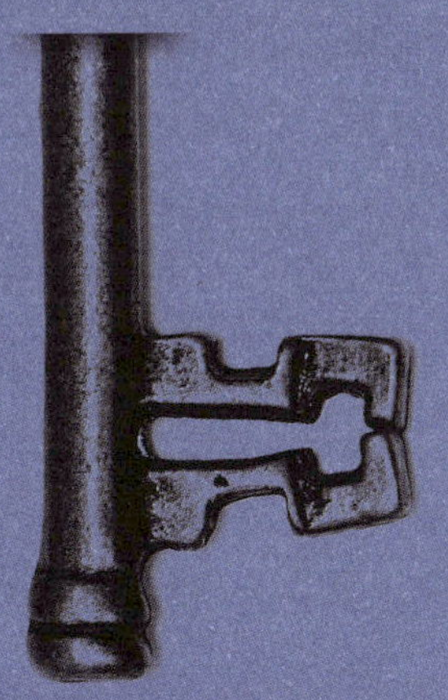

레시피를 찾아서 북마킹 서비스를 하는 앱
펀치포크 Punchfork

? 회사 개요

2010년 5월 설립된 펀치포크(Punchfork)는 인터넷의 여러 음식 사이트에서 최상의 새로운 요리법을 발견하고 가족 및 친구들과 공유할 수 있도록 북마킹을 제공하는 회사이다. 페이스북과 트위터에서 가장 인기 있는 요리법을 찾아낸 뒤 잡지와 같은 아름다운 레이아웃으로 검색된 결과를 표시해준다. 발견한 요리 레시피를 표시해주기 때문에 흔히 북마킹 서비스라고 말한다.

또한 펀치포크는 2011년 6월 자신들이 찾아낸 자료를 개발자들이 응용할 수 있도록 펀치포크 API를 발표했다. 개발자들은 펀치포크 API를 사용해 육류, 채식 등으로 구별해 채식주의자용 요리나 글루텐프리 요리 등 다양한 방법으로 도출해낼 수 있다.

2013년 1월 펀치포크는 핀터레스트의 첫 번째 인수회사가 되었고, 그 후부터 펀치포크 브랜드의 레시피 검색 서비스가 종료되었다. 지금은 핀터레스트 하위의 펀치포크 디렉토리에서 과거의 펀치포크와 비슷한 서비스를 볼 수 있는데 요리사진을 클릭하면 조리법 혹은 조리법이 있는 사이트로 접속할 수 있다.

🏅 성공 아이템

펀치포크에서 북마킹한 레시피는 SNS에서 공유하는 비율을 측정하는 알고리즘을 합산해 인기 있는 레시피를 검출해 북마킹한다. SNS에서 인기 있는 레시피들을 검출한 뒤 요리애호가들이 찾기 쉽도록 펀치포크에서 북마킹을 하는 원리이다. 요리잡지에서 500페이지의 레시피를 읽는 것만큼 따분한 것도 없으므로 인터넷에서 최고의 요리만을 찾아서 소개한다는 것이다. 펀치포크에서 북마킹한 레시피에는 다음 등급이 표

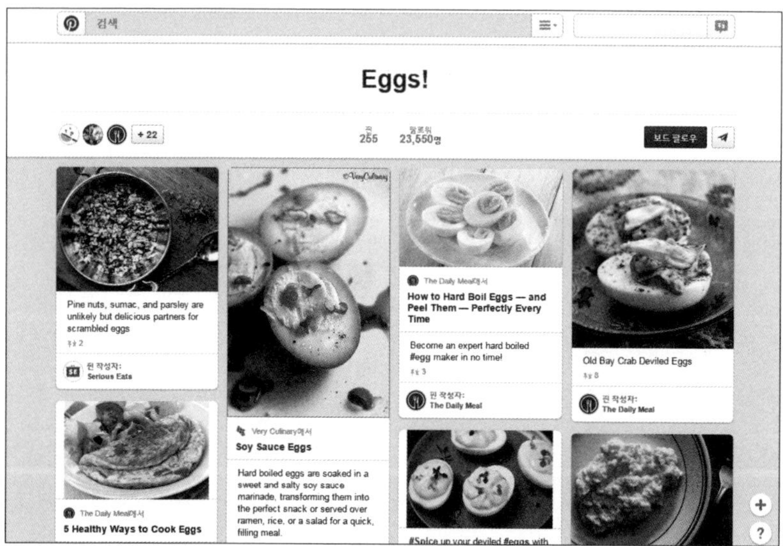

▲ 핀터레스트에 합류한 펀치포크 서비스 (www.pinterest.com/punchfork)

시된다.

- 해당 레시피에 대한 트위터에서의 트윗 수
- 페이스북에서의 공유 횟수
- 스텀블어폰(StumbleUpon)에서의 뷰어 횟수
- 핀테레스트의 핀 수
- 자사(펀치포크)에서의 좋아요 수

CEO : 제프 밀러

제프 밀러(Jeff Miller)는 하비머드대학에서 학사를 취득한 뒤 뉴욕대학교에서 경영학석사를 취득했다.

1998년에 골드만삭스에 입사한 그는 2년간 펀드 일을 하다가 2001년 부동산투자관리회사인 밀레니엄 파트너스(Millennium Partners LP)에 입사했다. 그는 뉴욕 월스트리트에서 거의 10년 동안 퀀트(Quant) 트레이더 일을 했다. 그는 회사를 다니면서도 엔젤투자가로 활동 1~3억 원의 소액을 스타트업 기업들에 투자했다. 지금까지 그가 투자한 스타트업 기업은 대략 20여 개 회사에 이른다.

2010년 2월, 제프 밀러는 사람들이 가정에서 더 즐겁게 요리할 수 있도록 레시피 정보를 공유하는 사업을 구상한 뒤 펀치포크를 설립했다. 펀치포크는 요리 블로거와 미식가들 사이에서 점점 알려지기 시작하면서 요리잡지는 물론 신문사의 주목을 받았다. 그는 사이트를 운영하면서 자신이 좋아하는 조리법을 링크하기도 했는데 거기에는 총 153개의 조리법이 링크되어 있다(punchfork.com/likes/jeff).

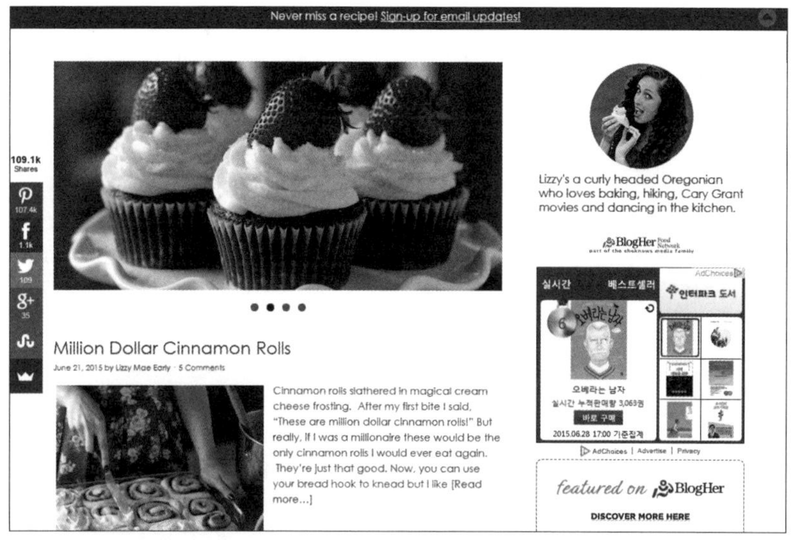

▲ 핀터레스트에서 발견한 레시피를 클릭해 원 사이트로 접속한 모습

펀치포크가 인기를 얻자 제프 밀러는 펀치포크를 비즈니스모델로 만들기 위해 펀치포크 API를 공개했다. API는 기업 혹은 개발자들이 개발 중인 자신들의 애플리케이션에 펀치포크가 제공하는 모든 기능을 합칠 수 있는 기능이었다. 물론 API는 무료배포였고 좀 더 고급 액세스가 필요한 개발자들에게는 이용료를 받는 것이 제프 밀러의 수익모델이었다. 그럼 누가 펀치포크 API를 유료로 구매한다고 봤을까?

제프 밀러는 식재료 판매쇼핑몰이 펀치포크 API를 사용할 것이라고 내다봤다. 예를 들면 칠면조 상품 옆에 레시피 검색기능을 만들고 펀치포크 API를 삽입하면 펀치포크가 찾아낸 각종 뛰어난 칠면조 레시피를 칠면조 구입 고객들이 손쉽게 찾아볼 수 있다. API는 기본기능 무료, 고급기능 유료로 공개되었는데 곧바로 몇몇 식재료 판매사이트가 호응을 보내왔다.

그러던 차에 핀터레스트에서 펀치포크 서비스를 통째로 구매하겠다는 연락이 왔다. API로 수익을 올릴 방법을 고민하던 제프 밀러는 앉아서 더 큰 수익을 올렸다. 매각금액은 비공개이지만 최소 몇백만 달러가 오갔을 것으로 보인다. 2013년 3월 펀치포크 서비스는 핀터레스트에 합쳐졌고 제프 밀러와 그의 직원들도 핀터레스트에 합류했다.

💰 투자&자금조달 과정

펀치포크 창업자인 제프 밀러는 엔젤투자가로 활동하고 있을 정도로 자금 사정이 넉넉했으므로 외부자금 없이 펀치포크를 운영했던 것으로 보인다.

👥 고객들

요리애호가, 미식가, 가정주부, 레스토랑 셰프들이 펀치포크 북마킹 서비스의 이용자이다.

🕐 현재 위상

펀치포크의 레시피 북마킹 서비스는 핀터레스트 하위 디렉토리에서 서비스 중이다.

영화, 음악, 레스토랑 추천을 검색하는 모바일 앱 라이브스타 Livestar

미국 **livestar★**

❓ 회사 개요

라이브스타(Livestar)는 전 마이크로소프트 경영진 출신이자 엔젤투자가인 프리츠 란맨(Fritz Lanman)이 2011년에 설립한 큐레이션 서비스이다. 기본적으로 레스토랑, 영화, 음악, 애플리케이션에 대한 추천이나 코맨트를 손쉽게 찾아내는 앱이다. 모바일로 실행되므로 누구나 관심 있는 분야에 대해 추천이나 코멘트를 검색할 수 있다.

서비스 자체가 전 세계의 권위 있는 소스나 여러 사람들이 추천한 것을 이용자들이 손쉽게 찾아내게 할 목적으로 시작된 것이지만 특히 영화평을 검색할 때 유용하다. 개발 과정에는 아마존과 핀터레스트 팀에서 근무한 엔지니어들이 참여하였다. 라이브스타는 레스토랑, 영화, 음악 카테고리에 추천을 찾아낼 수 있지만 추후에는 더 많은 카테고리에서 검색되도록 기능을 확장할 예정이다. 참고로, 이 회사는 한국에서 서비스하고 있는 라이브스타(www.livestar.co.kr)와는 성격 자체가 다른 회사이다.

라이브스타는 웹에서 평가 및 리뷰 수백만 개를 발견해 데이터베이스로 쌓았고 이를 이용자들에게 제공하다가 2013년 5월 알려지지 않은 금액으로 핀터레스트에 흡수된 후 핀터레스트의 내부 서비스로 통합되었다.

🥇 성공 아이템

영화, 음악, 레스토랑 카테고리에서 유명인, 명사, 전문가, 비평가들의 추천이나 평가, 비평은 물론 일반인들의 리뷰를 손쉽게 찾을 수 있도록 앱을 개발한 뒤 그것을 일반인들에게 서비스하는 것을 사업모델로 하였다. 매각될 당시 라이브스타가 수집해 놓은 정보는 수백만 건이었다.

🎙 공동창업자 : 프리츠 란맨

프리츠 란맨(Fritz Lanman)은 기업가가 아닌 엔젤투자가로 더 많이 알려져 있다. 그가 종잣돈을 투자한 회사로는 스퀘어, 핀터레스트, ContextLogic, Formlabs, FiftyThree, Teespring, Getaround 등이 있다.

예일 대학을 졸업한 프리츠 란맨은 2000년에 전자책라이브러리 회사인 이브러리(ebrary)에서 3개월 동안 인턴 생활을 하면서 사회생활을 시작했다.

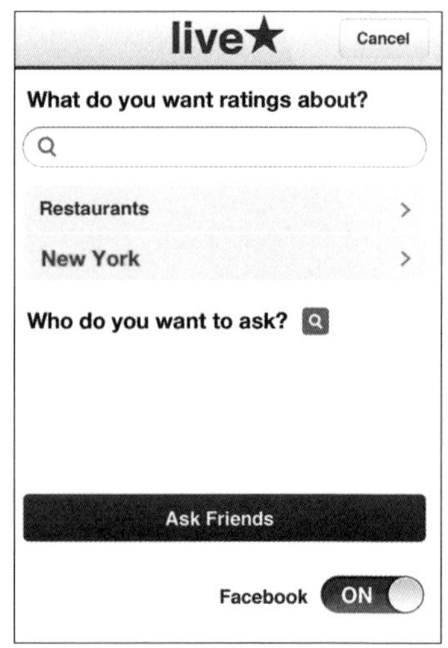

▲ 라이브스타 앱

인턴 생활을 끝낸 그는 몇 개월 동안 콜로라도의 이글강변에 위치한 Gore Creek Fly Fisherman 회사에서 플라이낚시 여행자를 위한 가이드로 일했다. 그 후 민간회사에 취직했다가 마이크로소프트에 입사해 2년 동안 제품관리자로 일했다. 얼마 후 승진하여 마이크로소프트의 온라인 서비스 책임자로 5년 동안 근무했다. 2009년부터는 2년 동안 마이크로소프트 수석이사로 근무하면서 마이크로소프트의 기업인수 및 투자사업 등에서 대형 계약을 여러 건 성사시켰다. 이 때문에 그에게는 마이크로소프트의 딜맨이라는 수식어가 붙었다.

2010년 12월 마이크로소프트에서 퇴사한 프리츠 란맨은 1개월 뒤인 2011년 1월 라이브스타(Livestar)를 설립한 뒤 2013년 3월에 라이브스타를 핀터레스트에 매각했다. 엔젤투자가로 활동한 것은 마이크로소프트 수석이사 시절부터인데 대략 10여 개 이상의 스타트업기업에 투자했다. 라이브스타를 핀터레스트에 매각한 뒤에는 웨어러블 회사인 도플러랩(Doppler Labs)과 앱 개발사인 DWNLD을 공동설립한 뒤 경영하고 있다.

프리츠 란맨이 진행한 사업은 크게 대박을 터트린 것은 없지만 크게 실패한 사업도 없다.

💰 투자&자금조달 과정

마이크로소프트 이사 출신인 프리츠 란맨은 금전적으로 쪼들리지 않았으므로 라이브스타를 자기자본으로 운영한 것으로 보인다.

고객들

근처 극장이나 레스토랑을 갈 때 평점을 보고 싶은 사람들이 라이브 스타 앱을 사용했다.

현재 위상

라이브스타 앱은 핀터레스트에 매각된 후 배포를 중단했고 라이브스 타 개발진은 핀터레스트에 합류했다.

구글 G메일 개발자가 제작한 프렌드피드 FriendFeed

62

미국　friendfeed

❓ 회사 개요

프렌드피드는 SNS와 블로그 등에 올라오는 각종 게시글과 RSS/Atom 타입 게시글을 실시간 수집하는 수집기이다. 수집할 수 있는 SNS와 블로그는 주로 미국에 몰려있지만 각종 정보를 실시간 신속하게 수집한 뒤 커스터마이징하거나 SNS 친구와 공유할 수 있다.

수집할 수 있는 게시글은 매우 다양하다. SNS 분야에서는 페이스북, 구글토크, 트위터, Brightkite, Plurk 등에 올라온 게시글을 수집할 수 있다. 사진 사이트로는 플리커, 피카사, Fotolog, Photobucket, SmugMug, Zooomr에 올라온 정보를 수집할 수 있고 블로그 서비스업체로는 Ameba, 바이두 스페이스, Blogger, Tumblr, LiveJournal, 스카이록 사용자의 글을 수집할 수 있다. 비디오로는 유튜브, 비메오, 12seconds, 데일리모션, Joost, Seesmic, Smotri에서, 뉴스 분야에서는 Digg, Meneame, Mixx, Reddit에 올라온 정보를 수집할 수 있다.

프렌드피드는 2007년 8월 공식으로 런칭하였지만 그 후 사용자수가 지속적으로 하락하여 2015년 4월 서비스를 중단했다.

🗨 바탕 스토리

구글에서 G메일과 구글맵 개발자였던 폴 벅하이트(Paul Buchheit), 짐 노리스(Jim Norris), 산지브 싱(Sanjeev Singh), 브렛 테일러(Bret Taylor)는 구글에서 퇴사한 뒤 2007년 프렌드피드를 설립했다. 이들은 캘리포니아 마운티뷰에 사무실을 차리고 바로 벤치마크 캐피탈(Benchmark Capital)을 통해 벤처자금을 유치했다.

이들이 만든 프렌드피드 서비스가 시작되자 월 100만 명의 이용자가 방문하면서 점차 명성을 쌓아갔다.

🏅 성공 아이템

범람하는 인터넷 정보에서 자신이 원하는 정보를 취사선택해 수집할 수 있다는 점이 초기에 큰 인기를 얻는 계기가 되었다. 페이스북 같은 SNS, 플리커 같은 사진 사이트, 텀블러 같은 마이크로 블로깅 사이트 등을 통합 관리하면서 정보를 수집하는 것이 인기를 끄는 요인이 되었다.

🎤 CEO : 폴 벅하이트

폴 벅하이트(Paul Buchheit)는 미국 뉴욕에서 유년시절을 보낸 뒤 클리브랜드의 케이스웨스턴리저브대학 컴퓨터공학과를 다녔다.

대학을 졸업한 후의 벅하이트는 인텔에서 근무를 하다가 구글 초창기 시절인 1999년 구글의 23번째 직원으로 입사하였다. 구글에서의 그의 업적 중 하나는 2004년경 구글 G메일을 기획한 뒤 G메일개발팀 책임자로 팀을 이끌었다는 점이다. 구글 초창기 애드센스광고의 개발자이기도 하다. 벅하이트의 팀이 개발한 G메일은 점점 폭발적이 인기를 끌면서 마이크로소프사에 큰 충격을 주었다. 야후마저도 G메일 개발자들을 스카웃해야 한다는 요청이 내부에서 돌았으므로 G메일의 등장은 시장에 큰 반응을 일으켰다. 무엇보다 중요한 에피소드가 한 가지 있다.

"Don't be evil."(악마가 되지 말자)

구글의 유명한 이 모토는 사실 벅하이트의 머릿속에서 나온 것이다. 구글에서 G메일을 성공적으로 런칭한 벅하이트는 구글에서 가장 뛰어난 프로그래머였지만 2006년 구글에서 퇴사했다.

"구글에서의 내 인생은 너무나 단조롭고 내 인생이 어떻게 흘러갈지 뻔히 보였습니다. 나는 그 점이 싫어서 구글에서 퇴사했습니다."

구글에서 퇴사한 그는 2007년 프렌드피드를 만들었다. 프렌드피드가 제법 인기를 끌자 페이스북은 2009년에 프렌드피드를 자회사로 만들었고 벅하이트 역시 페이스북의 직원이 되었다. 2010년, 페이스북에서 퇴사한 벅하이트는 소액의 종잣돈 투자회사이자 스타트업 자문회사인 Y컴비네이터의 동업자로서 1년 이하의 스타트업 기업들을 보육하면서 종잣돈을 투자하고 있다.

사실 벅하이트는 이미 2006년부터 스타트업 기업을 대상으로 종잣돈 투자를 하고 있었던 엔젤투자가였다. 벅하이트가 2006~2010년 사이에 투자한 금액은 120만 달러였는데 이 돈은 32개 스타트업 기업에 투자되고 있었다.

현재도 벅하이트는 Y컴비네이터의 동업자로서 앤젤투자 일을 꾸준히 하고 있다.

⏱ 현재 위상

프렌드피드는 2007년 8월 공식으로 런칭한 뒤 매월 100만 명의 방문자가 생길 정도로 인기를 얻었다가 2009년 페이스북의 자회사가 되었다. 페이스북이 프렌드피드를 자회사로 만들 때 사용한 돈은 현금 1,500만 달러와 페이스북 주식 3,250만 달러였으므로 인수금액은 총 4,750만 달러(425억 원)였다.

페이스북은 프렌드피드 서비스를 꾸준히 유지하였지만 이전과 달리 신문사 뉴스게시판에도 공유기능이 생기면서 프렌드피드의 사용자수는 해가 갈수록 감소하였다. 마침내 2015년 4월 페이스북은 프렌드피드 서비스를 중단했다.

명함스캔의 절대 강자 카드먼치 CardMunch

❓ 회사 개요

카드먼치는 명함을 스캔해 카드먼치의 주소록에 추가하는 앱이다. 명함스캔은 모바일폰의 카메라로 한다. 단지 명함을 모바일폰 화면에 맞게 위치를 잡은 뒤 사진으로 찍으면 스캔이 되는 방식이다. 카드먼치 개발사는 2011년 1월에 링크드인에 흡수되어 앱스토어에서의 무료배포를 중단하고 링크드인 내부에서만 사용되었다.

2014년 7월에 링크드인은 카드먼치 서비스를 포기하고 대신 에버노트의 명함스캔 기능을 사용한다고 발표했다. 에버노트의 명함스캔 서비스는 에버노트 프리미엄 버전 사용자들을 위한 유료기능인데 7개국 언어를 지원하는 업계 최고수준의 명함스캔 기능이다. 링크드인은 자사의 카드먼치 서비스를 중단하는 조건으로 기존의 서비스 이용자들이 에버노트의 명함스캔 서비스로 데이터를 이관할 수 있을 뿐 아니라, 에버노트의 명함스캔 기능을 2년간 무료로 사용할 수 있도록 에버노트와 협약했다.

에버노트는 자사의 명함스캔 기능으로 스캔한 명함이 링크드인의 프로필에 연결되도록 명함스캔 기능을 수정하였다. 아울러 링크드인의 회원인 경우 에버노트의 명함스캔 기능을 1년간 무료로 사용할 수 있도록 하면서 에버노트와 링크드인은 전략적 협력사가 되었다.

🥇 성공 아이템

카드먼치는 모바일폰에서 앱을 실행한 후 사진으로 찍은 명함의 이름, 주소, 연락처 등을 분류하여 카드먼치 주소록에 자동 등록하는 앱이었는데 정확히 말하면 인력을 사용해 디지털 주소록으로 반송하는 서비스였으므로 정확성 면에선 완벽했다(지금도 마찬가지겠지만 인쇄물의 글자를 스캔한 뒤 디지털화시키는 소프트웨어가 있다고 해도, 일반 사람들이 저렴한 가격으로 사용할 수 있는 소프트웨어는 없다).

스캔한 명함은 카드먼치 서버로 전송되어 이름, 주소, 연락처가 디지털화되어 카드먼치 앱 주소록으로 자동 반송되었다. 만일 카드먼치 앱의 Auto Add to IPhone 기능을 사용하면 반송된 데이터가 자동으로 아이폰 주소록에 등록되었다.

카드먼치 서버에서 모바일폰의 주소록으로 반송되는 시간은 몇 초면 충분했지만 간혹 인식되지 않는 글자는 수시간 후 반송되기도 했다. 초기에 카드먼치 앱은 스캔 및 변환 회수에 제한을 둔 무료버전과 스캔 및 변환 횟수에 따라 요금을 차등으로 책정한 유료버전으로 배포되었지만 링크드인에 인수되면서 완전 무료로 전환되었다.

카드먼치 앱이 링크드인에 흡수된 2011년 그 해에 카드먼치는 애플 앱스토어의 카드스캔 앱 중 가장 인기 있는 앱이 되었다. 2012년의 카드먼치 앱은 애플 직원들이 선택한 최고의 앱이 되었고 카드스캔 앱 중에서는 명실상부한 최고의 앱이 되었다.

2014년의 카드먼치 앱은 더 다양한 명함스캔 기능을 원하는 사용자들 때문에 링크드인에서의 서비스를 완전히 중단하면서 시장에서 사라졌다.

🎤 CEO : 보웨이 가이

동양계 미국인인 보웨이 가이(Bowei Gai)는 2002년부터 2007년까지 카네기멜론대학에서 로봇공학과 컴퓨터공학을 공부했다.

보웨이 가이는 2005년에 휴렛팩커드에서 인터생활을 시작한 뒤 애플, 오라클, AMD 등에서 단기간씩 근무하면서 경력을 쌓았다. 2007년 보웨이 가이는 스냅쳐랩(Snapture Labs)을 공동설립한 뒤 CEO가 되었다. 2008년 발표한 사진촬영용 스냅쳐 앱은 버전 1을 총 340만 명이 다운로드하면서 아이폰 유저들이 가장 많이 사용하는 카메라 앱이 되었다.

2009년 보웨이 가이는 카드먼치를 공동설립한 뒤 CEO가 되었고, 2011년 1월에는 카드먼치를 링크드인에 매각하면서 큰 돈을 벌었다.

💰 투자&자금조달 과정

2009년 12월에 K9 벤처(K9 Ventures)를 통해 알려지지 않은 종잣돈을 유치했다.

◉ 현재 위상

2014년 링크드인은 자사의 카드먼치 서비스를 완전히 중단하고 에버노트의 명함스캔 기능을 사용한다고 발표했다.

카드먼치의 공동창업자이자 CEO였던 보웨이 가이는 2011년에 카드먼치를 링크드인에 매각했을 때의 일을 자신의 인생에서 가장 큰 행운이었다고 말했다. 보웨이 가이는 그 행운을 지구의 스타트업 기업인들에게 되돌려주고 싶다면서 2012년에 '월드 스타트업 리포트'라는 회사를 설립했다.

그 후 보웨이 가이는 세계 구석구석을 여행하면서 스타트업 기업들을 연결하고 스타트업 생태계를 연구하는 동시에 전 세계 스타트업 기업들의 보고서를 만들고 있다.

| 부록 1 | 전 세계 유명 소프트웨어 기업들

기업명	창업지역	주력상품	사이트주소
구글	미국	검색엔진, 포털 사이트 ※세계 1위 인기 사이트	google.com
야후	미국	검색엔진, 포털 사이트 ※세계 3위 인기 사이트	yahoo.com
MSN	미국	마이크로소프트의 검색엔진, 포털 사이트	msn.com
유튜브	미국	동영상, 비디오 플랫폼 ※세계 4위 인기사이트	youtube.com
비메오	미국	동영상, 비디오 플랫폼 ※유튜브의 라이벌 업체	vimeo.com
페이스북	미국	소셜 세트워크 사이트(SNS) ※세계 2위 인기 사이트	facebook.com
아마존	미국	전자상거래 ※세계 5~6위 인기 사이트	amazon.com
이베이	미국	전자상거래 ※세계 5~6위 인기 사이트	ebay.com
그루폰	미국	소셜커머스	groupon.com
아틀라스솔루션	미국	온라인광고 업체	atlassolutions.com
AppNexus	미국	온라인광고 업체	appnexus.com
시만텍	미국	바이러스방어, 보안관리	symantec.com
맥아피	미국	바이러스방어, 보안관리	mcafee.com
어도비	미국	그래픽 소프트웨어 개발사	adobe.com
얀덱스	러시아	러시아 대표 포털 사이트, 검색엔진	yandex.ru
일본야후	일본	일본 대표 포털 사이트, 검색엔진	yahoo.co.jp
라쿠텐	일본	일본 대표 전자상거래업체	rakuten.co.jp
트렌드마이크로	일본·미국	바이러스방어, 보안관리	trendmicro.com
NI	독일	음악소프트웨어, 장비업체	native-instruments.com
에이블턴	독일	음악소프트웨어 개발사	ableton.com
바이두	중국	중국 검색 포털 사이트	baidu.com
텐센트	중국	중국 게임 서비스 업체	tencent.com
알리바바	중국	전자상거래	alibaba.com
위챗	중국	텐센트가 만든 메신저	wechat.com
스냅딜	인도	인도 전자상거래 업체	snapdeal.com
플립카트	인도	인도 전자상거래 업체	flipkart.com

※ 전 세계 100~200위권 인기 사이트에는 은행, 언론사 사이트가 많고 200~300위권 사이트에는 포로노 사이트들이 많다.

기업명	창업지역	주력상품	사이트주소
네이버	한국	검색엔진, 포털 사이트 ※ 한국 1위 인기 사이트	naver.com
다음	한국	검색엔진, 포털 사이트 ※ 한국 2위 인기 사이트	daum.net / tistory.com
카카오톡	한국	소셜 네트워크 사이트(SNS) ※ 한국 1위 SNS	kakao.com
뽐뿌	한국	공동구매 사이트 ※ 한국 5위 인기 사이트	ppomppu.co.kr
지마켓	한국	전자상거래 ※ 한국 10위 인기 사이트	gmarket.co.kr
옥션	한국	전자상거래 ※ 한국 15위 인기 사이트	auction.co.kr
11번가	한국	전자상거래 ※ 한국 10위 인기 사이트	11st.co.kr
심플렉스인터넷	한국	카페24 쇼핑몰솔루션 개발사	simplexi.com
고도소프트	한국	고도몰 쇼핑몰솔루션 개발사	godo.co.kr
쿠팡	한국	소셜커머스	coupang.com
티켓몬스터	한국	소셜커머스	ticketmonster.co.kr
위메프	한국	소셜커머스	wemakeprice.com
옐로모바일	한국	전자상거래, 쿠차 운영사	yellomobile.com
배달통	한국	배달앱	bdtong.co.kr
배달의민족	한국	배달앱	baemin.com
미미박스	한국	화장품 전자상거래 사이트	memebox.com
직방	한국	월세방 직거래 사이트	zigbang.com
4시33분	한국	모바일게임개발	433.co.kr
엔씨소프트	한국	게임개발	ncsoft.com
넥슨	한국	게임개발	nexon.com
인벤	한국	게임웹진	inven.co.kr
에픽시스템즈	한국	지문인식솔루션	epicsystems.co.kr
안철수연구소	한국	바이러스방어, 보안관리	home.ahnlab.com
알툴즈	한국	유틸리티, 보안관리	altools.co.kr
이글루시큐리티	한국	보안관리	igloosec.co.kr
사이버원	한국	보안관리	cyberone.kr
MOOII Tech	한국	포토스케이프 개발사	photoscape.org
SLR 클럽	한국	사진 커뮤니티 사이트	slrclub.com
여성시대	한국	여성 커뮤니티(여시)	subdued20club(다음카페)
중고나라	한국	중고직거래 커뮤니티	joonggonara(네이버카페)

**소프트웨어
스타트업 거인들의
성공 이야기 63**

1판 1쇄 인쇄 | 2015년 8월 10일
1판 1쇄 발행 | 2015년 8월 15일

지은이 박평호
펴낸이 김기옥

프로젝트 디렉터 기획1팀 모민원, 권오준
영업 박진모
경영지원 고광현, 김형식, 임민진

디자인 디자인허브
인쇄 · 제본 (주)에스제이피엔비

펴낸곳 한스미디어(한즈미디어(주))
주소 우편번호 121-839 서울특별시 마포구 양화로 11길 13 (서교동, 강원빌딩5층)
전화 02-707-0337 | **팩스** 02-707-0198 | **홈페이지** www.hansmedia.com
출판신고번호 제 313-2003-227호 | **신고일자** 2003년 6월 25일

ISBN 978-89-5975-856-2   14320
ISBN 978-89-5975-862-3   (세트)